RECHERCHES

SUR LE

DROIT DE PROPRIÉTÉ.

TOME I.

Aix. — Imprimerie de Nicot et Comp., rue Pont-Moreau, 21.

RECHERCHES

SUR LE

DROIT DE PROPRIÉTÉ

CHEZ LES ROMAINS,

SOUS LA RÉPUBLIQUE ET SOUS L'EMPIRE,

PAR CHARLES GIRAUD,

Professeur à la Faculté de Droit d'Aix.

> Χρήματα γὰρ ψυχὴ πέλεται δειλοῖσι βροτοῖσι.
>
> Hésiode, E. x. H. 684. Gaisford.

TOME PREMIER.

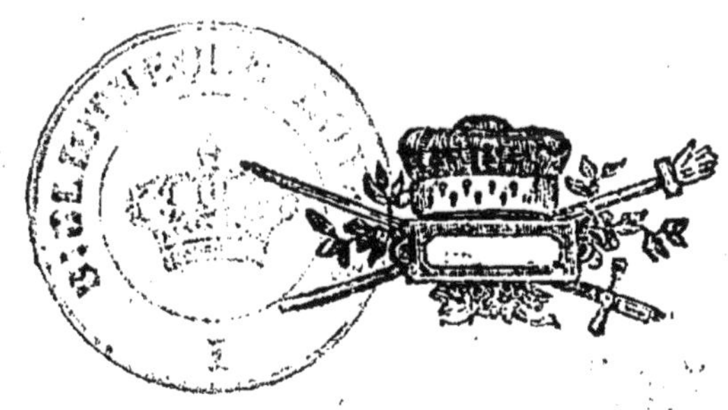

A AIX,

CHEZ AUBIN, LIBRAIRE - EDITEUR.

M DCCC XXXVIII.

A

M. THIERS;

Hommage de ma profonde reconnaissance,

Ch. Giraud.

L'histoire du droit de propriété est un des plus grands objets d'étude qui puissent être offerts à la philosophie et à l'érudition. La philosophie et l'histoire y ont déjà sans doute appliqué leur attention ; mais une savante analyse reste à faire, qui présente dans un vaste ensemble, l'action de l'humanité sur les biens de la terre et l'influence de l'appropriation, sur la formation et le développement progressif des sociétés. Telle est la grande composition dont les élémens sont encore épars et incoordonnés, et qui, après vingt ans de travaux et de méditations, pourrait offrir un magnifique pendant à l'*Esprit des lois*.

Loin de nous donc la téméraire pensée, d'aborder hardiment un tel sujet; il est au-dessus de nos forces, et si nous livrons à la publicité, une faible parcelle de ce grand travail, ce n'est encore qu'avec une extrême timidité.

Mais de toutes parts les esprits se tournent vers l'étude historique et philosophique du droit de propriété; et les questions proposées par les sociétés savantes de l'Europe, expriment à cet égard les idées qui fixent l'attention du monde lettré. L'Académie de Turin a demandé quelles furent les vicissitudes du droit de propriété, à travers les siècles du moyen âge, et une savante dissertation a été couronnée par elle (1).

(1) Voy. Vicende della proprietà in Italia dalla caduta dell' imperio romano, fino allo stabilimento Dei feudi, di Carlo Baudi di Vesme e di Sp. Fossati; — Lavoro premiato dalla R. acad. delle scienze di Torino. — Torino 1836. in-4°.

L'Académie des inscriptions, de l'Institut de France, a demandé de son côté, *quels ont été, à partir du règne de l'empereur Constantin, jusqu'à la fin du 16e siècle, les caractères et les vicissitudes du droit de propriété foncière, dans toutes les régions qui ont fait partie de l'empire romain en Europe.*

Ce beau sujet a tenté d'abord mon ambition; mais le fardeau m'a écrasé, et une profonde altération de santé m'a forcé de suspendre l'immense investigation de faits, à laquelle je m'étais livré. Dans le programme que je m'étais tracé, je voyais l'homme lui-même, et son histoire, dans l'organisation progressive du droit de propriété. Il fallait donc, pour traiter dignement le sujet, rechercher les élémens intimes de la civilisation romaine, suivre les développemens et la décadence de sa constitution, et montrer comment de ses ruines, était sortie la société féodale, et comment celle-ci, après un règne brillant, avait péri dans l'enfantement de nos sociétés modernes.

L'histoire de la propriété romaine, était seule un grand ouvrage; et je l'avais à peine ébauché, lorsque le délai fixé par l'Institut, expirait.

L'épuisement de mes forces ne m'a pas permis d'aller plus loin, malgré la prolongation de temps, accordée par l'Académie.

C'est cette fraction d'un immense travail que je livre au public. La constitution et les vicissitudes de la propriété foncière chez les Romains, m'ont paru être assez dignes de l'attention des savants, pour lui consacrer un ouvrage spécial; accepté comme un simple essai, il présentera peut-être quelqu'intérêt.

Je n'offre point aux lecteurs un livre de jurisprudence, ni une théorie philosophique; je n'ai point écrit sous la préoccupation d'un système arrêté d'avance; mais j'ai procédé librement à la recherche des faits, et ce n'est qu'après une patiente élaboration que j'ai conclu. Les résultats pourront paraître nouveaux; la critique historique en appréciera le mérite.

Ainsi, le droit de propriété nous apparaît d'abord, dans l'ancienne civilisation grecque et romaine, à l'état d'institution religieuse; et la profession de ce culte est une condition d'admission dans les cités.

Plus tard, lorsque la religion perd de son antique autorité, la propriété reçoit une organisation purement civile et politique. La noblesse romaine veut réduire la possession des terres à l'état d'institution aristocratique, et cette prétention engendre la lutte atroce de laquelle sortit l'empire des Césars.

La condition ancienne du droit de propriété fut bouleversée par cette révolution, qui, après avoir fait le salut des peuples, devint pour eux une déplorable calamité; et c'est alors que la philosophie stoïque intervint dans le travail laborieux d'une société nouvelle, et jeta dans le monde l'idée d'un droit de propriété *naturel* à l'homme, indépendant du culte et de la constitution politique. Le christianisme consomma cette grande œuvre, en appelant tout homme, en sa seule qualité de créature de Dieu, à la participation des biens de la terre.

Tel est le tableau général que présente cet ouvrage. L'exactitude des faits étant la première condition d'un travail d'érudition, j'y ai donné des soins minutieux; et il m'a paru qu'une courte introduction, indiquant quelle avait été l'état du droit de propriété, dans les premières sociétés civilisées, ne serait point déplacée en tête de ces recherches qui ont pour objet l'histoire de la propriété chez un peuple où la constitution n'est pas exclusivement originale, mais où au contraire l'influence des anciennes religions et des civilisations étrangères se fait sentir à chaque instant.

Je saisis cette occasion pour remercier MM. Walckenaer, Reinaud, Blondeau, Mignet, ainsi que MM. de Savigny et Warnkoenig, de la bienveillance particulière dont ils ont honoré mes travaux; MM. Walckenaer et Mignet ont eu surtout pour moi une obligeance que je ne saurais oublier et dont je leur exprime ici ma vive reconnaissance.

Aix, 1er *décembre* 1837.

INTRODUCTION.

Propietà, d'umana natura, che non può essere tolta all' uomo nemmen da dio, senza distruggerlo......
Vico, *Scienza Nuova*. lib. 2.
(Tom. 2. p. 24. Milan 1816.)

CHAPITRE PREMIER.

DU DROIT DE PROPRIÉTÉ EN GÉNÉRAL.

La recherche de la nature intime du droit de propriété a fixé depuis longtemps l'attention des jurisconsultes et des philosophes. Grotius et son école ont essayé d'expliquer l'admission de ce droit parmi les hommes, au moyen d'une *communauté*, sinon *positive*, du moins *négative*, à laquelle aurait succédé un contrat véritable, dont les conditions auraient été le respect des possessions territoriales attribuées à chacun des membres de l'association. L'école moderne n'a point été satisfaite de cette théorie ; la propriété c'est l'homme, a-t-elle dit ; la propriété n'a point d'autre origine que la nature humaine ; l'homme n'existe qu'à la condition d'être propriétaire (1).

Une route libre se présente à nos yeux, entre les deux systèmes. Sans doute une *communauté* primitive est le point de départ de l'humanité, en ce sens que l'appropriation de la terre a été précédée d'un état où l'homme vivait sans propriété foncière ; mais la propriété mobilière est aussi ancienne que l'homme lui-même, et le contrat au moyen duquel Grotius explique ingénieusement l'établissement de la propriété, n'a laissé d'autre trace dans la constitution des peuples anciens, que celle que l'on peut induire de la participation au culte du Dieu protecteur des propriétés, comme condition d'admission dans les cités primitives. Ce contrat ne présente pas plus d'éléments positifs que le prétendu contrat de la société elle-même. Dans l'un comme dans l'autre

(1) Cette doctrine est développée dans *l'Introduction à l'histoire du droit* de M. Lerminier, et dans le *Traité de la propriété* de M. Comte.

cas, l'homme a procédé par instinct, par inspiration de sa nature. La marche lente et progressive des sociétés est plutôt constatée par des résultats généraux que préparée par des conceptions théoriques. L'esprit philosophique est complétement étranger à la formation des sociétés humaines ; il les analyse, les démolit, les modifie ; il les dirige quelquefois, mais il ne les fonde pas.

La propriété c'est l'homme, mais seulement l'homme civilisé. L'homme a pu vivre des milliers d'années sans propriété fixe, mais sa condition a été misérable et digne de pitié. L'homme propriétaire, au contraire, est l'homme grandi, l'homme civilisé. On peut même dire que le but principal des sociétés a été de garantir la sûreté des propriétés. Le contrat social, si l'on admet un contrat, n'a point été fait entre les hommes, en tant qu'hommes seulement, mais en tant qu'ils étaient propriétaires ou qu'ils espéraient l'être. Et de là vient que, dans les anciennes constitutions, celui qui avait une grande propriété avait une plus grande part de puissance publique que celui qui avait moins ou rien.

La propriété a donc été d'abord une question de *sociabilité*, et son histoire se perd dans la nuit des premiers temps civilisés. L'intelligence de l'homme lui révéla cette institution comme la plus efficace, pour fournir un aliment à ses besoins ; car, tandis qu'une lieue carrée de terrain suffit à peine à la subsistance d'un homme à l'état sauvage ; une hectare de terre, au contraire, suffit au cultivateur dans un état civilisé (1).

Et comme le lien religieux est le lien primitif des sociétés, il n'est pas étonnant que la propriété, condition d'existence de la société, ait été placée sous la sauvegarde de Dieu.

L'action naturelle, mais éclairée, de l'homme sur les objets matériels qui l'entourent, a donc produit la propriété. Elle a été appliquée à la terre, d'abord par simple occupation temporaire, et par droit dérivé de la culture, ensuite par l'organisation d'un droit national ou de tribu, où la société naissante a retenu la propriété générale du territoire, et protégé les droits de chacun à une juste possession, à titre privatif; et enfin de cette qualité de *propriété publique*, elle s'est élevée au caractère de *propriété privée*, c'est-à-dire, propre à chaque homme, en sa seule qualité d'homme. A cet état de sociabilité, l'homme a été complet : les États ont développé leur splendeur et leur puissance, et tout, jusqu'aux simples conceptions de l'intelligence et de l'esprit, est devenu objet de propriété.

Il est digne de remarque, qu'il est resté dans toutes les législations civiles, des traces de ces différentes transitions du droit de propriété. C'est ainsi que dans le droit romain et dans le droit français, nous

(1) Voy. Volney, *Œuvres complètes*, tom. 7. p. 421 et suiv. (1821).

trouvons la sanction de l'appropriation nationale du sol, dans le droit d'aubaine et des vestiges de la communauté primitive, dans les compascuités.

Cette constitution du droit de propriété est, je n'en doute pas, la plus importante des institutions humaines, autant par l'influence que l'instinct naturel d'appropriation a exercé sur le développement des sociétés, que par l'influence réciproque que le fait accompli de l'appropriation, a exercé sur l'homme civilisé. Cause première de la prospérité de l'homme sur la terre, la propriété devint le but légitime de son ambition, l'espoir de son existence, l'asile de sa famille, en un mot, la pierre fondamentale du toit domestique, des cités et de l'État politique; principe éternel de toute institution sociale, et de toute législation civile, c'est un bien aussi précieux que la liberté. En effet, la culture de la terre habitable, la garantie et la moralité du travail, l'application de la justice, toute morale, tout ordre public repose sur le droit de propriété (1).

On trouve peu de traces de propriété territoriale dans le premier état de la sociabilité humaine; car l'intérêt qui s'attache à ce genre de propriété suppose

(1) Cette thèse est parfaitement développée dans le *Traité de la propriété* de M. Ch. Comte, Paris 1834, 2 vol. in-8°. Elle avait été déjà discutée par Bentham, *Traités de législation*, Tome 1er, page 190 et suivantes, et page 305 et suivantes, et par J.-B. Say, *Cours d'écon. polit.*, tom. 3, p. 174 et suiv.

la pratique de l'agriculture et des arts qui s'y rapportent. Cependant, à une époque où le sol et le pâturage étaient encore ouverts à qui voulait les occuper, la Genèse nous fournit des exemples fréquents de querelles violentes pour des puits dont il paraît que la propriété exclusive et héréditaire appartenait déjà, de droit, à celui qui, le premier, les avait creusés, ou s'en était attribué l'usage (1).

Ainsi la propriété des puits pour l'abreuvage a précédé l'appropriation des terres chez les peuples pasteurs (2). Mais les peuples voyageurs, les peuples militaires, et les peuples chasseurs, ne pouvaient comprendre ni pratiquer la propriété territoriale. Chez les Scythes, le bagage et le troupeau étaient propriété privée ; les terres étaient propriété commune (3). Les premiers Goths qui s'établirent dans l'Orient, les Huns, les Alains n'étaient pas

(1) C'est ainsi que nous voyons Abraham, quoique étranger, défendre son droit sur un puits, dans le pays d'Abimelech, et exiger un serment pour sa garantie, *parce que c'était lui qui avait creusé ce puits*, (Genèse XXI. 30). Isaac, environ 90 ans après, réclame cette même propriété de son père ; et après bien des débats, on lui en laisse la possession paisible, (ibid. XXVI. 15, 18).

(2) Le témoignage d'Olympiodore, allégué sur ce point par Grotius, (*de jure belli et pac.* lib. 2, cap. 2, p. 206, note P, *édit. var.* 1735), est tout à fait étranger à la question. Voy. Photius, *biblioth.*, Cod. 80, p. 192. Edit. Rothom. 1653.

(3) Justin, Hist., lib. 2, cap. 2, § 3...... Edit. Gronov. 1760.

plus soucieux de propriété territoriale (1). Même indifférence chez les peuplades américaines, avant l'arrivée des Européens; et de nos jours encore, on remarque le même phénomène chez les Tartares de l'Asie centrale, et chez plusieurs nations Africaines (2).

Si l'on en croit quelques auteurs, d'autres peuples, dans la simplicité des mœurs primitives, auraient organisé systématiquement la communauté des biens dans leur constitution politique, et l'on prétend que Pythagore en introduisit la pratique dans quelques républiques de la grande Grèce. Aussi les historiens latins ont pieusement gardé le souvenir de ces premiers peuples d'Italie, chez lesquels un seul patrimoine était le patrimoine de tous (3); et Lactance parle avec une sympathie chrétienne du temps où c'était une impiété de marquer les terres et d'y placer des bornes (4). La secte des Esséniens, chez les anciens juifs, et, après eux, les premiers chrétiens de Jérusalem, pratiquèrent la communion

(1) Priscus, *Fragment.* p. 223. Collect. Byzant., Bekker Niebuhr. — Amm. Marcell., lib. 31, § 2, tom. 1er, page 568—70. Edit. Erfurdt, 1808.

(2) Voy. Fergusson, *Société civile*; 2me part., chap. 2 et 3.

(3) Justin, lib. 43, cap. 1, § 3. (Ed. 1760).

(4) Lactance, *Divin. instit.*, lib. 5, cap. 5, tom. 1, p. 373. (Edit. 1748).

de biens (1). Diodore affirme que les Vaccéens, dans la péninsule hispanique, fesaient, chaque année, le partage des terres; les fruits étaient déposés dans les magasins publics; chacun en recevait sa part, et la mort était la peine de celui qui violait la loi d'Égalité (2).

Chez les Germains, nul n'avait de propriété fixe, selon César et Tacite (3); chaque année, le magistrat et les anciens assignaient une portion de terre à chaque famille, et l'année suivante, on passait ailleurs. Un usage pareil semble avoir existé chez les plus anciens Égyptiens (4). Chez les Dalmates, la mutation se faisait seulement tous les huit ans (5).

(1) Josephe, *de bello judaïco*, cap. 8, n° 3, p. 1060, Edit. Hudson, et les autres sources indiquées par Hudson, ibid. note G. — Puffendorff, *De jure nat. et gent.* Lib. IV, cap. 4, § 9, tom. 1er, p. 587. (Edit. 1734).

(2) Diodore, lib. 5, § 34, (tom. 1er, page 357. Edit. Wesseling).

(3) César, *de bell. Gallico*, VI, 22, (p. 315. Ed. Oudendorp.) — Tacite, German. 26. Je ne m'arrête point à la variante importante qui partage ici les opinions des savans. Voir sur ce texte, J. Lipse, *Tacit. opp.* Antuerp. 1627. p. 445; J. Gronovius, *Tacit. opp.* Traj. bat. 1721. tom. 2, p. 409. Brotier, *Tacit. opp.* Paris 1771, tom. 4, pp. 38 et 192; et Bekker, *Tacit. opp.* Lips. 1831, tom. 2, p. 411.

(4) Hérodot. *Euterpe*, 168, (Tom. 1, page 464. Ed. Schweigh. et tom. 1, p. 865. Ed. Creuz. et Baehr.)

(5) Strabon, lib. 7, § 6. Ed. Siebenkees et Coray. — Eustathe dans ses Scholies sur Denys le Periégète, rappelle le même fait, probablement d'après Strabon. (Eustat. *in vers.* 97. *Dyonis. perieg.* p. 18. Edit. Henr. steph. 1577).

Chez les Scythes agriculteurs, chez les Gètes et chez les Suèves, on suivait un autre usage : chaque année, une partie de la horde était désignée pour cultiver la terre, possession commune et momentanée de la nation, tandis que l'autre partie portait les armes ou jouissait du repos. Tous les ans, on alternait, et chacun, à tour de rôle, s'occupait de la guerre ou bien de l'agriculture (1).

Essayons d'apprécier à leur valeur réelle, ces différents faits et les théories dont ils ont été le principe ; car le retour à cette communauté primitive, a été rêvé par quelques ardens amis de l'humanité. L'esprit positif d'Aristote ne voulut pas admettre sur ce point, les théories de Platon et de quelques autres contemporains (2); mais Thomas, More, Th. Campanella, Fénélon, J. J. Rousseau Beccaria, et d'autres après eux ont recueilli à ce

(1) Horat. *Carm.* lib. 3, *od.* 24, v. 9 *et seq.* et *ibi* Mitscherlich (Lips. 1800. Tom. 2, page 230 *seq.*), ou Doering qui l'a copié (Lips. 1829, tome 1er, p. 249). — Cæsar, *De Bell. Gall.* IV. I. (Pag. 168, *seq.* Oudend).

(2) Aristote, *politic.* lib. 2, cap. 2.-5. Ed. Schneider (Francfort, 1809, tom. 1, pag. 43, *et seq.*), et lib. 2, n° 5-8. Ed. Bekker (*opp.* Berlin, 1831. Tom. 2, p. 1266 *seq*). C'est le système de Platon qu'Aristophane veut railler en le plaçant dans la bouche de Praxagore. Voyez Εκκλησιαζ. vers 584 et suiv. Kuster; et vers 588 et suiv. Brunck et Bekker; et Mém. *sur le vrai dessein d'Aristophane, dans la comédie intitulée :* Εκκλησιαζ. Par Lebeau, dans les *Mém. de l'Académie des Inscript.* vol. 30.

sujet l'héritage répudié par Aristote. Quelles que soient à cet égard les utopies de ces publicistes ou moralistes, il est bien évident que l'État de communauté de biens ne peut exister comme organisation *positive*, que dans un institut d'affiliés peu nombreux; appliquée aux grandes sociétés politiques, la communauté de biens appartient à l'état que nous nommons *Barbarie*, où la considération ne s'attache qu'à la force individuelle, où toute industrie est méconnue, où le sol est partout et la patrie nulle part, et où le travail est un acte insensé qui ne promet ni fruit, ni récompense.

Pythagore a pu vouloir mettre en pratique, parmi ses disciples, une règle *cénobitique* (1) : qu'il en ait

(1) Malgré le témoignage de Diogène Laërce, d'Aulu-Gelle, de Porphyre et de Jamblique, qui s'appuyent sur l'autorité d'écrivains plus anciens, plusieurs critiques modernes ont refusé d'admettre la communauté de biens, au nombre des principes de Pythagore. Ce n'est pas ici le lieu d'examiner cette question; nous nous contentons de renvoyer d'un côté à Aulu-Gelle, *Noct. att.* I, 9 (pag. 64, éd. 1706); à Diogène Laërce *Pythag.* Segm. 10. (Tom. 1er, p. 496. Edit. Meibom., 1692); aux *Observations* de Ménage, sur le texte cité de Diogène (Tom. 2, p. 353 de l'édit. citée); à Brucker, *Hist. crit. philos.*, tom, 1er, p. 1028 (1re édit.); et à Meiners, *Hist. de l'orig. des prog. et de la décad. des sciences dans la Grèce*, trad. par Laveaux, (tom. 2, p. 179. suiv.) et suivi par M. Krische, *de societatis à Pythagorà in urbe Crotoniatarum condita scopo politico commentatio*. Gotting. 1830, p. 27. — Dans le système de ces deux

pris ou non le modèle chez les Hébreux, la chose est indifférente (1). Les premiers affiliés du christianisme de Jérusalem ont pu suivre le même exemple. Il n'y a rien là qui doive nous étonner, car la puissance de l'association explique tout, et les frères Moraves nous en offrent une preuve chez les modernes. Mais, dans tous ces exemples, il s'agit de sociétés ascétiques et non de sociétés politiques, où tant de passions et de phénomènes se manifestent, qui sont étrangers aux institutions monastiques. D'ailleurs ce système de communauté rentre dans la classe des obligations conventionnelles, et la communauté agit, dans ses relations avec les étrangers,

derniers auteurs, l'attribution de ce dogme à Pythagore, est une supposition des Néo-Pythagoriciens. — Pour ce qui est de l'introduction de cette doctrine dans les constitutions politiques de la grande Grèce, c'est une absurdité que rien ne peut justifier. Voy. Heyne, *Opuscula Acad.* (Tom. 2, p. 176 et 196. *seq.*).

(1) L'origine judaïque de quelques dogmes de Pythagore est proclamée par josephe (*cont. Apion.* lib. 1, p. 1345. Hudson), par Clément d'Alexandrie (*Stromat.* lib. 5 *passim*). etc., et parmi les modernes, par Selden, *de Jure Gent. Ebreor.* (p. 14, éd. 1695); par Grotius, *Epist. collect.* (p. 216, édit. 1687), etc., etc. — Brucker, Meiners, Buhle, M. de Gérando, traitent ces conjectures de pures chimères, et ils ont raison. Mais il me semble qu'en admettant que le dogme de la communauté de biens, est une supposition des Néo-Pythagoriciens, on pourrait croire qu'ils en avaient puisé l'idée chez les Esséniens; ainsi seraient conciliés des témoignages anciens qui méritent quelque respect, avec les règles sévères de la critique historique.

comme un individu moral possédant des biens; elle se défend contre l'usurpation, et n'admet au partage que des affiliés. C'est donc toujours la propriété privée; seulement, elle est mise en communion de jouissance entre plusieurs associés.

A l'égard des peuples d'Italie, il y a, dans ce qu'on en rapporte, plus de poésie que de vérité historique (1), et l'honneur que ces traditions ont reçu de la littérature latine a pour cause première, la haine profonde qu'avait laissé dans tous les cœurs le souvenir des révolutions, qui, vers la fin de la république, naquirent de la grande querelle relative à la propriété foncière. Les poétes se sont donc empressés de saisir ce trait imaginaire de l'âge d'or (2); et la philosophie réligieuse a pu consacrer la mémoire de l'antique et naïve barbarie, sans que, pour cela, on doive ajouter plus de foi à la pratique politique de la communauté de biens (3).

(1) *Aborigenes, genus hominum agreste, sine legibus.......* Sallust., *Conjur. Catilin.*, n° 6, (tome 1er, page 8, édit. Gerlach).

(2) Voy. les beaux vers de Virgil. Georgic 1. v. 125 *seq.*, (tome 1, page 304, édit. Heyn. 1800, et *ibi* la note de Heyne, qui indique les autres textes des poètes; mais l'indication d'Hésiode est erronée; ce poète ne parle nulle part de la communauté de biens.

(3) *Ob cujus exempli memoriam cautum est, ut Saturnalibus, exæquato omnium jure, passim in conviviis servi cum dominis recumbant.* Justin, *loco cit.* — *Confer.* Macrob. *Saturnal, lib.* 1, *cap.* 10, (page 223. Éd. varior. 1670).

Les coutumes d'une tribu Iberienne à cet égard, ne sortent point des limites de la Barbarie (1); c'était, chez elle, un souvenir de l'état nomade, et une simple mesure de défense contre la famine. Cet usage excluait l'industrie individuelle et supposait une nation peu nombreuse, dans laquelle une portion de la population travaillait pour le compte et par les ordres de l'autre (2).

Pour ce qui est des Germains, César leur prête des intentions philosophiques qui sont dignes de Platon. Ils proscrivent la propriété, dit-il, afin qu'on ne s'attache pas au sol, au point de laisser les armes pour la charrue; afin qu'il ne prenne envie à personne d'étendre les limites de son champ, et qu'à la fin, les grands ne chassent pas les petits; afin qu'on ne pense pas à s'enrichir et à bâtir des logis commodes; enfin, pour éviter les haînes et les dissensions qui désolent un État, quand l'ambition peut mesurer le pouvoir aux proportions de la richesse.

(1) L'usage suivant, attesté par Diodore, V. 33 *cit.* parait avoir été commun aux Vaccéens, et peut donner une idée de leur délicatesse : Παρ' ἕκαστα γὰρ τὸ σῶμα λουουσιν οὔρῳ, καὶ τοὺς ὀδόντας παρατρίβοντες. . . . Ne pourrait-on pas croire que les Vaccéens d'Espagne étaient de la même famille que les *Vaccenses* d'Afrique, dont il est question dans Salluste (Jugurtha, cap. 29, § 4, pag. 548, Cortius *et alibi*). Leur origine nomade expliquerait leurs habitudes, relativement à la culture de la terre.

(2) J'en tire la preuve du mot γεωργοῖς employé par Diodore, V. 34 *cit.*

Mais, dans ces hautes et éloquentes considérations, il est plus facile de discerner la pensée et les préjugés du vieux compagnon de Catilina, que le caractère original des tribus germaniques. Nos aïeux d'outre-Rhin, n'étaient ni de sages philosophes, ni de profonds politiques; c'étaient des sauvages, habitant un pays affreux, et continuellement repoussés dans leurs forêts par une nation puissante et civilisée. Ils ne connaissaient ni la monnaie, ni l'écriture, et n'avaient que des vêtements grossiers; le plus souvent ils allaient nus. Point de villes bâties; plusieurs peuplades étaient même Troglodytes (1). Tacite a tracé leurs vertus avec l'admiration d'un misantrope indigné contre les mœurs d'une société corrompue. Ainsi donc, si le fond des faits qu'il rapporte est vrai, la couleur et la forme appartiennent à son génie.

Les Dalmates ne connaissaient pas la monnaie (2), ils vivaient dans un état voisin de la Barbarie, de même que les anciens habitants de l'Égypte; et les Scythes, comme les Gètes, étaient *continuæ sedis incerti*, selon les expressions de l'ancien Scholiaste d'Horace (3).

(1) Voyez les descriptions impartiales de Strabon, VII § 3 (éd. Siebenk. et Coray), et de Pomp. Mela, *lib.* 3, *cap.* 3 (page 249. éd. Gronov. 1722). — Schmidt, *hist. des Allem.*, (tome 1, page 17 et suiv. de la traduct. franç.), est moins enthousiaste sur ce point que plusieurs de ses compatriotes.

(2) Strabon, VII, § 6. et Eustathe *in Dionys. Perieg. Loco cit.*

(3) *Vet. Scholiast. Horat. in vers* 14. od. 24, *lib.* 3, (éd. Baxter, 1701, page 138, et éd. Combe, tome 1er, page 382).

Ainsi l'état de sociabilité, dans lequel se produit la communauté de biens *positive* ou *négative*, est exclusif d'une civilisation délicate et éclairée. La multiplication de l'espèce a dû suffire seule pour forcer les hommes à organiser la propriété.

CHAPITRE DEUXIÈME.

DU DÉVELOPPEMENT DE LA PROPRIÉTÉ FONCIÈRE DANS LES PREMIERS TEMPS HISTORIQUES.

La théorie de la communauté de biens, ne présente donc plus que l'attrait du roman. Cependant elle a exercé une influence remarquable sur l'esprit de quelques publicistes. Il faut peut-être en chercher la cause, moins dans les préoccupations politiques, que dans l'observation inexacte et incomplète des lois de la nature humaine. Il n'est donc pas hors de propos d'examiner comment l'instinct de la propriété territoriale s'est manifesté, et comment il s'est développé dans les anciennes sociétés civilisées dont il nous reste des monuments.

L'Inde et l'Égypte apparaissent d'abord à nos regards.

La nature a enrichi l'Inde de ses dons les plus précieux; un ciel admirable, le sol le plus fertile de l'univers, de beaux fleuves, les végétaux les plus exquis, le règne animal dans toute sa beauté; tout, jusqu'aux objets que recherche la vanité, s'y trouve avec une extraordinaire abondance. Aussi la tradition la plus ancienne, place dans ce pays le commencement de l'agriculture ainsi que l'origine des sociétés politiques. Sans nous arrêter à tracer le tableau de cette civilisation qui présente le phénomène de l'antiquité la plus reculée et de l'immobilité la plus étonnante, passons à l'examen de ses lois sur la propriété foncière.

Il peut paraître étrange que l'histoire de la propriété indienne ait donné lieu à deux systèmes qui, dans leur généralité, sont exclusifs l'un de l'autre. En effet, si nous croyons Niebuhr, le roi est, dans l'Inde, propriétaire unique du sol, et le peuple ne laboure qu'en qualité de fermier. D'un autre côté, si nous écoutons un autre historien allemand, Schlosser, l'Inde a eu le bonheur de voir en pratique une espèce de communauté de biens.

Arrêtons-nous aux seuls monuments authentiques que nous offre, à ce sujet, la littérature, à nous connue, de l'Asie indienne.

La haute antiquité de la législation de l'Inde est avérée (1): le plus curieux de ses monuments, est le *Manava-Dharma-Sastra* ou *livre de la loi de Manou*, dont la rédaction remonte, selon M. de Chezy, à 1300 ans avant notre ère (2).

(1) Voyez pour l'hist. générale de cette législation : Heeren, *de la politique et du commerce des peuples de l'antiquité*, tome 3, page 161 et suiv., trad. franç., et Schlosser, *hist. univers. de l'antiquité*, tome 1, page 184, trad. franç.

(2) Voyez *Journal des Savants*, 1831; et Heeren *loc. cit.*

Quelle que soit l'opinion qu'on adopte sur cette antiquité, que les uns reculent et que d'autres rapprochent (1), on ne peut s'empêcher de voir dans ce livre, le Code le plus ancien de la nation. Il porte l'empreinte d'une civilisation où la hiérarchie des castes est puissamment organisée et enracinée, et où la vie contemplative et spirituelle est très-développée. Il est rédigé en *Slocas*, ou stances de deux vers (2). Il comprend, en douze livres ou chapitres, les principes du droit public et du droit privé, le dogme et la morale religieuse. Il abonde même plus en règles de conduite pour tous les ordres de la société et toutes les positions de la vie, qu'en règles de droit civil.

Son origine est divine et sa communication aux hommes est une espèce de révélation. Les *Védas* y sont présentés comme les *racines de la loi*; mais on peut se convaincre en le lisant, que sa rédaction n'est

(1) Ce Code n'était connu en France que d'un petit nombre d'Orientalistes ou de ceux qui pouvaient consulter l'ouvrage de M. W. Jones, intitulé : *Instituts of Hindu law; or the ordinances of Menu according to the gloss of culluca, containing the indian system of duties, religious and civil.* Calcutta, in-8° 1796. Nous possédons maintenant une traduction française du *Manava-Dharma-Sastra*, que nous devons à M. Loiseleur de Longchamps; Paris 1833, in-8°.

(2) Les lois de Manou ont ce caractère de rédaction poétique, commun avec presque toutes les législations primitives. Voyez la curieuse dissertation de M. Grimm, intitulée : *Von der poesie im recht;* dans le *Zeitschrift für geschichtliche rechtswissenschaft,* de MM. de Savigny, Eicchorn et Goëschen, 11. 1815.

pas l'ouvrage d'un seul homme, et que ses lois n'appartiennent pas à une seule époque. Des coutumes anciennes et d'âges différents, ont été la base de ses dispositions. Bhrigou n'a fait que les réunir et les traduire en loi écrite.

Mélange de barbarie et de politesse, quelques-uns de ses préceptes, et surtout les lois pénales, appartiennent à l'enfance des sciences sociales; d'autres révèlent une exquise délicatesse; leur ensemble laisse voir un état de société déjà avancé. Les rapports légaux qu'enfante la théorie de la propriété y sont nombreux et compliqués, et l'argent y est considéré comme une des bases de la pénalité.

On a prétendu que dans l'économie de la législation indienne, le roi était propriétaire du sol de tout le territoire soumis à sa puissance, et qu'il pouvait, quand il lui plaisait, retirer à lui les champs que possédaient ses sujets, leur condition n'étant pas autre que celle des fermiers.

Cette opinion, adoptée sans hésitation par Niebuhr (1), et par d'autres auteurs, a été déjà réfutée par le sage Héeren (2). Elle peut être vraie pour des époques récentes de l'Inde Mongole; mais elle est erronée pour les temps anciens de l'Inde indépendante. On peut affirmer que dans le *Manava-Dharma-Sastra,* il n'existe pas un seul *Sloca* duquel on puisse induire un droit pareil. Au contraire la pro-

(1) Hist. Rom., tom. 3, pag. 181, trad. franç.

(2) Heeren, *loc. cit.*, tome 3, page 377.

priété héréditaire y est gardée par les règlements les plus positifs. Il suffirait de citer ce *Sloca* (1), où il est dit: *que les sages qui connaissent les temps anciens ont décidé que le champ cultivé est la propriété de celui qui, le premier, en a coupé le bois pour le défricher, et la gazelle, celle du chasseur qui l'a blessée mortellement.* Ce texte est, en effet, exclusif d'un droit foncier autre que celui du possesseur à titre de propriétaire. Mais il est un autre texte plus décisif encore, c'est celui où il est dit: « *qu'un bien quelconque, dont le maître n'est pas connu, doit être proclamé au son du tambour, puis conservé en dépôt par le roi pendant trois ans; avant l'expiration des trois ans, le propriétaire peut le reprendre; après ce terme, le roi peut se l'adjuger* (2). Et cet autre où il est dit: que le bien par héritage d'un enfant sans protecteur, doit rester sous la garde du roi, jusqu'à ce qu'il ait terminé ses études, ou qu'il soit sorti de l'enfance, c'est-à-dire, jusqu'à sa 16me année. (3)

Nous pourrions multiplier les citations analogues; elles caractérisent solennellement le droit le plus précis de propriété foncière. On peut bien distinguer dans d'autres textes la propriété communale et la propriété de famille; mais la propriété royale de tout le sol n'apparaît nulle part.

(1) Lois de Manou, liv. 9, v. 44. (Page 322. de la trad. franç.) V. aussi le v. 42 *ibid.*

(2) *Ibid.*, liv. 8, v. 30. (Page 253 trad. franç.)

(3) *Ibid.*, Liv. 8, v. 27. (Page 253, trad. franç.)

Il est un caractère saillant qui signale cette vieille propriété indienne et qui n'a pas été remarqué, c'est l'immobilité.

La division des propriétés est prévenue par une loi de succession qui consacre le droit d'aînesse dans toute sa rigueur (1); et la conservation du droit de propriété est garantie par l'exclusion de toute prescription (2), autre que celle qui serait basée sur un consentement tacite du propriétaire dépossédé (3). Le titre prévaut toujours sur la possession de fait, quelque longue qu'elle soit. Les règles sur la propriété mobilière y sont beaucoup plus nombreuses que celles qui concernent la propriété territoriale; celle-ci, étant presqu'immobile dans les familles, donne ouverture à peu de rapports civils. La succession est le mode le plus ordinaire de transmission de propriété. Les dispositions relatives à cette matière, sont très étendues dans les lois de Manou. On y retrouve un système analogue à celui de nos anciens *propres de ligne.*

(1) « *L'aîné, lorsqu'il est éminemment vertueux, peut prendre possession du patrimoine en totalité, et les autres frères doivent vivre sous sa tutelle, comme ils vivaient sous celle du père.* » (Lois de Manou, liv. 9, sl. 105). (Page 332 trad. franç.)

(2) *Pour toute chose dont a eu la jouissance sans pouvoir produire aucun titre, les titres seuls font autorité et non la jouissance.* » *Ibid.*, liv. 8, sl. 200. (Page 281).

(3) « *Quand un propriétaire voit, sans faire de réclamation, d'autres personnes jouir sous ses yeux, pendant dix ans, d'un bien quelconque, lui appartenant, il ne doit pas en recouvrer la possession.* — *Ibid.*, sl. 147, pag. 272.

Cependant les aliénations contractuelles ne sont pas prohibées ; mais elles sont assujéties à de fréquentes rescisions. Cette matière est un des points importants de la jurisprudence indienne (1) ; au demeurant, la loi veut que la foi des conventions soit fidèlement gardée. L'héritage des femmes et des mineurs est soigneusement protégé (2).

La propriété paraît avoir été repartie indistinctement entre toutes les castes. Aucune n'est frappée d'incapacité de posséder ; seulement une d'entr'elles, et la plus nombreuse, est spécialement attachée au commerce et à l'agriculture, et les devoirs d'état des *Vaysias* sont sévèrement déterminés (3).

Les propriétés sont exactement défendues contre toutes sortes de dévastations (4) et d'usurpations, par la loi religieuse (5) et civile (6).

La limitation et le bornage y sont l'objet de dispositions plus détaillées et plus prévoyantes peut-être qu'en aucune autre législation (7).

Les droits d'accession y sont très-bien définis (8).

L'impôt pèse exclusivement sur la classe indus-

(1) Voyez liv. 8, sl. 4. (Page 249 trad. franç.)

(2) *Ibid.*, sl. 27, (page 253).

(3) Lois de Manou, liv. 9, sl. 326 et suiv. (Page 368 trad. franç.)

(4) *Ibid.*, lib. 8, sl. 238, 240 et suiv. (Page 287).

(5) *Ibid.*, liv. 3, sl. 52 et *alibi passim*.......

(6) *Ibid.*, liv. 8, sl. 264. (Page 291).

(7) *Ibid.*, liv. 8, sl. 245 et suiv. (Pages 288 et suiv.)

(8) *Ibid.*, liv. 9, sl. 49 et suiv. (Page 323).

trielle et propriétaire. Les Bramines et leurs terres en sont exempts; les simples ouvriers aussi. En temps heureux, l'impôt est du 12me; en temps ordinaire, l'impôt est du huitième ou du sixième du revenu; en temps de nécessité, il est du quart. L'impôt sur les meubles est du 20me (1).

Schlosser rapporte cependant que dans l'Inde (2), « le produit des moissons est regardé, dans chaque « village, comme un bien commun à tous, et que « chacun des habitants, de race primitive, y a sa « part, de sorte qu'il ne peut être question de ri« chesses individuelles, comme étant le résultat « d'une plus grande activité. On prélève d'abord ce « qui revient au souverain, au prêtre, au seigneur « du pays, puis on fait la portion des fonctionnaires « de la commune..... Les récoltes communes servent « même aux ouvriers et à ceux qui font métier « d'amuser..... Ce qui reste après cela, se partage « dans la proportion des propriétés de chacun. »

Il y a exagération dans ce tableau, et Schlosser confond les prélèvements d'impôt public ou municipal avec la communauté. D'ailleurs cette pratique est complétement étrangère aux règlements de Manou; elle n'appartient qu'à quelques tribus peu nombreuses, et vivant dans une condition voisine de l'état patriarchal; c'est une fusion singulière et pieuse du droit de propriété privée et du droit de tous les

(1) *Ibid.*, liv. 10, sl. 120; liv. 7, sl. 30 et suiv.; et liv. 7, sl. 133. Heeren, *loco cit.*, tome 3, page 379.

(2) Schlosser, (*loc. cit.* tom. 1. Pages 167, 168.)

hommes à la nourriture terrestre. Au reste, nous n'avons rien trouvé qui justifie, pour l'époque dont nous parlons, le récit de Schlosser.

L'agriculture était dans l'Égypte, comme dans l'Inde, une leçon des dieux. Mais en Égypte, la constitution de la propriété territoriale présente une question sur laquelle les témoignages des anciens sont divisés. Selon les uns, les trois castes de la nation semblent avoir eu chacune leur part du territoire. Selon les autres, l'une des trois castes avait été exclue du partage, et c'était le roi qui possédait le lot qu'aurait dû avoir cette caste. Enfin, d'autres attribuent au souverain la propriété féodale de tout le sol de l'Égypte.

Voici d'abord les traditions recueillies par Strabon: *Βασιλέα γὰρ ἀποδείξαντες*, dit-il, en parlant des Egyptiens, *τριχῇ τὸ πλῆθος διεῖλον· καὶ τοὺς μὲν ϛρατιώτας ἐκάλεσαν, τοὺς δὲ γεωργοὺς, τοὺς δὲ ἱερέας· καὶ τοὺς μὲν τῶν ἱερῶν ἐπιμελητὰς, τοὺς δ' ἄλλους τῶν περὶ τὸν ἄνθρωπον· καὶ τοὺς μὲν ἐν τῷ πολέμῳ, τοὺς δ' ὅσα ἐν εἰρήνῃ, γῆν τε καὶ τέχνας ἐργαζομένους· ἀφ' ὧν περ καί αἱ πρόσοδοι συνήγοντο τῷ Βασιλεῖ. . . . τριχῇ δὲ διῄρητο, ὥσπερ τὸ σύμπαν, καὶ τὸ ἐν ἑκάϛῳ τῷ νομῷ πλῆθος, εἰς τρία ἴσα μερισθείσης χώρας* (1).

Ce texte indique parfaitement la divison de la nation en trois castes; mais indique-t-il avec la même

(1) Strabon, lib. 17, § 3. (t. 6, pp. 477 et 479, edit. Siebenkees; et tome 3, pag. 231, Coray).

certitude, l'attribution des trois parts de territoire à chacune de ces trois castes? Il semble que tel est le sens naturel des dernières paroles de Strabon (*ut autem universa regio in tres æquas partes divisa est, ita et multitudo, quæ in quaque præfeturà. — Xyland. apud Siebenkees*). Et pourtant, cette interprétation devient problêmatique, si l'on rapproche le texte de Strabon du rapport que fait à ce sujet Diodore de Sicile (1).

Τῆς δὲ χώρας ἀπάσης, dit ce dernier, εἰς τρία μέρη διῃρημένης, τὴν μὲν πρώτην ἔχει μερίδα τὸ σύστημα τῶν ἱερέων. . . Τὴν δὲ δευτέραν μοῖραν οἱ βασιλεῖς παρειλήφασιν εἰς προσόδους, ἀφ' ὧν εἴς τε τοὺς πολέμους χορηγοῦσι, καὶ τὴν περὶ αὐτοὺς λαμπρότητα διαφυλάττουσι· Καὶ τοὺς μὲν ἀνδραγαθήσαντας δωρεαῖς κατὰ τὴν ἀξίαν τιμῶσι, τοὺς δὲ ἰδιώτας διὰ τὴν ἐκ τούτων εὐπορίαν, οὐ βαπτίζουσι ταῖς εἰσφοραῖς. Τὴν δὲ μερίδα τὴν τελευταίαν ἔχουσιν οἱ μάχιμοι καλούμενοι. . . . . *le pays est divisé en trois parts*. . . . . *l'ordre des prêtres possède la première*. . . . *la seconde est échue au roi*. . . . *la troisième appartient à l'ordre des guerriers*. . . .

Voilà une classe de la population clairement exclue du partage et de la propriété des terres, et la caste des agriculteurs, réduite au colonage, tandis que les prêtres, les hommes de guerre et le Roi, ont la propriété foncière de tout le territoire.

Mais voici Hérodote qui complique la difficulté,

(1) Diod. de Sic., lib. 1, § 73, (pages 217 et 219, tome 1, édit. Bipont).

en affirmant qu'on disait de son temps que Sésostris avait fait le partage du territoire *entre tous les Égyptiens* : *καταvεῖμαι δὲ τὴν χώρην Αἰγυπτίοισι ἅπασι τοῦτον ἔλεγον τὸν βασιλέα, κλῆρον ἴσον ἑκάστῳ τετράγωνον διδόντα*. . . . . . . (1) Le territoire était donc la propriété du roi, puisqu'il le distribuait à son gré à ses sujets.

Cette tradition, en tant qu'elle serait appliquée à un nouveau partage *de tout le territoire* entre *tous les nationaux*, nous semble erronée; et Diodore nous paraît mieux instruit et plus digne de foi, lorsqu'il nous rappelle la distribution de terres faite par Sésostris comme n'ayant eu pour objet qu'une portion choisie de la caste des guerriers; car en parlant des dispositions que ce conquérant fit en faveur de ses anciens camarades d'enfance, au moment de son départ pour la fameuse expédition d'Asie, l'historien dit qu'il leur assigna les champs les plus fertiles de l'Égypte, afin que, libres de souci sur leurs moyens d'existence, ils donnassent tous leurs soins aux offices militaires qu'il leur avait confié. *πᾶσι δὲ τοῖς προειρημένοις κατεκληρούχησε τὴν ἀρίστην τῆς χώρας, ὅπως ἔχοντες ἱκανὰς προσόδους, καὶ μηδενὸς ἐνδεεῖς ὄντες, ἀσκῶσι τὰ περὶ τοὺς πολέμους* (2).

D'un autre côté, la Genèse nous a transmis relativement à l'administration de Joseph en Égypte,

(1) Hérodot., 2, § 109. (Tome 1, pag. 382, éd. Schweigh.)

(2) Diod. de Sic., 1, § 64, *in fine*, (tome 1, pag. 164, éd. Bipont.)

un récit qui prouve l'appropriation générale du sol en faveur du Pharaon. « Il n'y avait pas de pain dans « tout le pays.... Joseph amassa tout l'argent qu'on « trouva.......... Quand l'argent manqua, tous les « Égyptiens vinrent auprès de Joseph et lui dirent : « Donne-nous du pain...... Joseph dit : Donnez « votre bétail et je vous donnerai du pain. Ils ame-« nèrent leur bétail à Joseph ; il leur donna du « pain....... Lorsque cette année fut écoulée, ils « revinrent...... et lui dirent....... l'argent et les « troupeaux ont passé entre les mains de mon « Seigneur....... Achète-nous ainsi que nos terres « pour du pain ; que nous soyons nous et nos terres « la propriété de Par'au ; donne-nous de quoi semer, « afin que nous vivions et que nous ne mourions « pas, et que la terre ne soit pas déserte.

« Joseph acquit toutes les terres d'Égypte, car « les Égyptiens vendirent chacun son champ, parce « que la famine pesait beaucoup sur eux ; ainsi la « terre fut à Par'au..... Il n'y eut que les terres des « prêtres qu'il n'acquit point...... Joseph dit au « peuple : Maintenant que je vous ai acquis avec « vos terres, voici de quoi semer, et vous ense-« mencerez la terre. Lors de la récolte, vous « donnerez la cinquième partie à Par'au, et les quatre « autres parts seront pour vous, pour ensemencer « les champs et pour votre nourriture, ainsi que « pour ceux de votre maison..... Joseph fit une loi « qui dure jusqu'à ce jour, sur les terres d'Égypte,

« savoir : La cinquième partie appartiendra à Pa-
« r'au (1). » Voilà les Egyptiens réduits au colonage.

Enfin, les découvertes récentes d'un grand nombre de contrats græco-égyptiens, écrits sur *Papyrus*, et remontant à la domination des Ptolémées, semblent contrarier tous ces renseignements historiques, en ce que le droit de propriété privée y apparaît entouré des garanties les plus positives en faveur de tous les citoyens. Nous ne citerons que les pièces de ce procès, dont le *rapport officiel* est aujourd'hui déposé à la bibliothèque de Turin, et a été publié avec d'autres monuments de ce genre, par le savant Amédée Peyron (2). Le litige roulait sur le droit des parties plaidantes à la propriété d'une maison et d'une surface de terrain. On y discute les actes de vente successifs, en remontant d'un propriétaire à l'autre. L'une des parties invoque une possession de 37 ans, et cite à l'appui de sa défense quelques passages d'un édit royal, qui assurait la possession

(1) Genèse, chap. 37. (Trad. de Cahen, tom. 1, pages 167-169.)

(2) Voy. *Papyri Græci Taurinensis musei OEgyptii, editi atque illustrati ab amedeo Peyron.* Taurini 1826 et 1827. 4° — Et *Journal des Savants*, (octobre 1827 et février 1828.) — Ces papyrus ont fixé l'attention des savants sous le rapport archéologique et paléographique; l'histoire du droit y trouverait aussi une ample moisson à faire. Plusieurs collections particulières en Angleterre, la bibliothèque royale à Paris, le musée impérial à Vienne, possèdent aujourd'hui un nombre considérable de ces précieux manuscrits.

de ceux qui pourraient invoquer une prescription basée sur une longue jouissance, quand même leurs titres d'acquisition seraient égarés ou perdus; et ce système de défense fut couronné du succès.

Où donc est la vérité, au milieu de ces témoignages discordants? Il nous paraît évident, en premier lieu, que le texte de Strabon s'applique aux trois castes, et qu'il désigne, pour celle des agriculteurs, non l'emphytéose, non l'usufruit, mais la propriété privée (1); et nous croyons, en effet, que la propriété privée a été organisée, dès les premiers temps civilisés, chez les Égyptiens, comme chez les Indiens.

Dans l'origine, le territoire dut être partagé entre les trois castes; et la puissance royale dut être réduite à l'administration du royaume, sauf un domaine privé. C'est ce que confirme la tradition attestée par Moïse et la Genèse.

C'est ce que confirme Diodore lui-même quand il nous dit que les premiers rois d'Égypte ne gouvernaient point le pays selon leur pur arbitre, comme dans les autres états monarchiques; mais qu'ils

(1) Il nous semble que l'éditeur du Strabon d'Oxford (1807, 2 vol. gr. in-f°), a fait erreur en ce point. Voyez les notes 1 et 6 du tome 2, page 1118. — M. de Pastoret a interprété comme nous, ce passage de Strabon : *hist. de la Législation*, tome 2, page 137. Strabon a puisé dans Eratosthène.

étaient assujettis à l'observation de lois rigoureuses, non-seulement dans leur vie publique, mais encore dans leur vie privée : Πρῶτον μὲν τοίνυν οἱ βασιλεῖς αὐτῶν βίον εἶχον οὐχ ὅμοιον τοῖς ἄλλοις τοῖς ἐν μοναρχικαῖς ἐξουσίαις οὖσι, καὶ πάντα πράττουσι κατὰ τὴν ἑαυτῶν προαίρεσιν ἀνυπευθύνως, ἀλλ' ἦν ἅπαντα τεταγμένα νόμων ἐπιταγαῖς, οὐ μόνον τὰ περὶ τοὺς χρηματισμούς, ἀλλὰ καὶ τὰ περὶ τὴν καθ' ἡμέραν διαγωγὴν καὶ δίαιταν (1).

Nous croyons enfin pouvoir induire la certitude d'une répartition égale et primitive, d'un fragment d'Aristote, conservé par Stobée (2), dans lequel il est dit que, chez les Égyptiens, les terres des particuliers (τῶν ἰδιωτῶν) étaient réparties de manière que chacun en avait une partie dans le voisinage de la ville, et l'autre aux extrémités du territoire (3).

Plus tard, le pouvoir devint despotique, mais respectant la caste sacerdotale, il ne s'appésantit que sur la *plebs*. Des famines successives, telles qu'on en voit souvent en Égypte, favorisèrent la spoliation de cette dernière partie de la population qui passa de

(1) Diod. Sic., lib. 1, § 70. (tome 1, p. 208, éd. Bipont).

(2) Stobée, *Eclog. eth. et phys.*, lib. 2, page 332, édit. Heeren.

(3) Il faut comparer ce fragment avec le chap. 9, liv. 7, de *la Politique*, édit. de Schneider, page 287. Si l'on pouvait penser que le texte rapporté par Stobée, se rapporte à un temps récent, le chapitre 9, *Polit.*, 7, prouverait bien qu'Aristote a voulu parler des temps anciens et non pas des temps modernes.

l'état de propriétaire libre à l'état de vassal emphytéote.

Le témoignage de Josèphe vient corroborer ici l'autorité du texte sacré, mais en ajoutant cette circonstance omise par la Genèse, que, passé le temps de la famine, le roi, qui était devenu propriétaire de tout le territoire, rendit cependant à chacun la *propriété des terres*, moyennant une redevance du cinquième du produit annuel (1). Il est probable que cette restitution, que Josèphe présente comme immédiate, ne s'est en réalité accomplie que plus tard et à la longue; mais cet événement est un fait capital qui explique tout, dans cette discussion épineuse. Par la restitution dont parle Josèphe, le droit de propriété fut établi dans son ancienne condition.

Ce n'est que postérieurement à cette époque, que le Sésostris d'Herodote et de Diodore, qui venait d'expulser les Hycsos du territoire, et qui, par conséquent, avait à disposer de vastes possessions,

(1) Λωφήσαντος δὲ τοῦ κακοῦ, καὶ τοῦ ποταμοῦ τὴν γῆν ἐπιβάντος, καὶ ταύτης τοὺς καρποὺς ἀφθόνως ἐκφερούσης, ὁ Ἰώσηπος εἰς ἑκάστην παραγινόμενος πόλιν, καὶ συλλέγων ἐν αὐταῖς τὸ πλῆθος, τήν τε γῆν αὐτοῖς, ἣν ἐκείνων παραχωρούντων Βασιλεὺς ἔχειν ἐδύνατο καὶ καρποῦσθαι μόνος, εἰς ἅπαν ἐχαρίζετο· καὶ κτῆμα ἴδιον ἡγουμένους φιλεργεῖν παρεκάλει, τὴν πέμπτην τῶν καρπῶν τῷ Βασιλεῖ τελοῦντας ὑπὲρ τῆς χώρας, ἣν δίδωσιν αὐτοῖς οὖσαν αὐτοῦ. Τοὺς δὲ παρ' ἐλπίδας κυρίους τῆς γῆς καθισταμένους.... etc. — Josèphe *Antiq. Jud.*, lib. 2, cap. 7, § 7, (tom. 1, pag. 71-72. Ed. Hudson; tom. 1, pag. 176, Oberthur).

a pu faire des distributions de terre aux hommes de guerre.

S'il était vrai, comme le dit Diodore, que la classe des laboureurs eut été jadis exclue de toute possession à titre de propriété (1), les deux tiers du territoire eussent été en main-morte, car ce n'étaient point les prêtres individuellement, mais le collége des prêtres qui possédait une partie du sol. Les propriétés de la caste des guerriers auraient été seules livrées à la mobilité des aliénations et du commerce, et l'instinct conservateur de l'aristocratie étant un obstacle naturel à cette mobilité, le commerce des terres aurait été complétement nul en Égypte.

Mais peut-être l'autorité de Diodore, écrivain contemporain de la domination romaine qui, comme on sait, confisquait le territoire des peuples subjugués, doit-elle subir ici, comme en d'autres points, l'épreuve d'un pyrrhonisme prudent; car, quoiqu'on puisse invoquer l'exemple des autres anciens empires de l'Orient, où le roi était généralement reconnu pour le grand propriétaire du sol; quoiqu'on puisse citer l'exemple du régime actuel de

(1) Faire cultiver la terre par des mains serviles était, au reste, une pratique aimée des anciens. Τοὺς δὲ γεωργήσοντας μάλιστα μὲν δεῖ κατ'εὐχὴν δούλους εἶναι, μήτε ὁμοφύλους πάντας μήτε θυμοειδεῖς· οὕτω γὰρ ἂν πρός τε τὴν ἐργασίαν εἶεν χρήσιμοι καὶ πρὸς τὸ μηδὲν νεωτερίζειν ἀσφαλεῖς· δεύτερον δὲ βαρβάρους ἢ περιοίκους παραπλησίους τοῖς εἰρημένοις τὴν φύσιν. . . . . . etc., etc. Aristote, *polit.*, lib. 7, chap. 9, pages 289-290. Edit. Schneider.

l'Égypte, où la condition des Fellahs, est celle de fermiers, et où la condition du souverain, par rapport au sol, est celle de propriétaire universel(1); on peut répondre cependant que l'autorité des *Papyrus* de l'époque grecque est irréfragable, quant à l'existence d'une propriété privée, dont tous, indistinctement, auraient eu le libre accès.

S'est-il opéré, à cet égard, quelque révolution politique à l'avènement des Lagides? L'histoire n'en a pas gardé le souvenir. Je croirais plutôt que les terres de la troisième caste étaient seules sujettes à l'impôt, (et le texte de Strabon prête à cette conjecture), et que cet impôt, devenant de jour en jour plus excessif et plus onéreux, cette portion de territoire a pu être considérée comme la propriété du roi; et que les agriculteurs ont été ainsi réduits à une condition qui approchait de celle des fermiers héréditaires: ajoutant à cela que les domaines personnels du roi et des deux premières castes, devaient comprendre la plus grande et la meilleure portion des terres de l'Égypte.

On pourrait supposer aussi que la caste des guer-

(1) Voy. les savans *Mémoires de M. Silv. de Sacy*, insérés dans les tomes I, V et VII des Mémoires de l'Institut (Ac. des Inscript. et Boll. Lett.). *Sur la nature et les révolutions du droit de propriété territoriale en Egypte, depuis la conquête de ce pays par les musulmans, jusqu'à l'expédition des français.* Voy. aussi l'ouvrage de MM. de Cadalvène et de Breuvery: *l'Egypte et la Turquie de* 1829 *à* 1836. (*Journal des Débats* du 23 août 1836).

riers ayant été facilement anéantie par la seule action du temps, selon la destinée inévitable des noblesses militaires, les propriétés qui étaient l'apanage de cette caste, avaient passé à la population grecque ou étrangère, qui avait consommé la conquête; la condition de l'ancienne race plébéienne indigène, demeurant la même qu'autrefois. Mais cette conclusion est arbitraire, et la haine que les naturels d'origine portaient au nom de *Macédonien*, devenu une injure pour eux (1), et les noms grecs de tous ceux qui figurent dans les contrats sur *Papyrus*, ne semblent pas suffire pour la justifier.

En résumé, la propriété foncière a été libre pour tous en Égypte, dans les premiers temps; si la caste des agriculteurs en a été momentanément dépouillée, elle rentra plus tard dans ses droits primitifs, quoique écrasée sous le fardeau des impôts; et les Grecs n'ont fait que continuer, pendant leur domination, le régime de leurs prédécesseurs.

Chez les Hébreux, le droit de propriété fut soumis par Moïse à une organisation régulière, mais éminemment adaptée au peuple auquel il donnait des

(1) Voyez dans le *Journal Général de l'Inst. publ. du 26 avril* 1835, le résumé d'une leçon de paléographie grecque, appliquée aux papyrus Græco-Égyptiens, par M. Hase (page 236.)

lois (1). Le territoire de la Palestine fut une propriété publique, nationale par excellence, car le titre de son occupation émanait de Dieu même ; c'était la terre promise par Jéhova. Mais la propriété privée y fut admise avec un caractère particulier, qui n'est propre qu'à la législation hébraïque et qui a exercé une grande influence sur les mœurs du peuple juif, même après sa dispersion. Je veux parler du *Jobel* ou de la *grande libération*, qui, tous les cinquante ans, restituait les terres vendues à leurs anciens propriétaires (2), et qui faisait ainsi du titre de succession le seul titre inattaquable de la propriété.

Cette institution, jointe aux confiscations fréquentes que la loi prononçait en faveur du collége des prêtres, était propre à une constitution à la fois aristocratique et théocratique, à un territoire resserré, et à une population peu nombreuse qui sortait à peine d'un état nomade sanctifié par les idées religieuses. Elle consacrait une espèce de retrait lignager en faveur des familles, et, en même temps, elle avait pour objet d'éviter que le peuple juif ne s'attachât trop à la terre et ne négligeât la vie contemplative. Telle fut, probablement, la pensée de Moïse ; elle n'obtint pas précisément

(1) Voyez dans J. Seldon, *de jure nat. et gent. juxta disc. Ebreorum* (Lips. 1695 in 4°), le chap. 6, où la théorie des lois et coutumes hébraïques, relativement au droit de propriété, est amplement développée. On regrette que l'auteur ait trop négligé l'ancien droit mosaïque et qu'il ait accordé trop d'autorité aux Talmudistes.

(2) Voyez *Levit.*, XXV, 10 ; et XXVII, 24. *Edit.* Cahen ; et Josèphe, *Antiq. Jud.*, lib 3, cap. 12, (volume 1, page 128, édit. Hudson).

le résultat qu'il désirait, mais la propriété immobilière fut généralement négligée chez les anciens Hébreux, comparativement aux soins dont elle fut l'objet chez d'autres peuples, quoique leurs lois sur le Jobel fussent tombées en désuétude bien longtemps avant l'ère chrétienne (1). L'activité de leur esprit se tourna plutôt vers l'industrie commerciale, qui leur promettait une propriété mobilière, non résoluble. Nous remarquons, sans en tirer aucune conséquence, que les formules de la transmission des biens, chez les Hébreux, ressemblent beaucoup aux formules de la tradition chez les Romains et aux festucations du moyen-âge (2).

Dans la Grèce, où la religion semblait n'avoir d'autre but que d'offrir au culte des mortels, sous une forme mythique, les élémens essentiels de la vie civilisée; le droit de propriété fut consacré de la manière la plus solennelle, et le dieu (3) qui la protégeait, fut le père des hommes et le plus puissant des Dieux. Salut *Père*, dit Callimaque (4) à Jupiter, et Dion Chrysostôme lui donne le même titre.

(1) Depuis la captivité de Babylone, le Jubilé ne fut plus praticable. Voy. Calmet., *Dict. de la Bible*. V° Jubilé, et le même, *Comment. sur la Bible*, (Paris 1717), t. 1er, p. 889-90.

(2) Voy. Selden, *loc. cit.*, pag. 78 et suiv.

(3) Je n'aurais que peu à ajouter aux travaux de MM. Éméric-David (*Jupiter*, Paris, 1833, 2 vol. in-8°, principalement tome 2, chap. 8), Creuzer et Guignaut (*religions de l'antiquité*, Paris, 1825 et suiv., in-8°, (non achevé), principalement tome 2, 2e. part., liv, 6, chap. 1er), si la spécialité de mon sujet, ne m'imposait l'obligation de réunir des observations disséminées.

(4) Χαῖρε πάτερ. . . . . . Callimach. *Hymn. in Jov.* v. 94,

« Le premier, le plus élevé, le plus ancien peut-« être des titres donnés à Jupiter par toute l'anti-« quité, celui de *père des dieux et des hommes* (1), « renfermait ainsi tous les dogmes religieux et tous « les principes de la morale. Père des Dieux, Ju-« piter était le créateur universel, le maître du « monde; père des hommes, il était le législateur, « l'ami, le bienfaiteur du genre humain (2). »

Jupiter est le dieu qui garde la propriété, Ζευς Ερκεῖος (3); il donne la richesse, Κτήσιος (4), et dieu

et ibi Spanheim (tom. 2, page 72, édit. Ernesti), qui rapporte plusieurs autres textes. — Ζεὺς γὰρ μόνος θεῶν πατὴρ καὶ βασιλεὺς ἐπονομάζεται. . . . . Πατὴρ δὲ, οἶμαι, διά τε τὴν κηδεμονίαν καὶ τὸ πρᾶον. Dion Chrysost. *de regn.* (*Opp.* tom. 1, page 56. Edit. Reiske).

(1) Θεῶν πατέρ' ἠδὲ καὶ ἀνδρῶν..... ὅ σ σ ο ν φ έ ρ τ α τ ό ς ἐ σ τ ι θ ε ῶ ν, κ ρ ά τ ε ΐ τ ε μ έ γ ι σ τ ο ς. Hésiode, Θεογον. 47-49, Gaisford.

(2) Emeric David, *Jupiter*, 11, page 520. — Voyez Spanheim, *loc. cit.*, v. 2 (t. 2, p. 30, Ernesti).

(3) Διὸς Ερκείου, Hom. Odyss. X. 334-35. Wolff; *et ibi* Eustathe, page 284, t. 2, ed. Lips. — Pherecyd. *fragm.* 2. Éd. Sturz, p. 72-74. — Hérodot. VI, 68 *et ibi* Creuz. (ed. Baehr, t. 3, p. 320). — Pausanias, *Messen.* 17. 3. ed. Siebelis (t. 2, p. 215), *et alibi.* — *Plura dabunt* Heinsius, *ad Ovid. Héroïd.* VII, 113 (t. 1er, p. 99, éd. Burmann), Creuzer, *Commentat. Hérodot.*, p. 231 *et Seq.*, *cui addenda nota 7 ejusdem*, Moletem. 1, p. 17. — Ερκεῖος, de ἔργω, ἔρκος, ἐρκίον; ἔ ρ α (*terre*). — Voy. sur ce mot, Harpocration, *et ibi*, Gronovius et Valois (éd. Lips. 1824, t. 1, p. 75 et 254, et t. 2, p. 316), Henri Etienne, *Thes. Ling. gr. sub voc.* ἔργω (tome 1, colonne 1240), ἔρκος *ubi uberrima*; et Damm, *Lexicon Homericum*, *iisd. Voc.* . . . . — C'est de ἔρκος que les Romains avaient tiré leur *herciscere familiam*. Voy. Ernesti, *clavis Ciceron.* V° *Hercisco.*

(4) Voy. Suidas, t. 2, p. 5, éd. Kuster; Pausanias, *attic.* 31. 2 (t. 1, p. 140, éd. Siebelis); Harpocration, t. 1, p. 108, éd. Lips.; Antiphon, Κατηγορ. φαρμακ. p. 613 et 614, Reiske; p. 34, Dobson; Menand. *fragm.* Ψευδηρακ. p. 181, Meineke.

pénate par excellence, il répand le bonheur sur la famille (1); son autel est dans l'enceinte du toit domestique (2), il venge la foi violée (3); et sous

— κτήσιος. . . . . . . δοτὴρ πλούτου καὶ κτήσεως. . . . . Dion, *loc. cit.* (1, p. 57, Reiske). De là Kuster et Dalechamps ont rendu Ζεὺς κτήσιος, par *possessionum et prædiorum patrimoniorum que præses.* — Sur le culte de Ζεὺς κτήσιος, Athénée nous a transmis des détails très-curieux (*Deipnosoph.* XI, 46. tom. 4, p. 251, Schweigh.), sur lesquels il faut voir les *animadvers.* de Casaubon (p, 790, éd. 1664 et t. 6, *Animadv.* Schweigh. 114). On trouvera des renseignemens étendus sur Jupiter Ctesius, dans les notes de Spanheim, sur le premier discours de Julien (*opp.* Lips. 1696, *Observat.*, p. 69); dans Maittaire, *append. ad Marm. Oxon.* 1733; pag. 9, et dans Taylor *in Demosthenem*, κατὰ Μειδίου, p. 46, Dobson.

(1) Sur l'origine du culte des pénates, voy. le savant commentaire de Bachet de Meziriac, sur l'épit. de Didon à Énée (*epist. d'Ovide*, t. 2, p. 185, édit. 1716). Tous les textes importans des anciens auteurs y sont rapportés et comparés. « *Qui Jupiter romanis* cortalis *ac* septitius, *græcis* « Ἑρκεῖος *dictus est* (dit Creuzer, *Comment. Herodot.*, p. 232), « *idem etiam* πατρῷος *apellatus. Igitur propriè ejus tutelæ com-* « *missa erant gentilicia jura ac sacra privata. Hinc apud* « *Demosthenem, advers. Eubul.* (p. 1319, éd. Reiske): « εἶτ' Ἀπόλλωνος πατρῴου καὶ Διὸς Ἑρκείου γεννῆται, *et apud Pla-* « *tonem, in Euthydem.* (§ 72, p. 171, éd. Bekk. Londin, t. 4, « *et ibi* Heindorf) : Ζεὺς δ' ἡμῖν πατρῷος μὲν οὐ καλεῖται, « Ἑρκεῖος δὲ καὶ φράτριος καὶ Ἀθηναίᾳ φρατρία. *Athenis, Minervæ* « *Poliadis mentio jungitur religionibus* Διὸς Ἑρκείου, *cujus* « *ara in pandrosio fuisse videtur Philocor. apud Dionys.* « *Halicarn.* (Vol. 5, p. 636; Reiske). . . . . . *Atque cum* « *romanorum quoque* penatibus *à Græcis comparatos esse deos* « Ἑρκείους *diserte prodit Dionys. Halicarn.* (Antiq. rom. t. 1, « p. 169, Reisk.). *Propterea quidquid ad heri patrisque fa-* « *milias potestatem, ac sanctitatem domus atque intemeratam* « *illibatamque propaginem pertineret, id omne ejus ipsius* « *Jovis Herceï judicio permittebatur.* »

(2) Ἑρκεῖος Ζεύς, ᾧ βωμοὶ ἐντὸς ἕρκους ἐν τῇ αὐλῇ ἵδρυνται. Suidas, t. 1, p. 856, Kuster. — HERCEUS *Juppiter intrà conseptum domus cujusque colebatur, quem etiam penetralem appellabant.* Festus, p. 75, éd. Lindemann, *et ibi* Dacier. Voy. *L'excursus* XI (*de nece Priami*), de Heyne, *ad lib.* 2, Æneid., p. 313, t. 2, éd. 1787.

(3) La catastrophe de Troye en offre un exemple mémo-

la forme sacrée d'un *Terme*, il protège la limite des champs (1), pour la culture desquels il a inventé la charrue (2), Ζεὺς Ἀρότριος.

rable. Pâris séduit la femme de son hôte, et fuit avec elle. Priam, son père, au lieu de le punir, lui donne asile. L'heure fatale de Troye a sonné; et, lorsque le vieux Priam, poursuivi par un vainqueur inexorable, se réfugie à l'autel de Jupiter Herceus, il est immolé sans pitié, devant l'image du dieu vengeur. — Voy. sur ces événemens, indépendamment de Virgile et d'Ovide, Tzètzes, Μεθ' Ομηρον, V. 733, *ibique* Jacobs; cette tradition se trouve un peu défigurée dans les scholies sur Lycophron, *in vs.* 335, p. 544, éd. Muller. Voy. aussi Triphiodore Ιλίου ἅλωσις, (t. 2, p. 40, des *Scriptores græci minores* de Giles et v. 635., Wernicke), Quint. Smyrn. *post Homer*. XIII, vs. 222, p. 325, éd. Tychsen; et les commentaires de Beger et de Fabretti, sur la table Iliaque.

(1) Je ne résiste point à rapporter ici ces belles paroles de Platon (Νομοι, II, § 9, t. 8, p. 377 *opp.*, éd. Bekk. Londin): « Διὸς ὁρίου μὲν πρῶτος νόμος ὅδε εἰρήσθω· μὴ κινείτω γῆς ὅρια μηδείς....... νομίσας τὸ τἀκίνητα κινεῖν ἀληθῶς τοῦτο εἶναι, βουλέσθω δὲ πᾶς πέτρον ἐπιχειρῆσαι κινεῖν τὸν μέγιστον ἄλλον [πλὴν ὅρον] μᾶλλον ἢ σμικρὸν λίθον ὁρίζοντα φιλίαν καὶ ἔχθραν ἔνορκον παρὰ θεῶν...... Pour de plus amples indications, voy. le *Jupiter* de M. Em. David, t. 2, p. 527, texte, et note 6, et le Pollux d'Hemsterhuis, p. 979, ὅριος Ζεύς, ἐνόριος χῶρος etc., *et ibi interpretes varii*. . . .

(2) J'ai donné cet attribut à Jupiter, sur la foi de Noël Lecomte (*Mythol.* lib. 2, cap. 1, p. 49, éd. 1616), qui n'indique aucune source ancienne, et de M. Em. David (*Jupiter*, t. 2 p. 527), qui indique Hésiode et Eusèbe. Mais l'indication d'Hésiode (*oper. et dies*, v. 297), contient, sans doute, une erreur typographique, car Ζεὺς ἀρότριος n'est pas nommé, et ne peut l'être dans le vers 297, soit des anciennes éditions de Grævius, de Robinson, et de Loesner, soit de l'édition de M. Gaisford. Je crois même pouvoir affirmer que nulle part dans *les travaux et les jours*, ni dans les scholies de ce poème (éd. Gaisford), il n'est question de Jupiter *Arotrius*. Le mot d'ἀρότριος, est lui-même très-rarement employé par les poètes grecs. Il n'a été introduit que fort tard dans cette langue, comme équivalent d'ἀροτήρ, d'ἀροτραῖος, d'ἀροτρεύς, employés plus fréquemment (voy. le Théocrite de Warton et Toup, et celui de Kiessling, Ειδυλ. 25; l'Anthologie de Jacobs, et *alibi passim*). Henri Etienne n'in-

Enfin tous les témoignages de l'antiquité s'accordent pour nous représenter le Dieu tutélaire de la propriété, comme l'époux de Thémis ou de l'Équité, le chef et le grand protecteur des cités et des États, le père de la justice et du droit qui gouvernent

dique même pas le mot : ἀ ρ ό τ ρ ι ο ς dans son *Trésor*, ni Scapula dans son *Lexique*, et je n'ai trouvé nulle part la qualification d'ἀρότριος donnée à Jupiter, dans la Cosmogonie grecque pure. Pausanias n'en dit pas un mot. Aristide (εἰς Δία, t. 1, éd. Jebb.); Dion Chrysostôme (περὶ βασιλείας, t. 2; éd. Reiske); Callimaque (εἰς τὸν Δία *et ibi* Spanheim *et alii*); Apulée (lib. *de mundo*, t. 2, édition Oudendorp et Bosscha, *præsertim*, p. 372), etc., gardent le même silence, et les mythographes latins (éd. de Staver., et *recens reperti*, *editique a Bode*, Cellis, 1834, t. 2, in-8°), sont aussi muets sur ce point qu'Arnobe et Lactance. — Ce surnom n'est pas même donné à Cérès, à laquelle il convenait spécialement (Ælien, 1, 27, *Var. hist.* p, 11; Coray). Je ne l'ai vu donner comme attribut divin que dans un hymne Orphique, adressée à Apollon : Χρυσολύρη, σπερμεῖος, ἀρότρει, πύθιε, τιτάν, etc. (p. 130, Eschenbach, et p. 295 Hermann).

Quand à l'indication d'Eusèbe, fournie par le respectable et savant Em. David, elle est exacte, mais je crois qu'elle ne doit avoir aucune influence en ce moment. Eusèbe n'a fait que transcrire une traduction de Sanchoniaton par Philon de Biblos, relative à la cosmogonie phénicienne, ou, à propos du fameux Dagon, dont il traduit le nom en celui de Σίτος (καὶ Δαγών, ὅς ἐστι Σιτών), le traducteur grec ajoute : ὁ δὲ Δαγὼν ἐπειδὴ εὗρε σῖτον καὶ ἄροτρον, ἐκλήθη Ζεὺς Ἀρότριος (Eusèbe *prep. eveng.*, lib. 1, cap. 10, p. 37, éd. Viger et Montacut. 1638). Ce Ζεύς ἀρότριος serait donc seulement un surnom attribué par Philon au Dagon Syrien, en vertu de la traduction de Δαγων en Σίτος. Mais indépendamment de ce que Philon n'indique aucun Ζεύς ἀρότριος d'origine grecque, on sait combien de doctes discussions a soulevé la traduction même du mot syriaque ou phénicien : DAGON. J. Scaliger en attaqua le premier l'exactitude avec une savante audace (*de Emendat. temp., ad calcem, not. in fragm.* p. 38 et 39), il prouva que Philon s'était matériellement mépris sur la valeur des caractères syriaques exprimant le mot Dagon, et que Dagon devait être traduit par *Poisson* et non par *Froment* : signification mythologique plus conforme au génie religieux et aux habitudes d'un peuple maritime (*Oannès*, *Derceto* etc.), et qui était confirmée, à l'insu de Scaliger, par

les sociétés humaines (1). Aussi était-il encore l'époux de la déesse des mariages (2); aussi présidait-il les assemblées du peuple (3), et l'admission au droit de cité dépendait de la profession de son culte (4).

un texte précieux d'Isidore (*Orig.* lib. XV, cap. 1, § 28, p. 463, Lindemann), et par toutes les traditions du culte syro-phénicien. Cette opinion fut adoptée par Bochart (p. 707, *Chanaan*); par Selden (*de diis Syris*, p. 262-63, édit. 1629); par Vossius (*de orig. et prog. idol.* pages 165 et 700 du t. 1, édit. de 1675); par Saumaise (*exercit. Plin.*, t. 1, p. 405). Cependant le docte Orelli (*Sanchoniat. frag.* Lips. 1826 p. 26), a tenté après Beier, éditeur de Selden, de réhabiliter la traduction de Philon. Mais MM. Creuzer et Guignaut (*relig. de l'antiq.*, tom. 2, 1re part., p. 35), n'ont point admis cette justification, par des raisons très-bonnes, ce me semble. Sur ce point, les plus habiles philologues modernes ont confirmé la savante critique de Scaliger. Quant à ce que dit M. Creuzer (*loc. cit.* p. 34, note), que Dupuis a essayé de concilier Philon et Scaliger, je crois que c'est une erreur, car si j'ai bien lu Dupuis (*Orig. de tous les cultes*, t. 2, p. 208, édit. in-4° de l'an 3), ce mythologue a purement et simplement suivi l'opinion générale, c'est-à-dire, celle de Scaliger.

En résumé, la qualification d'Ἀρότριος convient, sans doute, à Jupiter, soit par une conséquence des attributs nombreux qui lui sont donnés par les anciens, soit comme générateur universel, soit comme identique avec *sol* ou Osiris (voy. Jablonski, *Panth. Egypt.*), connu pour l'inventeur de la charrue; et sur ce point, M. Em. David, historien de Jupiter, a pu appliquer le texte d'Eusèbe. Mais ma remarque a pour objet de constater l'absence de la dénomination spéciale d'Ἀρότριος *dans les monumens originaux de la théologie grecque proprement dite*, par rapport à Jupiter.

(1) Voy. les monographies de Jupiter, et surtout Em. David et Creuzer, ajoutez Dion Chrysost. *loc. cit.* p. 57... Aristide, *loc. cit.* p. 8; Callimaque, *loc. cit.* vers 3, *ubi* Spanheim: vers. 79 et suiv. et *ibi Schol. antiq. et interpret.* éd. Ernesti; enfin Pollux, *Onomast.* p. 993 et *ibi* Hemsterhuis.

(2) C'est en cette qualité de protecteur de la foi des mariages que Ζεὺς Ἑρκεῖος est pris à témoin par Démarate, dans Hérodote, voy. *Erato* § 68 et *ibi* Creuzer p. 320, t. 2 de son édit.

(3) Ζεὺς ἀγοραῖος avait un autel à Athènes. Hesychius, 1, p. 62 et *ibi* Alberti, note 13.

(4) Ὅτι δὲ τούτοις μετῆν τῆς πολιτείας, οἷς εἴη Ζεὺς ἑρκεῖος, δεδη-

L'union de ce culte avec celui de Ἑστία ou *Vesta*, la transfusion de ces dogmes helléniques dans les anciennes religions de l'Italie, sont autant de points insuffisamment éclaircis, peut-être, par les philologues et les mythographes ; mais sur lesquels nous reviendrons plus tard.

Ce fut sur la base du droit de propriété que s'éleva l'édifice de la législation civile et politique, dans la Grèce et l'Italie, même dans les États les plus démocratiques (1).

Dans les États aristocratiques, la propriété fut concentrée, dans les États démocratiques elle fut morcelée.

Tant qu'Athènes fut libre, la propriété y fut très-mobile et très-divisée. Les riches, comme Alcibiade, n'avaient qu'un patrimoine de 300 plethres de terre environ (2), ou une fortune territoriale

λωκε καὶ Ὑπερίδης ἐν τῷ ὑπὲρ δημοποιητοῦ, εἰ γνήσιος. καὶ Δημήτριος ἐν τοῖς περὶ τὴν ἐν Ἀθήνησι νομοθεσίαν. Harpocration, v° Ἑρκεῖος Ζεύς (p. 76, éd. Lips.).

(1) Relativement à l'influence de la propriété sur la jouissance des droits politiques, il faut voir 1° pour la grande Grèce, Heyne, *Opuscula*, vol. 2 (*Prolusiones 15 de civitatum Græcarum per magnam Græciam et Siciliam institutis et legibus*) conféré avec Raoul-Rochette, *Hist. crit. de l'établis. des colon. Grecques*; 2° pour Sparte, Meursius, *de Regno Laconico*, et *Miscellanea Laconica*, et surtout la *Sparta* de Manso. Leipsig 1800, 3 vol. in-8°. 3° Pour Athènes, Boeckh, *Économie politique des Athéniens*, traduct. franç. in-8°.

(2) Le Plethre, selon les calculs d'Ideler, valait 9600 pieds du Rhin. 300 plèthres équivaudraient donc à 29 hectares environ, mesure de France actuelle.

équivalent à 25,000 fr. de notre monnaie. Du temps de Démosthène on commençait à se plaindre de ce que les citoyens accumulaient trop de propriétés en fonds de terre. Néanmoins, ce monopole ne parvint jamais au degré de concentration, où il arriva dans les États despotiques des Macédoniens (1).

A Sparte, Lycurgue, pour constituer une forte égalité, aristocratique et militaire, divisa le territoire en 9000 parts dont une fut donnée à chaque chef de famille. Cette propriété fut inaliénable entre les mains du possesseur ; il ne pouvait ni la vendre ou la donner pendant sa vie, ni la léguer par testament. Il ne lui était même pas permis de la partager entre ses enfans. L'aîné la recuillait de droit et entière, et les lois assuraient la subsistance des puînés. Nous retrouvons, plus tard, de semblables dispositions dans notre droit féodal et coutumier. Non content d'avoir ainsi rendu la propriété immobile, Lycurgue voulut empêcher qu'elle pût jamais s'accroître par l'industrie ; en conséquence, le commerce fut prohibé. La propriété mobilière elle-même fut atteinte par le sévère législateur, et on connaît les lois de Sparte sur la monnaie et sur le vol (2).

L'Étrurie revêtit d'une forme originale les Mythes de la vieille Grèce, mais le [illegible]e du Dieu des

(1) Voyez Boeckh, *loc. cit.* Tome 1, page 105, *seq.* et tome 2, page 286-87.

(2) Voyez Meursius, Manso, *loc. cit.* et Plutarq. *in Lycurg.*

limites y fut posé comme le fondement de la constitution sociale (1); et ses pratiques sur l'arpentage et le bornage des terres, furent acceptées par les Romains, comme l'héritage d'une doctrine conservatrice et bienfaisante (2).

Il serait curieux, peut-être, de comparer maintenant les traditions que l'histoire nous a transmises sur l'organisation primitive du droit de propriété, avec l'histoire de l'agriculture ancienne, de la culture du blé et de l'usage du pain.

Mais cette digression nous mènerait trop loin de notre sujet; nous nous bornons, pour le moment, à renvoyer aux savans et judicieux travaux de Heyne et de Mongez (3).

(1) Voyez Ottf. Muller, *die Etrusker*, tome 2, pages 25 et suiv., et chap., 5 et 6 du livre 3, même vol., *et alibi passim*, sur le culte de Tagés, et les mensurations haruspicinales.

(2) Voy. *infrà* chap. 3me.

(3) Heyne : *Origines panificii frugumque inventarum initia, prolusiones* 3, dans ses *Opuscul. Académ.* tome 1er; Mongez, *Mémoires sur les instruments d'agriculture chez les anciens*, dans les tomes 2 et 3, des *Mémoires de l'Institut, classe d'histoire et de littér. ancienne*.

RECHERCHES

SUR LE

DROIT DE PROPRIÉTÉ

CHEZ LES ROMAINS,

SOUS LA RÉPUBLIQUE ET SOUS L'EMPIRE.

LIVRE PREMIER.

DE L'INFLUENCE DE LA RELIGION SUR LES DOCTRINES PRIMITIVES DE LA PROPRIÉTÉ ROMAINE.

CHAPITRE PREMIER.

DU TERRITOIRE ROMAIN ET DE SA DISTRIBUTION.

Les Romains furent, dès leur origine, un peuple essentiellement agriculteur. Les grands s'adonnèrent à l'agriculture, de préférence à toute autre occupation; et ce soin, partageait, avec celui de la guerre, toute leur attention. Rien ne le prouve mieux que les surnoms de *Piso*, de *Fabius*, de *Porcius*, de

Lactucinus, de *Cicurinus*, de *Stolo* (1) etc., qu'on trouve joints, dès la plus haute antiquité, aux noms des plus illustres familles de Rome. Le plus bel éloge que l'on pût faire de quelqu'un, à cette époque, c'était de dire qu'il était un bon agriculteur (2).

Ce caractère, joint à l'esprit d'ordre, on peut même dire d'avarice, qui distingue les Romains, considérés comme hommes privés, n'a pas peu contribué à développer chez eux un droit civil qui est peut-être, le monument le plus remarquable que nous ait légué l'antiquité; législation admirable qui a tiré le monde moderne de la barbarie, qui sert de base au droit de tous les peuples de l'Europe, et qui recommande à la vénération des hommes la civilisation romaine. Le fondement principal de cette législation était l'organisation du droit de propriété; car *propriété* s'appliquait à tout dans le droit romain, à la terre comme aux personnes, aux obligations et à la famille même.

Urbs, le nom de la ville, tirait son origine du

(1) Voy. sur ce sujet, le traité de Sigonius *de Nominibus Propriis Romanorum*, et différentes dissertations insérées dans les *Mém. de l'Acad. des Inscript.* (Cf. les tables des vol. 11, 33, 44, V° *nom* et surtout Pline, *Hist. Nat.* lib. 18, § 3. (t. 3, p. 342, éd. Brotier).

(2) *Majores nostri. . . . . virum bonum cum laudabant, ita « laudabant, bonum agricolam bonumque colonum. Amplissimè « laudari existimabatur, qui ita laudabatur.* » (*Cato, de Re Rust.* cap. 1, p. 8, Schneid.). Voy. *infrà*, liv. 2, chap. 4 *de la culture des terres.*

sillon que traça la charrue autour de ses premières habitations, d'après une étymologie (1) admise et incontestée, dans les siècles les plus éclairés de la littérature romaine, mais qui, probablement, un peu forcée (2), devait sa naissance au goût exagéré de science étymologique que l'influence du stoïcisme avait répandu à Rome, parmi les gens de lettres (3)

(1) « *Terram undè exsculpserant, fossam vocabant, et* « *introrsum jactam murum. post ea qui fiebat orbis, urbis prin-* « *cipium; qui, quod erat post murum*, Postmœrium *dictum* « *ejus, quo auspicia urbana finiuntur. Cippi Pomeri stant et* « *circum Ariciam et circum Romam. Quare et oppida, quæ* « *priùs erant circumducta aratro, ab orbe et urvo* urbes; *et* « *ideo coloniæ nostræ omnis* (il faut lire *omneis*) *in literis* « *antiquis scribuntur* urbeis, *quod item conditæ ut Roma; et* « *ideo coloniæ ut urbes conduntur, quod intrà Pomerium* « *ponuntur.* » Varro, *de Ling. Lat.* V. § 143. Muller; et § 32, Spengel. — La même étymologie est rapportée par le J. C. Pomponius d'après le célèbre Alfenus Varus. Voy. le frag. 239, § 6, liv. 50, tit. 16 au *Digeste*, éd. Gotting. Gebauer et Spangenb. « *Urbs ab urbo appelata est : urbare est aratro* « *definire : et Varus ait, urbum appelari curvaturam aratri* « *quod in urbe condenda adhiberi solet.* » — Il faut voir sur ce fragment, Ménage, *Amœnitates juris civil.*, cap. 39 (p. 253, éd. 1664), et la note de M. Smallenburg sur Schulting *Notæ ad Pandect*, tom. VII. 2, p. 791 (1835).

(2) Voy. Vossius, *Etymologic. linguæ latinæ*, v° *Urbs*, *ubi fusé*.

(3) *Audeamus imitari Stoïcos, qui studiose exquirunt, undè* « *verba sint ducta.* » Ciceron *de offic.* 1. 7 (Opp. t. 3, p. 183, éd. d'Olivet).

et les jurisconsultes (1) et dont on trouve tant d'exemples dans ce qui nous reste de Varron *de Lingud Latind*, et dans le titre des Pandectes, *de Verborum Significatione*, (livre 50, titre 16).

Mais ce qu'il y a de certain, c'est que la signification légale de *Urbs* et de *Roma* était différente. *Urbs* était la ville comprise dans l'enceinte consacrée. *Rome* était l'agglomération totale des habitations qui composaient la ville proprement dite et ses faubourgs (2). Ainsi les attributions de certains magistrats expiraient à l'enceinte même ; et les priviléges accordés à la qualité d'habitant de Rome, s'étendaient à la ville et à ses faubourgs, aussi loin que se continuait la ligne des habitations (3). C'est de cette différence que naquirent plus tard les qualifications de *regiones urbicariæ*, *suburbicariæ*, etc., etc., (4).

Les plus anciens documents qui nous restent de l'histoire de l'Inde et de l'Egypte, nous y montrent la propriété foncière en plein établissement; au contraire, les annales romaines nous montrent la

(1) Voy. Aulu-Gelle, XIII, 10 (p. 587-88, éd. 1706, et *ibi* Gronov.).

(2) Voy. les fragm. 287 et 147 du tit. 16, liv. 50, au Digeste, et *ibi* les notes de Schulting et Smallenburg, *loc. cit.*

(3) Voy. des exemples *apud* Heineccium, *ad leg. Jul. et Pap. Popp.* lib. 2, cap. 8, (*Opp.* Heinec., éd. 1767, t. 3, p. 206 et 207).

(4) Voy. Heinecc. *loc. cit.* et Jac. Godefroi, *ad Codicem Théodos.* t. 4, p. 19, 220, et *alibi passim*, éd. Ritter.

création elle-même de cette grande institution. La critique ne pouvant refuser d'admettre des faits attestés par l'unanime témoignage de l'antiquité, nous laisserons de côté les prétendus mythes des sept rois de Rome, et l'on nous permettra d'accorder plus de confiance à Denys, à Plutarque, à Tite Live, à Cicéron, qu'à M. Niebuhr; il s'agit d'une question générale d'antiquité romaine, où ne peut se glisser aucun soupçon de crédulité populaire, et qui n'implique aucun détail susceptible d'échapper à l'attention publique; la question se rattache au contraire aux événements et aux intérêts les plus importants de l'histoire politique, à ceux dont la mémoire se conserve le mieux dans le souvenir des peuples et de l'histoire. Il nous paraît donc irrationel de récuser des faits généraux qu'une tradition constatée et incontestée a transmis d'âge en âge aux derniers rédacteurs de l'histoire romaine.

La primitive constitution de la propriété foncière dans le territoire romain, se présente à nos yeux avec un caractère qui nous semble nouveau. D'après l'opinion générale de l'antiquité, le premier roi de Rome aurait fondé seulement la propriété publique du sol romain. Cette propriété nationale, souveraine, chacun la possédait comme peuple, et nul comme individu. Telle nous apparaît la propriété *quiritaire* (1) par essence, et sa forme primitive est

(1) Ῥώμην ἐπὶ Ῥωμύλῳ τὴν πόλιν, Κυρίτας δὲ, Ῥωμαίους ἅπαντας ἐπὶ τῇ Τατίου πατρίδι. . . . Plutarque, Romulus § 19, Reiske.

une espèce de communauté publique, dont la propriété individuelle ne fut plus tard qu'une émanation solennelle. A cette théorie historique se rattache la véritable notion du *domaine quiritaire* dont nous parlerons plus tard avec plus de détail.

Quant à l'organisation et à la constitution de la propriété individuelle et privative, les mêmes traditions l'attribuent au second roi de Rome, au véritable fondateur de la société romaine, qui divisa le territoire entre les citoyens, marqua des limites à la part de chacun, et plaça sous la sauvegarde de la religion l'établissement de la propriété. Cette institution reçut même un caractère religieux qui lui est propre, et auquel nous consacrons un chapitre spécial.

Romulus fut donc le conquérant, et Numa le civilisateur. Écoutons les anciens. Plutarque : *δοκεῖ δὲ καὶ ὅλως αὐτὸς ὁρίσαι τὴν χώραν ὁ βασιλεὺς* (Νουμᾶ), *Ρωμύλου μὴ βουληθέντος ἐξομολογήσασθαι τῷ μέτρῳ τοῦ οἰκείου τὴν ἀφαίρεσιν τοῦ ἀλλοτρίου. . . . . . Τὴν* (*χώραν*)*. . . . . αἰχμῇ προσεκτήσατο* Ρωμύλος· *καὶ ταύτην πᾶσαν ὁ* Νουμᾶς *διένειμε. . . . .* (1).

Denys s'exprime à peu près dans les mêmes termes, moins la circonstance importante de la négligence

σύμπαντας ἐπὶ τῆς Τατίου πατρίδος κοινῇ περιλαμβανομένους κλήσει, Κυρίτας. . . . . Denys d'Halic. *antiq. rom.* 11, § 46, Reiske. *Ut Sabinis aliquid daretur, Quirites a Curibus adpellati.* Tite-Live, 1, § 13 (1. p. 18, Ernesti-Stroth).

(1) Plutarque, Numa, § 16, Reiske.

volontaire et motivée de Romulus, en ce qui touche la démarcation de la propriété de chacun. Τῆς μὲν αὐταρκείας, dit Denys, καὶ τοῦ μηδένα των ἀλλοτρίων ἐπιθυμεῖν, ἡ περὶ τοὺς ὁρισμοὺς τῶν κτήσεων νομοθεσία.... Et il ajoute que la règle fut appliquée autant aux domaines de l'État qu'aux domaines des particuliers : τοῦτο δ'οὐκ ἐπὶ τῶν ἰδιωτικῶν κατεστήσατο μόνον κτήσεων τὸ δίκαιον, ἀλλὰ καὶ ἐπὶ τῶν δημοσίων ὅροις κἀκεῖνα περιλαβὼν, ἵνα καὶ την Ρωμαίων γῆν ἀπὸ τῆς ἀστυγείτονος ὅριοι διαιρῶσι θεοὶ, καὶ τὴν κοινὴν ἀπὸ τῆς ἰδίας (1).

Cicéron, dans sa *République*, nous fournit à peu près le même témoignage, en plaçant les paroles suivantes dans la bouche de Scipion : *ac primum*, dit-il, en parlant de Numa, *agros*, *quos bello Romulus ceperat*, *divisit viritim civibus*, *docuitque sine depopulatione et prædâ posse eos colendis agris abundare commodis omnibus*, *amoremque eis otii et pacis injecit*, *quibus facillimè justitia et fides convalescit*, *et quorum patrocinio maximè cultus agrorum perceptioque frugum defenditur* (2).

Tite-Live se contente d'exposer les efforts et les résultats obtenus par Numa, pour la civilisation de Rome naissante, et il s'accorde parfaitement avec les autres écrivains, sur le caractère qu'il prête aux deux premiers rois (3).

(1) Denys, *loc. cit.* lib. 2, § 74, Reiske.

(2) Ciceron, *de Re Pub.* 11, § 14 (p. 244, éd. Moser et Creuzer, 1826).

(3) Tite Live 1, §§ 19 21 (t. 1, p. 24, 26. Ernesti-Stroth).

Enfin Paul Diacre, dans ses extraits de Festus, nous a conservé ce fragment important qui prouve que le savant antiquaire Verrius Flaccus n'avait pas oublié de recueillir ce trait remarquable de l'histoire romaine : *Termino sacra faciebant quod in ejus tutela fines agrorum esse putabant. Deniquè Numa Pompilius statuit, eum, qui terminum exarasset, et ipsum et boves sacros esse* (1). Nous reviendrons, quand nous parlerons du bornage (2), sur cette terrible sanction du droit de propriété.

Il paraît cependant qu'avant l'institution de la propriété individuelle, le territoire romain avait fait l'objet d'une première division dont Varron a seul conservé la tradition en ces termes : *Ager romanus primum divisus in parteis tris à quo* TRIBUS *appelata Tatiensium, Ramnium, Lucerum : nominatæ, ut ait Ennius, Tatienses à Tatio, Ramnenses à Romulus, Luceres, ut Junius, à Lucumone* (3). Ainsi les différentes races dont se composait la primitive population romaine auraient été cantonnées et isolées sur trois parties séparées et distinctes de *l'ager romanus* qu'elles auraient possédé chacune en commun, comme propriété commune de la tribu, et cultivé selon leurs besoins ou leur règlement intérieur. Mais Varron lui-même indique une cause d'incertitude

(1) Festus, p. 157, éd. Lindemann, et *annot.* p. 740. — Voy. aussi les notes de Reiske sur Denys, *loc. cit.* II. 74.

(2) Voy. *infrà*, chap. 3me.

(3) Varron, *de Ling. Latin.* V. § 55, Muller; et § 9, Spengel.

dans le fait qu'il rapporte (1), et la division territoriale dont il parle, est demeurée complétement inconnue à Tite Live qui déclare même qu'il ignore l'étymologie du nom de la troisième tribu (2), à laquelle Varron a donné pour chef un Lucumon étrusque. D'un autre côté, Denys d'Halicarnasse nous dit, que Romulus ayant divisé en dix curies ou *phratries*, chacune des trois tribus ou *phyles* qui composaient la population, il partagea le territoire en trente lots, et il en assigna un par le sort à chaque curie, après avoir réservé une part des terres pour fournir aux frais du culte, et une autre part pour le domaine public. La possession des terres aurait donc été en commun dans chaque curie, et il n'y aurait eu de propriété distincte que d'une curie à l'autre, et égalité parfaite entre toutes. Διελὼν τὴν γῆν εις τριάκοντα κλήρους ἴσους, ἑκάςῃ φράτρᾳ κλῆρον ἀπέδωκεν ἕνα, ἐξελὼν τὴν ἀρκοῦσαν εἰς ἱερα καὶ τεμένη, καὶ τινα καὶ τῷ κοινῷ γῆν καταλιπών (3).

Une division primitive du territoire paraît être la base certaine de ces différentes traditions; mais la forme précise de cette division échappe évidemment à nos recherches.

Le territoire romain fut borné, pendant plusieurs siècles, à une surface de médiocre étendue; on le nommait *Ager Romanus* (4), et cette déno-

(1) *Sed omnia hæc vocabula Tusca*. . . . Varron *ibid.*

(2) *Lucerum nominis et originis causa incerta est.* (Tite-Liv., § 13, Ernesti-Stroth).

(3) Denys d'Halic. *antiq. rom.* 11, § 7 (p. 251, Reiske).

(4) Le même goût de recherches étymologiques que nous

mination s'est conservée jusque sous l'empire, mais avec une signification plus étendue. De nos jours encore, on nomme l'*Agro Romano*, une portion du territoire romain qui correspond, à peu près, à l'ancien territoire de la période impériale (1).

Ce qu'on appelait proprement *Ager Romanus*, n'occupa d'abord que la surface d'un arc peu développé, dont le Tibre formait la corde (2). Rome primitive ne possédait rien au delà du Tibre, en Étrurie; et du côté du Latium ses possessions ne s'étendaient pas au delà du cinquième au sixième mille, à partir du Palatin. Du temps de Strabon, on voyait encore à Festi, une ancienne limite du territoire, où l'on fesait annuellement des cérémonies religieuses (3). Mais, de même que l'*Urbs*

avons signalé au sujet de *l'Urbs*, s'est appliqué à *l'Ager*. « *Ager dictus in quam terram quid agebant fructus causâ: alii quod id Græci dicunt* ἀγρόν, dit Varron, *de Ling. Lat.* V. § 34, Muller. — Isidore dit la même chose (lib. 15, cap. 13, *origg.* p. 482, Lindemann), probablement d'après un ancien *agrimensor* (voy. *inter rei agr. script.* Goësii, p. 292, et notamment Goës., *annot.* in p. 290). Voy. aussi Baxter *Gloss. Ant. Roman.* v° *Ager*, p. 66.

(1) Voy. Sismondi, *Etudes sur l'économie politique* t. 2, p. 1 et suiv. (1838).

(2) Voy. Pseudo-*Fabius Pictor* (lib. 1er, p. 54, *ad Calcem* Onuph. Panvinii *Civitat. roman.* 1588), qui, en ce point a suivi des documens authentiques. — Plut. *Numa*, 16 (p. 282, t. 1, Reisk.). — Festus, v° *Pectustum Palati*, p. 198 et 566, Lindemann.

(3) Μεταξὺ γοῦν τοῦ πέμπτου καὶ τοῦ ἕκτου λίθου τῶν τὰ μίλια διασημαινόντων τῆς Ρώμης καλεῖται τόπος Φῆστοι· τοῦτον δ' ὅριον ἀποφαίνουσι τῆς τότε Ρωμαίων γῆς, οἵ θ' ἱερομνήμονες θυσίαν ἐπιτελοῦσιν ἐνταῦθά τε καὶ ἐν ἄλλοις τόποις πλείοσιν, ὡς ὁρίοις, αὐθημερὸν, ἣν καλοῦσιν Ἀμβαρουαλίαν. Strabon, E. κεφ. γ'. § 2, Coray (t. 1, p. 308).

reçut des accroissements successifs, de même l'étendue de l'*Ager* s'accrut aussi avec le temps.

Sous Romulus même, il paraît que les limites de l'*Ager* furent portées au delà du Tibre, sur le territoire de Veies (1); c'étaient les *septem pagi* qui furent si vivement réclamés par Porsenna (2). Sous Ancus, le territoire fut encore augmenté aux dépens des Veïens (3), et aux dépens des Latins (4). Tarquin l'Ancien recula aussi ces limites, au moyen de quelques conquêtes sur les Latins (5) et sur les Sabins (6). Mais le dernier accroissement du *territoire*, a dû être l'ouvrage de Servius-Tullius, qui, selon Denys (7), fixa la dernière enceinte de la ville (8),

(1) Denys d'Halic. 2 § 55, *in fine* (t. 1, p. 353, Reisk). Plut. Romulus, § 25 (t. 1, p. 133, Reisk.).

(2) Denys d'Halic., 5, §§ 31 et 36 (t. 2, p. 915-927. Reiske).

(3) Tite-Live, lib. 1, cap. 23, *in fine* (t. 1, p, 144, Drakenb.):

(4) Denys d'Halic. 3, §§ 38 et 43 (t. 1, p. p. 521 et 533, Reisk.), et Tit. Liv. lib. 1, cap. 33 (t. 1er, p. 142, Drak.).

(5) Denys d'Halic. 3, §§ 49-50 (t. 1, p.p. 544-49, Reisk.).

(6) « *Vicit idem etiam Sabinos : et non parum agrorum, « sublatum iisdem, urbis Romæ territorio adjunxit.* » Eutrope lib. 1er, § 6 (p. 15, éd. Havercamp). — Tite-Live, 1, § 36, et Denys, *loc. cit.*

(7) οὗτος ὁ βασιλεὺς (Τύλλιος) τελευταῖος ηὔξησε τὸν περίβολον τῆς πόλεως, etc. Denys d'Halic. 4, § 13 (t. 2, p. 668, Reisk.).

(8) Cette proposition doit se rapporter à l'époque où écrivait Denys, car je sais que sous Aurelien ou Probus, l'enceinte de la ville fut de nouveau augmentée. Voy. Lipse, *de Magnitudine Romanâ*, lib. 3, cap. 2 et 3 (*Opp.* t. 3, p. 421 et suiv.; Plantin).

qui fonda de nouveaux *pagi* (1), et qui, le dernier, s'occupa de la répartition de l'*Ager* entre les citoyens (2).

Si l'*Ager*, proprement dit, fut postérieurement augmenté de quelques parcelles, elles furent si peu considérables, qu'on peut négliger de s'y arrêter (3). Les possessions romaines reçurent, sans doute, par la suite, d'immenses accroissements (4), mais ils ne furent point incorporés dans l'*Ager Romanus*, comme les précédents. Les territoires subjugués gardèrent leurs anciens noms, quoique leur surface eût fait l'objet

(1) Denys d'Halic. 4, § 15 (t. 2, p. 674, Reisk.), κρησφύγετα κατεσκεύασεν, Ἑλληνικοῖς ὀνόμασιν αὐτὰ καλῶν Πάγους. — Sigonius (*de antiq. jur. civ. rom.*, lib. 1, cap. 2), attribue à Servius la première distribution du territoire en hameaux ou *Pagi*; mais en cela il se trompe, je crois, car la préexistence des *Pagi* me semble prouvée par Denys (2 § 76, t. 1, p. 401, Reisk. 2, § 55, *ibid.*, p. 353), et par Plutarque (*Romulus* et *Numa*.)

(2) Denys, 4, § 15 (t. 2 p. 673, Reisk.).

(3) C'est ce qu'a parfaitement démontré Sigonius *loc. cit.*

(4) Témoin ce texte de Varron : « *Ut nostri augures publici disserunt, agrorum sunt genera quinque, Romanus, Gabinus, Peregrinus, Hosticus, Incertus. Romanus dictus, unde Roma, ab Romulo. Gabinus ab oppido Gabis. Peregrinus ager pacatus, qui extra Romanum et Gabinum, quod uno modo in his secuntur auspicia. Dictus peregrinus à pergendo, id est a progrediendo; eo enim ex agro Romano primum progrediebantur. Quocirca Gabinus quoque peregrinus, sed quod auspicia habet singularia, ab reliquo discretus. Hosticus dictus ab hostibus. Incertus is ager, qui de his quatuor qui sit ignoratur.* Varron *de Ling. Lat.* V. 33 (p. 13-14; Muller).

de distributions au peuple, de ventes publiques aux citoyens qui étendaient ainsi leurs possessions au delà des limites du territoire Romain (1); ou bien que les nouvelles conquêtes fussent abandonnées aux municipes, livrées aux colonies, ou fissent partie de ce qu'on nommait l'*Ager Publicus*. Il advint cependant que le nom d'*Ager Romanus*, tout en conservant son ancienne et rigoureuse signification *(le territoire de Rome)*, put s'appliquer quelquefois à désigner les terres conquises (2); mais dans son acception la plus large, il ne désigna jamais un territoire trans-Italien (3). C'était, en effet, un principe fondamental du droit public à Rome, que les terres et les personnes des peuples vaincus appartenaient au peuple Romain vainqueur, qui, par lui-même ou par ses délégués, en disposait ensuite comme il trouvait convenable (4). Chez les anciens, la guerre décidait toujours de la liberté et de la propriété.

Il résulte de tout ce qui précède, que le territoire

(1) Il y en a une foule d'exemples, voy. Sigonius *loc. cit.*

(2) Sigonius, *loc. cit.*, plusieurs exemples y sont rapportés.

(3) Voy. Sigon. *loc. cit.* — Pitiscus *Lexic. Antiq. Rom.* v° *Ager Romanus* (t. 1, p. 58, éd. 1713), et Burmann, *de Vectigal.* 1734, p. 4.

(4) Voy. Sic lus Flacus, *inter Rei Agrariæ Script.* Goes. p. 1 et 2, et *alibi passim apud eosdem.*—Ciceron *de Lege Agrarid* I, § 2, et *de Lege Agrarid* II, § 15 (t. 9, p. 401 et 473, éd. Leclerc) et *alibi passim.* — Rome elle-même éprouva l'application de ce droit rigoureux, à l'époque de l'invasion de Porsenna (Voy. Niebuhr, tom. 2, p. 336, *trad. franc.*).

Romain a été l'objet d'un partage ou d'une distribution primitive, soit entre les trois races de la première population, soit, plus tard, entre tous les citoyens ou habitants. Nous voyons même qu'à des époques plus récentes, la même pratique a été fréquemment observée à l'égard des territoires confisqués sur les peuples subjugués. Mais quel fut le dividende des premières disitributions ? Deux opinions, ou plutôt deux systèmes opposés ont été soutenus à ce sujet, par Montesquieu et Niebuhr.

Selon Montesquieu (1), les rois de Rome auraient réparti le territoire en lots parfaitement égaux pour tous les citoyens, et le titre de la loi des XII tables, relatif aux successions, n'aurait eu pour objet que de rétablir cette antique égalité du partage des terres.

Selon Niebuhr(2), au contraire, la propriété territoriale fut primitivement l'attribut du patriciat, et tout ce qui n'était pas noble de race était incapable

(1) *Esprit des lois*, liv. 27, chap. unique.

(2) Hist. rom., tom. 2, p. 164. — Tom. 3, p. 175 et 211. — Tom. 4, p. 30, 164, 171, 196 et *alibi passim*. Ce système est emprunté de Vico, *Scienza Nuova*. Nous y reviendrons quand nous traiterons du *domaine quiritaire*.

J'ai négligé de traiter la question de la quotité précise qui revint à chaque citoyen dans les distributions de terres. Voy. Pilati de Tassulo, *Lois Polit. des Romains*, tome 2, p. 258 et suiv. (1780), et Dureau de la Malle, *Mém. sur les pop. libres de l'Italie*, p. 500 et suiv. (dans le tome X des Mémoires de l'Acad. des Inscrip. et Belles Lettres de l'Institut).

de posséder aucune partie du territoire. De ce principe, l'auteur déduit plusieurs conséquences importantes pour le droit et pour l'histoire.

Mais les deux systèmes nous paraissent également éloignés de la vérité ; l'établissement de l'égalité des biens chez les premiers romains, n'est qu'une chimère. Un écrivain estimable a développé une critique solide dans la réfutation qu'il a faite de cette opinion de Montesquieu (1). Je n'insiste que sur un point. Cette égalité a été si peu soupçonnée par les anciens, que Plutarque, après avoir parlé des efforts de Lycurgue pour éviter l'inégalité des richesses à Sparte, accuse Numa d'avoir négligé un soin aussi important (2) : Νουμᾶς δ' οὐδὲν διέκρινε τοιοῦτον, ἀλλὰ τὰς μὲν στρατιωτικὰς ἔπαυσε πλεονεξίας, τὸν δ' ἄλλον οὐκ ἐκώλυσε χρηματισμόν· οὐδὲ τὴν τοιαύτην κατεστόρεσεν ἀνωμαλίαν, ἀλλὰ καὶ πλούτῳ προϊέναι μέχρι παντὸς ἐφῆκε, καὶ πενίας πολλῆς ἀθροιζομένης καὶ ὑπορρεούσης εἰς τὴν πόλιν ἠμέλησε. etc., etc. Dès la plus haute antiquité, nous voyons les querelles de débiteurs obérés et de créanciers avides, mettre la ville de Rome en péril (3).

(1) Voy. Pilali de Tassulo, *loc. cit.*

(2) Λυκούργου καὶ Νουμᾶ σύγκρισις, B. (tom. 1, p. 138, Coray). *Romulus*, dit Ciceron, *habuit plebem in clientelas principum descriptam.* — *De Re Publ.* lib. 2, § 9 (p. 236, Leclerc). Cette hiérarchie est-elle compatible avec une égalité de fortune ? Et Columelle, 1, 3, p. 44, éd. Schneid., qui parle de la *plebeïa mensura* ! ! !

(3) Voy. Ciceron, *de Re Publ.* 2, § 33-34 (p. 309, *Seq.* éd. Creuzer).

Et pour ce qui est de la loi des XII tables, comment l'illustre auteur de *l'Esprit des Lois* a-t-il pu penser que ses dispositions sur les successions, tendaient à maintenir l'égalité, quand elles accordaient à tout citoyen une liberté illimitée de disposer par testament de la totalité de son patrimoine, même au préjudice des enfants? Nous pourrions ajouter que la loi sur les dettes était aussi peu favorable à l'égalité. Nous parlerons, plus tard, des dettes et des successions.

J'arrive à l'hypothèse de Niebuhr, et je commence par avouer qu'il existe de nombreuses contradictions dans les témoignages des anciens au sujet des premiers temps de Rome; mais ces contradictions ne portent que sur des faits de détail et nous retrouvons des difficultés de ce genre dans toutes les recherches historiques qui remontent à une date un peu reculée. Mais il n'en est pas de même des faits généraux, des faits les plus importants à recueillir, et nous ne pouvons nous croire plus éclairés sur l'histoire des premiers siècles de Rome, qu'on ne l'était à Rome même, au siècle d'Auguste; sauf cependant les droits de la critique. Cicéron, qui, dans sa *République*, s'est tant occupé de l'ancienne constitution Romaine, et qui nous a donné tant de détails sur la division des terres, parle toujours de distribution entre tous les citoyens, sans égard à leur qualité de patriciens ou de plébéiens, *divisit viritim civibus* (1). Nulle part il

(1) *De Re Publ.* 2, § 14 (p. 244, éd. Creuzer), *Et alibi passim* — Ἅπαντες, dit Denys d'Halic., 2, § 7 (p. 251, Reisk.)

est écrit que la richesse territoriale ait été l'apanage exclusif et légitime du patriciat (1) ; cette opinion est une conception de poésie historique, que l'imagination savante de Niebuhr a décoré de belles formes, qu'il a coordonné en système régulier, mais qui manque des éléments nécessaires à la certitude historique.

La propriété a été facilement concentrée, par la suite, dans les mains de l'aristocratie. Ce résultat était la conséquence de la constitution du pays et de l'établissement d'une cité populeuse (2) au milieu d'un territoire très resserré. La politique Romaine a pu même faciliter une concentration qui rendait le service militaire plus supportable aux *Prolétaires* ; ils s'engageaient sans regret dans des expéditions fréquentes et hasardeuses, dont le fruit pouvait être l'acquisition d'un bon champ à cultiver, et une famille à enrichir. Aussi voyons-nous que la dissémination de la population en colonies qu'on gratifiait de distri-

(1) Ciceron nous affirme le contraire : « *Quorum auctoritas*, dit-il, en parlant du patriciat primitif, *maximè florebat, quod, cum honore longè antecellerent ceteris, voluptatibus erant inferiores,* NEC PECUNIIS FERME SUPERIORES. (Pag. 313. *suprà*) ; Et Plutarque parlant de la distribution faite par Numa, dit qu'elle atteignit les plus pauvres : πᾶσαν ὁ Νουμᾶς διένειμε τ ο ῖ ς ἀ π ό ρ ο ι ς τῶν πολιτῶν. *Numa*, 16 (p. 282, Reisk.)

(2) Niébuhr a raillé Montesquieu sur sa crédulité, au sujet de la population de Rome ; mais voyez sur ce point les documens positifs qu'a recueillis M. Dureau de la Malle, *loc. cit.*, p. 400 et suiv., et Heyne *Opusc.*, tom. 1, p. 250.

butions de terres est aussi ancienne que l'agrandissement de la république.

Il est certain, comme nous le verrons plus tard, que les nobles, qui avaient la haute direction et l'administration supérieure des affaires publiques, avaient peu à peu usurpé les biens qui formaient le domaine de l'état (*Ager Publicus*) (1), et que les dépendances de ce domaine public étaient envahies généralement par le patriciat. Ce moyen de fortune était plus à la portée des nobles que de la *Plebs*, et, sous d'autres formes, il se manifeste dans tous états où une classe de la société obtient le maniement privilégié des affaires publiques; sans parler des états modernes, nous retrouvons le même phénomène dans l'histoire d'Athènes, au moment où Solon entreprit et consomma sa grande réforme politique (2). Cette concentration des propriétés dans une classe de la population, se manifeste dans tous les états anciens constitués en souverainetés municipales. Les moyens de fortune y étaient très bornés; et pour atteindre à la richesse, l'industrie et le talent ne suffisaient pas; il fallait encore la puissance de la famille ou de la clientelle.

Mais tout cela ne prouve pas qu'à aucune époque, la propriété foncière ait été *légalement*, à Rome, l'apanage exclusif d'une classe distinguée, et que cette propriété patricienne ait été l'objet d'une

(1) Voy. *infrà* livre 2.

(2) Voy. Plut. *Solon*, *passim*.

organisation législative, dont il ne reste aucune trace réelle (1). Il est prouvé que les lois des XII tables ne firent que traduire, en texte écrit et public, les pratiques légales et juridiques de l'ancienne Rome, et que les innovations des décemvirs se réduisirent à très-peu de chose (2). Il est encore avéré que la seule inégalité de droit qui existât alors entre les deux classes des patriciens et des plébeiens, était relative au *Connubium* (3), et cette inégalité fut bientôt abolie (4); et la prohibition injurieuse des mésalliances,

(1) Le savant Heyne, qui avait profondément étudié l'antiquité Romaine, dit quelque part : *Fuit ea inter Romanos seu fama seu scriptorum opinio, inter Romam conditam condendamque tot agrorum sortes fuisse, quot erant capita cum Romulo, ab Alba longa profecta. Successere coloni aliundè, quibus et ipsis ager suus est assignatus, ut fieri necesse est in civitate novis advenis aucta.* Heyne, *Leges Agrariæ, in Opusc.* tom. 4, p. 356.

(2) Voy. mon *Histoire du droit Romain*, pages 59 et suiv. et les savants Mémoires de Bonamy, qui y sont cités.

(3) Voyez le n° 1 de la XI table *ad calcem* de mon *Histoire du droit Romain*.—Des Institutions analogues existaient chez d'autres anciens peuples. Voy. Welcker, *ad Theognid. Præfat.* p. 21 à 38 (1826). Les Doriens appelaient ces mésalliances le mélange des *bons* et des *méchants*. Chez eux Ἀγαθοί et Κακοί étaient devenus synonimes de nobles ou riches, plébéiens ou pauvres ; ce point de lexicographie est admirablement éclairci par Welcker.

(4) On pourrait même croire, d'après Cicéron, que les Décemvirs étaient les premiers auteurs de la prohibition du *Connubium*, entre les deux castes. Voy. *de Re Publicâ*, II, § 37 (éd. Leclerc). — Voy. aussi Denys d'Halic. X. 60. — Tit. Liv. IV. 4, etc.

disparut de la législation romaine. Plus anciennement, Servius avait donné aux Romains une constitution si libérale, que Cicéron l'admirait encore de son temps (1), et que le vieux patriciat avait conspiré contre sa vie (2).

En un mot, un fait *général*, mais non *légal*, de concentration, voilà tout ce qui est prouvé par l'histoire ; le reste est une conception *à priori*, dont l'honneur appartient à Vico (3), que Niebuhr a reprise scientifiquement et que M. Ballanche a traduite en poésie dans son *Orphée*.

Dans les premiers siècles de la république, la somme des richesses fut nécessairement bornée. La possession d'une certaine fortune, dont la quotité a varié selon les temps, était nécessaire, pour être admis et maintenu dans l'ordre du sénat et des chevaliers ; mais dans les derniers temps, jusques sous l'empire, l'agglomération des fortunes, soit en biens fonds, soit en créances, fut exorbitante. On peut en juger par cette apostrophe de Cicéron, qui fait allusion à un propos connu de Crassus (4) : *Multi ex*

(1) Voy. Ciceron, *de Re Publicâ*, 2, § 22 et suiv.

(2) Denys d'Halic. IV, § 38 (tom. 2, p. 735 et suiv. Reisk.)

(3) Vico, *Scienza Nuova*, lib. 2, cap. 6 (édit. Milan).

(4) Cic., *Paradox*. VI, § 1 (*Opp*. t. 3, pag. 368, édition d'Olivet). Pline qui nous confirme la vérité du propos de Crassus, nous apprend en même temps, que Sylla était plus riche que Crassus. *Hist. Nat.*, lib. 33, chap. 10 (tom. 3, p. 470, éd. *Var*. 1669). Ce chapitre donne d'utiles renseignemens sur la distribution de la fortune chez les Romains.

te audierunt, cum diceres, neminem esse divitem, nisi qui exercitum alere posset suis fructibus : quod populus Romanus tantis vectigalibus jampridem vix potest. Ergo hoc proposito, nunquàm eris dives, antequàm tibi ex tuis possessionibus tantùm reficiatur, ut eo tueri sex legiones et magna equitum ac peditum auxilia possis.

D'un autre côté, écoutons les doléances de Sénèque, ce sage philosophe, qui possédait lui-même une fortune prodigieuse : *Quousque fines possessionum propagabitis ? Ager uni domino, qui populum cepit, angustus est. Quousque arationes vestras porrigetis, ne provinciarum quidem satione contenticirc umscribere prædiorum modum?* ILLUSTRIUM FLUMINUM PER PRIVATUM DECURSUS, ET AMNES MAGNI, MAGNARUM QUE GENTIUM TERMINI, USQUE AD OSTIUM A FONTE, VESTRI SUNT. HOC QUOQUE PARUM EST, NISI LATIFUNDIIS VESTRIS MARIA CINXISTIS : *nisi trans Hadrianum et Jonium, Ægæumque, vester Villicus regnet : nisi insulæ, ducum domicilia magnorum, inter vilissima rerum numerentur. Quàm vultis, latè possidete : sit fundus, quod aliquando* IMPERIUM *vocabatur, etc.* (1).

Les bons esprits, chez les anciens, avaient vu dans ces immenses agglomérations de propriétés foncières une des causes les plus actives de la décadence de l'empire romain. En effet, la population libre disparaissait des vastes *Latifundia* de l'Italie et des provinces, pour laisser la place à une population

(1) Sénèque, *Epist.* 89 (*Opp.* tom. 3, p. 137, éd. Ruhkopf).

dépendante et servile; avec les cultivateurs disparaissait le travail et l'industrie; la terre abandonnée se changeait en désert ou se perdait sous le ravage des eaux; et l'*Agro Romano* de nos jours présente encore aux observateurs judicieux (1) le tableau des funestes conséquences de cette concentration presque fabuleuse des patrimoines qui avait fait gémir Sénèque et Pline (2).

Pour le temps d'Honorius et d'Arcadius, Olimpiodore nous a transmis un renseignement précieux (3) : Ὅτι πολλοὶ οἶκοι Ῥωμαίων, dit-il, *προσόδους κατ᾽ ἐνιαυτὸν ἐδέχοντο ἀπὸ τῶν κτημάτων αὐτῶν, ἀνὰ τεσσαράκοντα χρυσοῦ κεντηνάρια, χωρὶς τοῦ σίτου καὶ τοῦ οἴνου, καὶ τῶν ἄλλων ἁπάντων εἰδῶν· ἃ εἰς τρίτον συνέτεινεν, εἰ ἐπιπράσκετο, τοῦ εἰσφερομένου χρυσίου· τῶν δὲ μετὰ τοὺς πρώτους δευτέρων οἴκων τῆς* Ῥώμης, *πεντεκαίδεκα, καὶ δέκα κεντηναρίων ἡ πρόσοδος ἦν.*

Ainsi à cette époque de décadence où la richesse

(1) Voy. Sismondi, *Etudes sur l'économie politique*, t. 2, pag. 18 et suiv. (1838).

(2) Voy. Sénèque, *de Vitâ Beatâ*, c. 17, 3. *Epist.* 114, 6, 7 et *loc. cit.* (Ruhkopf). — Horace, *Carm.* I, 1, 9 et 10; *ubi vid.* Mitscherlich. — *Verumque confitentibus*, s'écrie Pline, *latifundia perdidere Italiam imò et Provincias* (*Hist. Nat.* XVIII, 7, 3. Franz.)

(3) Voy. ce fragment dans Photius, *Biblioth.* 80 (p. 198, édit. 1653). Juste Lipse rapporte ce même texte dans son traité *de Magnitud. Roman.*, lib. 2, cap. 15 (*Opp.* t. 3, p. 416, édit. Antuerp. Plantin.) Mais il traduit à tort *τεσσαράκοντα κεντηνάρια*, par 400,000 *Aurei*; c'est 40,000 seulement. On trouve réunis, dans ce chapitre de Juste Lipse, des faits nombreux sur l'accumulation des richesses chez les Romains.

avait tant diminué, et où la monnaie avait subi de si misérables altérations, on pourrait évaluer encore la fortune des puissantes familles, qui tenaient le premier rang dans l'empire, à plus de deux millions de revenu annuel, monnaie actuelle, en prenant pour base d'évaluation un terme moyen entre les valeurs du temps de Valentinien III, qui, comme on sait, éleva considérablement le prix de l'*Aureus* ou *Solidus* (1) et la valeur du blé, au temps de Tacite (2). Juste Lipse a hésité s'il triplerait ce revenu, à cause du τρίτον d'Olympiodore. Je crois, comme lui, qu'il faut entendre seulement une augmentation du tiers sur le revenu en argent, par les prestations en nature.

On ne doit donc pas s'étonner des dépenses quasi fabuleuses que les monuments de l'histoire attribuent à certains consuls, à certains généraux; ni des 20,000 esclaves que quelques citoyens ont possédé (3). Sous Néron, six individus étaient, à eux seuls, propriétaires de la moitié de l'Afrique romaine (4). Les

(1) Voy. *Novell. Theodos.* tit 23, *ad calcem Cod. Theod.*, éd. Ritter, pag. 63 et le savant commentaire de Jacques Godefroi sur la loi unique au *Code Théodosien*, *de Obligat. Votorum* (lib. VII, tit. 24, tom. 2, p. 459 à 468, Ritter.)

(2) Parlant du rabais que Néron fit éprouver au prix du blé, pour se rendre populaire, Tacite dit: *Pretiumque frumenti minutum usque ad ternos nummos.* Annal. XV, § 39. Brotier 1771.

(3) Voy. Athénée, VI, § 104 (tom. 2, p. 544. Schweigh.).

(4) Voy. Pline, *Hist. Nat.* XVIII, 7, 3. (tom. 2, p. 102, Harduin. 1723). « *Sex domini semissem Africæ possidebant...* »

dépenses de Vitellius, pour sa table seulement, sont incroyables. Je renvoie, à *l'Excursus* de Brotier, *de Ventre et Gulà Vitellii*. Il conclud, avec raison, que la gueule de cet homme eût englouti tout l'empire, s'il eut vécu plus longtemps (1).

M. Peignot a récemment réuni, dans une dissertation imprimée, dans les mémoires de l'Académie de Dijon (année 1836), les faits les plus curieux de prodigalité, de luxe, ou d'agglomération de fortune mobilière, chez les Romains. Nous n'attaquons l'exactitude d'aucun de ces faits; mais nous regrettons que leur savant compilateur ait complétement négligé d'indiquer les sources où il a puisé. Son ouvrage en eut pris une couleur d'érudition qui l'eut rendu doublement utile.

Quintilien met ces paroles dans la bouche de son *Pauvre* déclamant contre le *Riche* : *Ubi enim non jam divitum privatum est? Parum est proximos æquare terminos, et possessiones suas, velut quasdam gentes, fluminibus montibusque distinguere. Jam etiam devios saltus, et silvas vasta solitudine horridas occupant, tot aquæ intrà paucorum umbram latent, è finibus suis populus excluditur, nec ullus procedentis finis est, nisi cum et in alterum divitem inciderit* (2).

(1) Voy. le Tacite de Brotier, 1771 (t. 3, p. 433 et suiv.).
(2) Voy. Quintil. *Declamat.* XIII, 11 (p. 284, éd. Burman.).

CHAPITRE DEUXIÈME.

—

DU CULTE DE VESTA ET DU DIEU TERME, CHEZ LES ROMAINS.

Les deux plus anciennes religions de Rome furent celles du dieu Terme et de Vesta ; de la déesse du foyer domestique et du dieu protecteur des propriétés. Leur union intime présente à nos yeux, l'aspect de la religion nationale par excellence ; premiers soutiens de la société romaine, ils furent spécialement honorés d'une vénération à laquelle le salut de l'Etat était étroitement lié.

Considérés sous point de vue, les cultes de Vesta et du dieu Terme méritent quelques développements nouveaux.

§ 1er. — *Vesta*.

Pour les Romains, Vesta présente l'idée surnaturelle de la famille ou du foyer domestique ; elle est la garantie de l'intime société de l'homme et de la femme, et de tous les liens d'association humaine : *Est rerum custos intimarum*, dit Cicéron (1), en confondant l'essence de Vesta dans celle de Janus.

(1) *De Nat. Deor.* lib. 2, § 27 (pag. 315, Creuzer. 1828).

Elle est la personnification romaine d'une société fondée sur l'état de famille et le droit de propriété; et cette image déifiée répond avec exactitude à la constitution intérieure de l'ancienne Rome où la police de l'état reposait principalement sur la police de la famille et sur le droit civil. Ce culte respectable se rattache donc aux premiers éléments de la civilisation.

Le nom et le mythe de Vesta sont d'origine grecque. Ils furent transmis à l'Italie par les colonies Pelasgiques ou helléniques, qui elles-mêmes en avaient emprunté la notion aux théurgies mystérieuses de Samothrace (1). De ἑστία (2), la prononciation

(1) Voy. Denys d'Halic. Ρωμ. Αρχαιολ. lib. 2, § 66 (tom. 1, p. 377-78, Reiske); Plutarque, *Camill.*, § 20, Reiske; Macrobe, Zeun., p. 422 et Varron, Speng., p. 63.

(2) Εστια et Εσχάρα ne sont point exactement synonymes, comme il a paru à quelques mythographes et lexicographes. Voici comment Lennep et Hemsterhuis interprètent Εστια, dans l'*Etymologicum* du premier (tom. 1, p. 224, édit. Nagel). Εστια, dit Lennep, *fœmininum est, à masc.* ἑστιος, *quasi dicas* QUI PERTINEAT AD FAMILIAREM VICTUM. *Videtur enim ortum esse ab* ἑδω. *Inde certe dicitur* CONVIVIUM FAMILIARE, *quo quis excipiatur apud* LAREM DOMESTICUM : *unde porro notat* LAREM, DOMUM, *et similia*. Sur quoi Hemsterhuis ajoute : *Ab* ἑζω, vel ἱζω (*quod a* ςύω, ςέω, ςίω *non differt*), *manavit* ἑστια *et* ἱστιη, *Ionibus usitata forma*, SEDES STABILIS *et* CERTA : *quæ causa est, cur* DOMUM HABITATIONEMQUE *idem vocabulum designet. Dissentit Plato*, ajoute l'habile philologue, *in Cratylo, sed nihil est, quod illi, in rimandis etymologiis non nimis exacto, auscultemus*.

Æolienne avait fait Ϝεςία (1), *Vesta*. Mais son culte était à Rome aussi ancien que la ville même, et il se rattachait aux souvenirs les plus honorés, aux institutions les plus respectées. Romulus et Numa étaient les fondateurs ou les organisateurs de l'ordre des Vestales (2).

La Vesta grecque se retrouve, avec ses caractères principaux, dans la Vesta romaine; mais celle-ci nous offre des attributs originaux qu'on ne rencontre pas dans la première.

Ainsi, pour les Romains, comme pour les Grecs, Vesta est la fille aînée de Saturne et *d'Ops*, du temps et de la terre; elle est sœur de Jupiter et de Cérès, de l'agriculture et de la propriété (3). Quelquefois

(1) *Vesta*, dit Servius, ἀπὸ τοῦ Ἑςίας : *ut Digammos sit adjecta* : *sicut* ἔρ, *ver;* ἐνετος, *venetus*. Servius, *in Æneid.* 1, 292 (tom. 2, p. 89, Burmann. 1746).

(2) Voy. Denys d'Halic. *loc. cit.* § 64 et 65 (tom. 1, p. 373 et suiv. Reiske). Voyez aussi et comparez Tite-Live, Plutarque, Ovide, Aulu-Gelle et Servius.

(3) Voyez Homère εἰς Ἀφροδίτην, 1, v. 22 et suiv. (tom. 5, pag. 426, édit. 1807. Wolf. — Pag. 90, Matthiæ, 1805. — Tom. 5, p. 91, Ernesti-Dindorf, 1824). — Hésiode Θεογονία v. 454, Gaisford (*Poet. Græc. Min.*, tom. 1, p. 81, *Lips.* 1823, Reiz.). — Orphée, hymne 84, v. 1 (pag. 349, Hermann, 1805) et hymne 83, Eschenbach. — Apollodore, lib. 1, cap. 1 (tom. 1, p. 6, Heyne, 1803). — Ovide, *Fast.* VI, v. 285 (tom. 3, p. 394, Burmann.) Les mythographes grecs ne diffèrent des Latins que sur l'aînesse. Dans Ovide, Vesta ne vient qu'après Cérès et Junon.

Vesta se confond avec Cérès (1), et l'une et l'autre s'identifient avec la terre elle-même (2). Considérée sous cet aspect, Vesta est le symbole de la stabilité, de la fixité, opposée à la vie errante (3). Voilà pourquoi, dans Platon, tandis que tout se meut dans l'olympe et que Jupiter mène le choeur ou la danse des grands dieux, Vesta seule demeura assise et immobile (4). Elle est représentée dans la même

(1) Voy. Juste Lipse, *de Vesta*, dans ses œuvres complètes, édit. d'Anvers, 1637, tom. 3, p. 601.

(2) Ovide, *Fast.* VI, v. 299, Burmann; *Stat vi terra sud, vi stando Vesta vocatur.*

(3) Voy. Arnobe, *Adv. Gentes*, III, 32 (tom. 1, p. 128, Orelli; et au tom. 2, p. 162, les notes et indications du savant éditeur). C'est à cause de sa fixité, que Vesta avait été identifiée avec la terre qui passait chez les anciens pour être immobile au centre du monde. Voy. Vossius, *de Idolat.*, *lib.* 2, cap. 59, p. 231, et Saint-Augustin, *de Civitate dei*, lib. IV, cap. 10.

(4) Μένει γὰρ Ἑστία ἐν θεῶν οἴκῳ μόνη. Platon Φαῖδρος, § 56. Bekker (tom. 1, p. 79, édit. Londin. Priestley. — Tom. 3, p. 247, édit. *Henr. Stephan.* — Tom. 1, p. 170, édit. d'Ast, et dans le tom. 1, pag. 402, et suiv. des *Annotationes*, la savante dissertation de M. Ast, sur ces paroles que Platon met dans la bouche de Socrate). Le travail de M. Ast n'a point été inutile au docte Guignaut (*Symbolique* ou *Religions de l'antiquité* de Creuzer, tom. 2, p. 694). Si je m'écarte un peu des doctrines de ces deux derniers mythographes, je n'en respecte pas moins leur science profonde et leur intelligence exquise de l'esprit de l'antiquité.

position sur un grand nombre de médailles (1). Enfin, dans la Grèce comme à Rome, Vesta est invoquée la première et la dernière dans toutes les cérémonies religieuses (2), et aucune image physique ou person-

(1) Voy. Rasche, *Lex. univ. rei num. vett.*, v° Vesta, *passim*. — P. Burmann (Ζεύς Καταιβάτης, Leyde 1734, p. 314 et 315), à l'occasion de ce symbole de stabilité, prétend que Vesta en a tiré son nom : *Quæ* VI STANDO *Vesta vocatur*. Telle est aussi l'opinion de Phurnutus, qui, comme Hemsterhuis déjà cité, dérive Εςία de ἱςάναι (Θεωρία περὶ τῆς τῶν θεῶν φύσεως, § 28, p. 206, éd. Gale (*Opuscul. mytholog.* Amstel. 1688). — Scopas avait fait une Vesta assise ; — Pline, *Hist. nat.* 36, 4. Hard.

(2) Voy. Ciceron *de Nat. Deorum*, II § 27 (p. 315, édit. Creuz.), et les notes de Moser et de Creuz. — Ιν' οὐ πρώτη πυμάτη τε Ιστίη, dans Homère : Εἰς Ιςτιαν και Ερμην (hymn. 29. v. 5. Matthiæ, et *ibi* les *Animadversiones* de l'éditeur). Voy. surtout Marini, *Atti e monum. de' fratelli arvali*, pag. 377 et suiv. où sont discutés les textes anciens et les formules *Arvales* relatifs au culte de Vesta et à son invocation, à la fin et au commencement de tous les actes religieux. — Ajoutez Phurnutus, *loc. cit.*, page 208 ; — et Pausanias, liv. 5, chap. 14, § 4, 5, (tom. 2, pag. 369. Siebelis, et *ibi Annotationes*, pag. 232, *Seq.*) Kuhnius et M. Siebelis ont fait erreur, je pense, en croyant que dans la Grèce ancienne un seul et même autel avait été consacré à Jupiter Olympien et à Vesta ; Si Vesta était invoquée la première sur l'autel de Jupiter même, ce n'était qu'en vertu de la vieille liturgie, de laquelle était venu le proverbe ἀφ' ἑςίας, et d'autres semblables. Voyez Hesychius, *hoc v°*, (tome 1, pag. 640, Alberti, *et ibi viri docti*.

leurs priviléges, le respect qui les entoure (1) : tout annonce que leur ministère a une importance d'état; et en effet, le feu sacré qu'elles gardent n'est autre que le feu de la cité elle-même, le feu de la société romaine, *focus publicus* (2), et dans les mystères impénétrables de leur liturgie se trouve le secret de l'état, le gage de sa perpétuité, le *Palladium*, le *Pignus imperii* (3). Son culte a résisté au christianisme jusqu'au moment où la religion du Christ est devenue une loi de l'état (4).

Telle est la couleur véritable et originale de laquelle on trouve empreint le culte de Vesta dans la civilisation romaine. En général, pourtant, les mythographes n'ont vu dans Vesta que la déification du feu, ce grand et premier élément du monde physique; mais cette identification de Vesta avec le feu élémentaire, n'est à nos yeux qu'une doctrine philosophique, transportée de la Grèce à Rome, et empruntée elle-même à la religion ancienne du feu domestique; car de même que le foyer domestique nourrit la famille, de même le feu élémentaire parut nourrir le monde, et Vesta devint le foyer du monde

(1) Voy. J. Lipse et A.-Gelle, *loc. cit.*

(2) Voy. Cicéron *de Legg.* II, 12, Lemaire, (t. 4, p. 306 *in fine* édit. Junte, 1537,) et Macrobe, *loc. cit.*

(3) *Vestæ ædem petitam, et æternos ignes, et conditum in penetrali* FATALE PIGNUS IMPERII, (Tit. Liv., lib. 26, cap. 27. Drakenb. 1746, *et ibi viri docti).* Voy. aussi lib. 5, cap. 52 et Juste Lipse, *loc. cit.*, p. 610.

(4) Juste Lipse, *loc. cit.*, pag. 618.

parce qu'elle était le foyer de la famille. La priorité de l'idée de famille est marquée dans les textes anciens (1). Si elle est effacée, dans les théories pythagoriciennes et socratiques, c'est, d'un côté, à l'influence de l'Orient sur la philosophie grecque, de l'Orient, patrie primitive du culte du feu, et de Mithra, qu'il faut en attribuer la cause; c'est d'un autre côté à la doctrine physique du feu central, âme du monde, enseignée par Pythagore et son école (2),

(1) Ainsi dans Martianus Capella, (*de Nupt. philol.*, *lib.* 1, pag. 19, Grotius 1599) Vesta paraît plutôt comme l'auguste nourrice de Jupiter, que comme la déesse du feu; ainsi Phurnutus, qui voit dans Jupiter l'âme du monde (περὶ τοῦ Διός. 2. pag. 141 Gale), voulant expliquer la consécration du feu à la fille de Saturne propose deux opinions. La première identifie le feu avec Vesta: Vesta c'est le feu lui-même; mais la seconde opinion lui paraît préférable, parce qu'elle ne voit dans le feu qu'un élément de fécondation et de vitalité humaine: (περὶ τῆς Δήμητρος, καὶ τῆς Ἑστίας, 28, pag. 208. Gale.) Il n'est pas difficile de découvrir la même opinion dans Denys d'Halicarnasse lui-même, malgré sa préoccupation Mithriaque.

(2) Νουμᾶς δὲ λέγεται καὶ τὸ τῆς Ἑστίας ἱερὸν ἐγκύκλιον περιβαλέσθαι τῷ ἀσβέστῳ πυρὶ φρουράν· ἀπομιμούμενος οὐ τὸ σχῆμα τῆς γῆς ὡς Ἑστίας οὔσης, ἀλλὰ τοῦ σύμπαντος κόσμου, οὗ μέσον οἱ Πυθαγορικοὶ τὸ πῦρ ἱδρῦσθαι νομίζουσι, καὶ τοῦτο Ἑστίαν καλοῦσι καὶ μονάδα· τὴν δὲ γῆν, οὔτ' ἀκίνητον οὔτ' ἐν μέσῳ τῆς περιφορᾶς οὖσαν, ἀλλὰ κύκλῳ περὶ τὸ πῦρ αἰωρουμένην, οὔτε τῶν τιμιωτάτων οὐδὲν, οὔτε τῶν πρώτων τοῦ κόσμου μορίων ὑπάρχειν. Ταῦτα δὲ Πλάτωνα φασὶ πρεσβύτην γενόμενον διανενοῆσθαι περὶ τῆς γῆς ὡς ἐν ἑτέρᾳ χώρᾳ καθεστώσης, τὴν δὲ μέσην καὶ κυριωτάτην ἑτέρῳ τινὶ κρείττονι προσήκουσαν. — Plutarque, Numa 2. Denys, tom. 1. pag. 362. Reisk. Tite Live I. 20.

leurs priviléges, le respect qui les entoure (1) : tout annonce que leur ministère a une importance d'état; et en effet, le feu sacré qu'elles gardent n'est autre que le feu de la cité elle-même, le feu de la société romaine, *focus publicus* (2), et dans les mystères impénétrables de leur liturgie se trouve le secret de l'état, le gage de sa perpétuité, le *Palladium*, le *Pignus imperii* (3). Son culte a résisté au christianisme jusqu'au moment où la religion du Christ est devenue une loi de l'état (4).

Telle est la couleur véritable et originale de laquelle on trouve empreint le culte de Vesta dans la civilisation romaine. En général, pourtant, les mythographes n'ont vu dans Vesta que la déification du feu, ce grand et premier élément du monde physique; mais cette identification de Vesta avec le feu élémentaire, n'est à nos yeux qu'une doctrine philosophique, transportée de la Grèce à Rome, et empruntée elle-même à la religion ancienne du feu domestique; car de même que le foyer domestique nourrit la famille, de même le feu élémentaire parut nourrir le monde, et Vesta devint le foyer du monde

(1) Voy. J. Lipse et A.-Gelle, *loc. cit.*

(2) Voy. Cicéron *de Legg.* II, 12, Lemaire, (t. 4, p. 396 *in fine* édit. Junte, 1537,) et Macrobe, *loc. cit.*

(3) *Vestæ ædem petitam, et æternos ignes, et conditum in penetrali* FATALE PIGNUS IMPERII, (Tit. Liv., lib. 26, cap. 27. Drakenb. 174[illegible], *et ibi viri docti*). Voy. aussi lib. 5, cap. 52 et Juste Lipse, *loc. cit.*, p. 610.

(4) Juste Lipse, *loc. cit.*, pag. 618.

parce qu'elle était le foyer de la famille. La priorité de l'idée de famille est marquée dans les textes anciens (1). Si elle est effacée, dans les théories pythagoriciennes et socratiques, c'est, d'un côté, à l'influence de l'Orient sur la philosophie grecque, de l'Orient, patrie primitive du culte du feu, et de Mithra, qu'il faut en attribuer la cause; c'est d'un autre côté à la doctrine physique du feu central, âme du monde, enseignée par Pythagore et son école (2),

(1) Ainsi dans Martianus Capella, (*de Nupt. philol., lib.* 1, pag. 19, Grotius 1599) Vesta paraît plutôt comme l'auguste nourrice de Jupiter, que comme la déesse du feu; ainsi Phurnutus, qui voit dans Jupiter l'âme du monde (περὶ τοῦ Διός. 2. pag. 141 Gale), voulant expliquer la consécration du feu à la fille de Saturne propose deux opinions. La première identifie le feu avec Vesta: Vesta c'est le feu lui-même; mais la seconde opinion lui paraît préférable, parce qu'elle ne voit dans le feu qu'un élément de fécondation et de vitalité humaine: (περὶ τῆς Δήμητρος, καὶ τῆς Ἑστίας. 28, pag. 208. Gale.) Il n'est pas difficile de découvrir la même opinion dans Denys d'Halicarnasse lui-même, malgré sa préoccupation Mithriaque.

(2) Νουμᾶς δὲ λέγεται καὶ τὸ τῆς Ἑστίας ἱερὸν ἐγκύκλιον περιβαλέσθαι τῷ ἀσβέστῳ πυρὶ φρουράν· ἀπομιμούμενος οὐ τὸ σχῆμα τῆς γῆς ὡς Ἑστίας οὔσης, ἀλλὰ τοῦ σύμπαντος κόσμου, οὗ μέσον οἱ Πυθαγορικοὶ τὸ πῦρ ἱδρῦσθαι νομίζουσι, καὶ τοῦτο Ἑστίαν καλοῦσι καὶ μονάδα· τὴν δὲ γῆν, οὔτ' ἀκίνητον οὔτ' ἐν μέσῳ τῆς περιφορᾶς οὖσαν, ἀλλὰ κύκλῳ περὶ τὸ πῦρ αἰωρουμένην, οὔτε τῶν τιμιωτάτων οὐδὲν, οὔτε τῶν πρώτων τοῦ κόσμου μορίων ὑπάρχειν. Ταῦτα δὲ Πλάτωνά φασι πρεσβύτην γενόμενον διανενοῆσθαι περὶ τῆς γῆς ὡς ἐν ἑτέρᾳ χώρᾳ καθεστώσης, τὴν δὲ μέσην καὶ κυριωτάτην ἑτέρῳ τινὶ κρείττονι προσήκουσαν. — Plutarque, Numa 2. Denys, tom. 1. pag. 302. Reisk. Tite Live I. 20.

qu'il faut en ramener l'idée et le principe; mais l'idée de la famille, du foyer autour duquel elle s'asseoit et du feu qui la nourrit, a servi de point de départ à cette synthèse mythique; si Vesta s'identifie avec la terre, c'est parce que celle-ci est la nourrice des hommes (1); Plutarque la fait présider au repas de la famille, et l'identifie avec la *table* du festin (2), malgré la préoccupation orientale qu'on remarque dans sa biographie de Numa (3). De l'élément tutélaire de la famille, on s'est ainsi élevé par degrés à l'élément tutélaire de la cité, à Vesta *Prytanitis* (4) et puis à

(1) Voy. Servius *in Æneid. loc. cit.* (pag. 199 Rob. Etien. 1532); Euripide, *Fragm. incert.* 178. (tom. 7, pag. 707. Glasgow, 1821); ailleurs, avec le surnom de πατρῴα et d'autres analogues. Voy. l'index de Beck, v° Εςία. — Mart. Capella, *loc. cit.* — *Rotundam esse ædem Vestæ......, quod eamdem esse Terram, quâ vita hominum sustentaretur......* Festus, v° *Rotundam*, pag. 476. Dacier, 1692.

(2) Voici ce que Plutarque met dans la bouche d'un de ses interlocuteurs *Symposiaques* : Τῆς μάμμης ἀκηκοὼς μνημονεύειν, ὡς ἱερὸν μὲν ἡ τράπεζα, δεῖ δὲ τῶν ἱερῶν μηδὲν εἶναι κενόν. Ἐμοὶ δὲ (εἶπεν) ἐδόκει, καὶ μίμημα τῆς γῆς ἡ τράπεζα εἶναι. Πρὸς γὰρ τῷ τρέφειν ἡμᾶς, καὶ ςρογγύλη, καὶ μόνιμός ἐςι, καὶ καλῶς ὑπ' ἐνίων Εςία καλεῖται....... (Συμπος. βιβλ. Ζ. προβλ. Δ. ζ. Wyttenbach. Plutarq. *Moral.* tom. 3. pag. 619, in-4°).

(3) Plutarque, *Numa*, *loc. cit. et alibi.* — Denys d'Halic., *loc. cit.* — Macrobe, *Sat. loc. cit.*, pag. 422, Zeun.

(4) « Véritable foyer de l'état personnifié, dit M. Guignaut, la déesse, dans cette haute fonction, prenait les noms de *Prytanitis*, de Hestia ou Vesta commune, de Vesta conseillère ou présidant aux conseils publics. » Voy. en effet Pindare, *Nem.*, XI, Str. 1, v. 1, *et ibi* Dissen, dans le Pindare

l'élément tutélaire et nourricier du monde physique lui-même. Ovide (1) et les mythographes latins, élevés à l'école grecque orientale (2), confondent Vesta avec la flamme et le feu, abstraction faite de toute idée de famille; mais Virgile, Ciceron, Festus, mieux nourris de la théologie nationale de l'Italie, n'arrivent à la théorie du feu, que par la généralisation de l'idée originale et romaine du foyer domestique. C'est par un semblable travail de l'esprit que d'autres Théosophes ont identifié Vesta et la beauté, *Venus* (3); et que d'autres l'ont présentée comme la gardienne et la nourrice de Jupiter ou du monde (4). De là vient enfin qu'elle est la sublime déesse de la continence et de la chasteté (5),

de Boeckh, tom. 3, page 477. — Voy. aussi Spanheim, sur le v. 129 de l'hymne à Cérès, de Callimaque (Tom. 2, p. 825, édit. Ernesti.)

(1) *Nec tu aliud Vestam, quam vivam intellige flammam.* Ovide, *Fast.*, VI, 291, Burman.

(2) Comparez Arnobe, Lactance, avec les mythographes publiés par Muncker et Staveren, (*Lugd. bat.* 1742, in-4°) et avec ceux publiés récemment par M. Bode, (*Cellis*, 1834, 2 vol. in-8°). La doctrine d'un de ces derniers, Léonce, (tome 1, pag. 159), est complètement orientale. La couleur mythriaque augmente donc à mesure qu'on s'éloigne de l'originalité romaine.

(3) Comparez saint Augustin, *de Civit. dei* IV, 10, avec Macrobe, *Saturn.*, 1, 21, (pag. 324, Zeunius.)

(4) *Nutrix Jovis ipsius, suoque eum sustentasse gremio ferebatur.* — Mart. Capella, *loc. cit.*

(5) Voy. la belle hymne homérique εἰς Ἀφροδίτην que nous

ce premier élément de la paix et du bonheur des familles.

Au nombre des lois régénératrices ou conservatrices proposées par Ciceron, etait celle-ci : *Virgines Vestales in urbe custodiunto ignem* FOCI PUBLICI *sempiternum* (1). Les vestales étaient entretenues à Rome aux frais de l'État (2), et leur fonction était une fonction publique.

§ 2. — *Du Culte du Dieu Terme.*

Ce culte est aussi ancien et aussi national à Rome que le culte de Vesta. Toutes les anciennes traditions en rapportent l'origine aux premiers rois. C'est un fait qui est contemporain de l'organisation de la propriété territoriale dont nous avons parlé dans le chapitre précédent. Ainsi, à l'exemple de la civilisation grecque, la civilisation romaine plaça la propriété sous la protection des dieux, et le respect des limites sous l'égide d'une religion redoutable.

Les annales romaines compulsées par Varron,

avons déjà citée ; Ovide, *Fast. VI*, 293 et surtout Ciceron, *de Legibus, loc. cit. : Ut sentiant mulieres in naturâ feminarum omnem castitatem pati.*

(1) Voy. Ciceron *de Legibus*, II, 8, Creuzer ; et sur l'ἠθικὸν de la loi proposée, Vossius, *de Idol.*, tom. 3, p. 461, édit. citée.

(2) Voy. Tite-Live, 1, 20. Ernesti-Stroth (*Stipendium de publico statuit*).

attribuaient l'honneur de cette institution au collègue de Romulus, au Sabin Tatius (1); mais ce témoignage est contrarié par le récit de Denys (2) et de Plutarque (3) qui attribuent l'organisation de la religion du dieu Terme à Numa. Tite-Live garde le silence sur l'un comme sur l'autre et ne parle de *Terme* que sous Tarquin (4), mais comme ayant déjà un culte ancien dans la ville.

J'adopte de préférence la tradition grecque, parce que dans l'opinion unanime des historiens de Rome, Grecs ou Latins, le rôle de la violence et de la conquête est réservé au premier fondateur, à Romulus (5); et le rôle de législateur et d'organi-

(1) *Et aræ* (les XII autels de l'Étrurie ancienne, — Voyez Muller, *die Etrusker*, tom. 2. pag. 64. 1828) *Sabinum* (pour *Sabinorum*) *linguam olent quæ Tati regis voto sunt Romæ dedicatæ; nam, ut annales dicunt*, VOVIT..... TERMINO..... Varron *de Ling. Latinâ*, V. 74, (page 30, Muller). — J'ai adopté le texte rétabli par Muller, d'après une savante conjecture, de préférence au texte de Spengel (1826, p. 79), et à celui d'Henri Etienne, (1573, p. 18), malgré la restitution proposée par Scaliger, *Conjectanea*, pag. 36, *ibid*. Cependant je dois faire remarquer que Denys, dont Muller invoque l'autorité, ne parle pas du Dieu Terme.

(2) Denys d'Halic. Ἀρχαιολ. lib. 2, § 74 (tom. 1, p. 396, Reiske).

(3) Πρῶτον δέ φασι καὶ πίστεως καὶ Τέρμονος ἱερὸν ἱδρύσασθαι..... Plutarque, *Numa*, 16 (*Opp*. tom. 1, p. 281, Reiske).

(4) Tit. Liv., *Hist*. 1, § 55 (tom. 1, p. 216, Drakenb.)

(5) Τά τε πολέμια δεινὸς καὶ φιλοκίνδυνος. . . . . Denys, *loc. cit*., § 7 (p. 249). — *Urbem novam, conditam vi et armis*... Tit. Liv. 1, 20 (tom. 1, p. 24, édit. Ernesti-Stroth).

sateur, appartient à Numa (1). D'ailleurs, la numismatique nous fournit, à ce sujet, une preuve qui a quelque poids dans la question ; je veux parler des monnaies de la famille Calpurnia, qui, comme on sait, faisait remonter sa souche à Numa, et qui, dans ses médailles, reproduisait d'un côté l'effigie de ce prince, et de l'autre le type du dieu Terme (2). Cette tradition de famille prouve qu'à Rome même Numa était regardé comme l'instituteur du culte des limites.

Au reste, le témoignage de Varron peut se concilier avec celui de Denys et de Plutarque, en adoptant, pour cette question, une solution qui peut être admise au sujet de l'établissement du culte de Vesta, dont Plutarque et Tite-Live rapportent l'origine à Romulus, et Denys à Numa seulement. Il est évident, en effet, que la première idée de ces grandes institutions religieuses n'appartient pas à Numa. On n'invente pas d'un seul coup une religion qui jette sur-le-champ des racines si profondes dans le peuple et dont la théorie est si

(1) Τοῦτον τὸν ἄνδρα Ῥωμαῖοι φασι στρατιὰν μεδεμίαν ποιήσασθαι, θεοσεβῆ δε καὶ δίκαιον γενόμενον ἐν εἰρήνῃ πάντα τὸν τῆς ἀρχῆς χρόνον διατελέσαι, καὶ τὴν πόλιν ἄριστα πολιτευομένην παρασχεῖν. Denys, *loc. cit.*, § 60 (p. 363). — *Multitudine omni a vi et armis conversa. . . . . . . — Ita duo. . . . reges, alius alia via, ille bello, hic pace civitatem auxerunt.* Tit. Liv., *loc. cit.* § 21, (page 26).

(2) Voy. Eckhel, *Doctrina num. vet.*, tom. V. pag. 160. — Morell. *Fam. Rom. numism.*, pag. 64 et 65.

savante. Dans la théologie romaine, *Janus* est le monde de la nature, et *Terme* est le monde civilisé; ils se partagent le règne de l'univers (1), et cette dualité n'est qu'une double face d'un même dieu, comme l'a soupçonné Vossius (2), le prince des mythographes modernes.

Les cultes de *Terme* et de *Vesta* seraient donc, en Italie, bien antérieurs à la fondation de Rome. Ainsi le prouvent les traditions conservées, par Virgile (3), Tite-Live (4), etc..... L'organisation régulière de ces institutions serait seule l'ouvrage de Numa, tandis que leur première introduction dans la cité naissante serait contemporaine de Romulus et de Tatius. D'ailleurs, on ne peut nier que l'établissement de la puissance romaine ne nous offre le tableau parfait d'une société nouvelle qui se forme et s'élève sur les ruines de sociétés plus anciennement civilisées.

Il est à remarquer que, dans toutes les hypothèses,

(1) Saint Augustin attaque cette croyance antique dans la *Cité de Dieu*, liv. VII, chap. 7. *Nunquid ergò*, dit-il, *ad mundum, qui Janus est, initia rerum pertinent : et fines non pertinent, ut alter illis deus præficeretur* (*Terminus*)?

(2) Vossius, *de Physiol. christ. et theol. gentili*, VIII, 2, (tome 3, page 355, édit. 1669).

(3) *Saxum antiquum, ingens, campo quod forte jacebat, limes agro positus*..... Æneid., XII, 896 et *ibi viri docti*. Burmann.

(4) *Vestæ*.... *albâ oriundum sacerdotium, et genti conditoris non alienum*. Tit. Liv., 1, 20, (t. 1, p. 25, Ernesti-Stroth).

l'origine de *Terme* est toujours sabine (1). C'est aux Sabins que sont dus les premiers éléments de civilisation qui ont germé dans Rome. L'influence de l'Étrurie paraît ne s'être fait sentir que plus tard. On a donc mal à propos traité les Sabins de peuplade sauvage; ils avaient reçu l'influence Grecque, et c'est par leur intermédiaire que s'est opérée la première transfusion de la civilisation hellénique, dans les lois et les habitudes des Romains; telle était l'opinion du docte Varron (2). En effet, la forme et le fonds des institutions *Terminales* révèlent une source Grecque.

Pour le nom de *Terme*, il est de racine Grecque : Varron et Denys sont unanimes sur ce point (3); et quant au culte lui-même, il s'identifie avec celui de Jupiter. Les Grecs et les Latins s'accordent encore pour le témoigner. Qui ne connaît ces beaux vers de Virgile (4):

(1) Tatius était Sabin, et l'on peut voir dans Varron, *loco cit.* et dans Denys, liv. 2, § 47 à 51, quelles importantes institutions les annales romaines attribuaient à son règne. — Numa était Sabin.

(2) *De Ling. Lat.*, V. § 74, Muller; *et alibi*.

(3) *De Ling. Lat.* V. § 21, Muller. — Ῥωμαῖοι Τερμινάλια καλοῦσιν, ἀπὸ τῶν τερμονων, καὶ τοὺς ὅρους αὐτούς, ἑνὸς ἀλλαγῇ γράμματος παρὰ τὴν ἡμετέραν διάλεκτον ἐκφέροντες, τέρμινας προσαγορεύουσιν. Denys d'Halic. II, § 74 (1. p. 396 Reisk. et *ibi not. Steph.*)

(4) Georgic., 1, vers 126 et suiv.

Ante Jovem nulli subigebant arva coloni :
Ne signare quidem aut partiri limite campum
Fas erat : in medium quærebant ; ipsa que tellus
Omnia liberius, nullo poscente ferebat.

Et Denys d'Halicarnasse est encore plus positif ; écoutons : Κελεύσας γάρ (Numa) ἑκάστῳ περιγράψαι τὴν ἑαυτοῦ κτῆσιν, καὶ στῆσαι λίθους ἐπὶ τοῖς ὅροις, ἱεροὺς ἀπέδειξεν Ὁρίου Διὸς τοὺς λίθους, καὶ θυσίας ἔταξεν αὐτοῖς ἐπιτελεῖν ἅπαντας ἡμέρα τακτῇ καθ' ἕκαστον ἐνιαυτὸν ἐπὶ τὸν τόπον συνεργομένους, ἑορτὴν ἐν ταῖς πάνυ τιμίαν καὶ τὴν τῶν ὁρίων θεῶν καταστησάμενος (1). Le dieu Terme des Latins est donc confondu avec le Ζεὺς ὅριος des Grecs, et le texte de Denys concorde avec le récit de Plutarque (2) et les traditions Hercéennes de l'Énéide (3).

Or, Jupiter-Terme se confondait encore avec les *Pénates* ou les dieux nationaux par excellence. Les Romains, dit Denys (4), appellent ces dieux *Pénates* et de ceux qui veulent expliquer ce mot en grec, les uns traduisent *Patriens*, les autres *Genethliens*, quelques-uns *Clésiens*, quelques autres *Mychiens*, et quelques-uns encore *Hercéens*. Τοὺς δὲ θεοὺς τούτους Ῥωμαῖοι μεν Πενάτας καλοῦσιν · οἱ δὲ ἐξερμηνεύοντες εἰς τὴν Ἑλλάδα γλῶσσαν τοὔνομα, οἱ μὲν Πατρῴος ἀποφαίνουσιν, οἱ δὲ Γενεθλίους· εἰσί δ' οἵ Κτησίους, ἄλλοι δὲ Μυχίους, οἱ δὲ Ερκίυς.

(1) Denys d'Halic., II. § 74, (I, page 396, Reisk.)

(2) Plutarque, Numa, § 16, (tome 1, pag. 281, Reisk.)

(3) Voyez Heyne, *Excurs.* XI, *ad Æneid.* II (tome 2, pag. 426, édit. 1800).

(4) Denys d'Halic., 1, § 67, (1, pag. 169, Reisk.)

Cette identité nous apparaît comme une certitude, malgré le voile mystérieux qui couvrait, chez les anciens, l'histoire des Pénates; on pourra se convaincre de l'une et de l'autre vérité, en lisant le savant commentaire de Bachet de Meziriac, que nous avons eu déjà l'occasion de citer (1). La généalogie du dieu Terme nous conduit donc au Jupiter Hercéen de Priam et aux Cabires de Samothrace (2). Terme et Vesta sont les grands dieux de la répu-

(1) *Comment. sur les épist. d'Ovide*, t. 2, p. 185. — 1716).

(2) *Effigies sacra divum, Phrygiique Penates.* Virg., *Æneid.*, III, 148, Heyne. *Dii Penates à Samothraciâ sublati ab Æneâ in Italiam advecti sunt, unde Samothraces cognati Romanorum esse dicuntur.* (Servius in Æneid. III, 12, Burmann). *Hos deos Dardanum ex Samothracia in Phrygiam; Æneam verò in Italiam ex Phrygiâ transtulisse..... Varro testatur.* (*id.* in Æneid. III. 148). Le témoignage de Macrobe, *Saturn.* III. 4 (p. 421, Zeunius), est exactement conforme à celui de Servius, et il y ajoute l'autorité de Cassius Hemina. Or, les dieux de Samothrace n'étaient autres que les fameux Cabires, dieux puissants, θεοὶ δυνατοὶ, dieux grands, θεοὶ μεγάλοι, par excellence, dont le culte était l'objet d'une initiation impénétrable aux profanes. Voy. Lobeck, *Aglaophamus*, lib. 3, *Samothracia*; ce savant ouvrage offre le dernier état de la science sur les Cabires. Leur identité avec les *Penates*, déjà prouvée par Bachet de Meziriac, *loc. cit.*, y est compltément démontrée. Voilà ce qui explique comment sur les médailles de certaines familles Romaines, l'effigie des Dioscures, où leur bonnet seulement, était consacré à reproduire l'idée des Pénates. Voy. Eckhel, *Doctrina num. vett.* V. pag. 214 et suiv.—Morel. *Fam. Rom. Fonteia.* Voyez encore les *Opuscules numismatiques* de Z. Pons, p. 6 et suiv.

blique romaine. *Varro*, dit Servius, *unum dicit esse Penates et Magnos Deos* (1); ce sont les dieux de la patrie, par excellence (2); ceux, sans lesquels aucune cité, aucun empire ne peuvent subsister (3); ceux enfin qui protègent les éléments inévitables de la vie de l'homme sur la terre (4). Aussi un seul et même temple renferme leurs autels, et cache dans un sanctuaire redoutable les symboles mystiques de leur culte (5); et si d'autres dieux partagent ces

(1) Servius in Æneid. III. 12. — Heyne *Excurs.* IX, *in Æneid.* II.

(2) Lobeck, *Aglaophamus*, tom. 2, p. 1237; et Ernesti, *Clavis Ciceron.* v° *Penates.*—Ῥωμαιῶν πόλεως φύλαξ. Denys, II, § 68 (1. p. 382, Reisk.).

(3) Οὔτε γὰρ ἀναγκαιότερον ἀνθρώποις οὐδὲν εἶναι τῆς κοινῆς Ἑστίας.. Denys d'Halic. II. § 65. (1. pag. 374. Reiske.)

(4) *Nec longè absunt ab hâc vi* (Vestæ Scil.), *Dii Penates, sive à* PENU *ducto nomine, est enim omne, quo vescuntur homines* PENUS, *sive ab eo., quod* PENITUS *insident.* — Ciceron, *de Nat. deor.* II, 27. et *ibi* les indications de Creuzer (page 315). — *Qui diligentius eruunt veritatem, Penates esse dixerunt, per quos penitus expiramus, per quos habemus corpus, per quos rationem animi possidemus: esse autem medium æthera Jovem, Junonem vero imum aëra cum terra, et Minervam summum ætheris cacumen.* Macrob. *Saturn.* III, 4 (p. 422, Zeun.).

(5) Voy. Ciceron, *de Harusp. responsis*, XVII.—*Sacrificia vetusta, occultaque. . . . . . Nemo antè P. Clodium, omni memoria, violavit. . . . .* (p. 579 Nobbe). De là vient que les anciens sont si réservés sur les détails du culte des Pénates. *Qui sint autem dii Penates*, dit Macrobe, *Varro non exprimit.* Arnobe exprime encore mieux combien les Romains

honneurs suprêmes, le rang de Jupiter est toujours le premier (1). Il est la base de la religion, comme de l'ordre social, et comme l'a remarqué un docte mythographe, toutes les idées religieuses se résument en *Jupiter optimus maximus* (2); et les Pénates sont le *Palladium* de la république et de la société Romaine (3).

Ici encore, comme dans le mythe de Vesta, les Pénates renferment l'idée de Cérès et de l'agriculture (4), l'idée de la famille, comme celle de l'état.

vivaient à cet égard dans une religieuse incertitude: *Inexplicabile nescio quid.*—*Advers. gent.* III. 4. et *ibi var. interp.* (tom. 1, p. 132 et tom. 2, pag. 172 et suiv. Orelli). — Τίνα δὲ ταῦτ' ἐστὶν οὐκ ἀξιῶ πολυπραγμονεῖν οὔτε ἐμαυτὸν, οὔτε ἄλλον οὐδένα τῶν βουλομένων τὰ πρὸς τοὺς θεοὺς ὅσια τηρεῖν. Denys, II, 66, Reisk. Voy. au surplus le savant traité de Jer. Mueller, *de Deis Roman. Laribus et Penatibus. Haun.* 1811, p. 10 et suiv.

(1) Voy. les divers textes réunis dans le *Comment.* cité de Bachet de Méziriac.

(2) » Les Romains voyaient en lui la majesté suprême et » le souverain pouvoir qui régit à la fois la nature physique » et le monde moral. Il avait sa demeure au Capitole, et » sous le titre de Capitolin, il devint le point central et en » quelque sorte le pivot de toute la religion publique. » — Guignaut, *Relig. de l'antiquité*, tom. 2, pag. 589.

(3) Voy. Lips. *de Vesta*, cap. 9, *de Palladio*, pag. 610, tome cité de ses OEuvres.

(4) Voy. sur Jupiter-Picus-Cérès, Plutarque, *Numa*, § 15, (I. pag. 279 et suiv., Reisk.), et Guignaut, *loc. cit.* et p. 315. Sur quelques médailles on voit d'un côté la tête de Cérès, et de l'autre les Cabires debout. Voy. Mionnet, tom. 4, p. 404, n° 279 et Pellerin, *Mélanges*, tom. 1, pag. 77.

Et voilà pourquoi il y avait les Pénates de l'État et les Pénates de chaque famille ; la ville était sous la garde des premiers, et chaque famille sous la garde des seconds (1). On les invoquait dans tous les périls (2) et la plus auguste des traditions, les recommandait à la vénération publique (3).

On voit ici combien, chez les anciens, les *nationalités* étaient profondément unies aux croyances religieuses. Tout était religieux dans l'antiquité : la politique, l'art, la vie privée et les plaisirs ; mais les doctrines du droit public étaient surtout intimément liés aux doctrines du droit divin ; aussi, toutes les monnaies portaient des types religieux, et aucune science, mieux que la Numismatique, ne peut fournir aux vieilles religions des Pelasges, de la Syrie, de l'Égypte, de l'Italie, une exploration plus féconde. Dans aucun autre genre de monuments anciens, les innombrables symboles de la mythologie ne sont répandus avec plus de richesse et de profusion (4).

(1) Voy. Ernesti, *Clavis Cicer.*, V° *Penates*.

(2) Voy. Tzschucke, sur Pomp. Mela, I, 8, p. 216.

(3) *Sacra suosque tibi commendat Troja Penates.* — Virg. Æneid. VII, 121 et Heyne *Excurs. cit.* (Tom 2, p. 411, éd. 1800).

(4) J'ai souvent désiré qu'un homme habile explorât la Numismatique dans l'intérêt de l'histoire du droit ; il est à regretter qu'on en soit resté, sur ce point, à des essais qui ont eu peu de retentissement. Vaillant (*Numismata ærea impp. Augg. et Cæsarum, in coloniis municipiis et urbibus jure Latii*

Pour le sujet particulier qui nous occupe, nous trouvons des monnaies de tout âge, consulaires ou

donatis percussa; 2 tom. en un vol. in-f° Paris 1697), dans un ouvrage fort incomplet, et mieux que lui, Bimard-la-Bastie, dans une excellente dissertation insérée dans le tom. 2 de *la Science des Médailles* du p. Jobert (p. 79 et suiv.), ont essayé de s'en aider pour déterminer l'étendue et la topographie du droit de *Latinité* et du droit *Italique*. Un jurisconsulte célèbre a tracé le programme trop superficiel d'une histoire générale du droit par les médailles (voy. dans le tom. IV du *Trésor* de Méerman les *Parallela legis et nummi quibus triplex juris species, naturalis, gentium et civilis, philologicè exponitur. Auct.* fr. Broë). — Heineccius, dans un opuscule (*de Usu et præstantiâ numismatum in jurisprudentiâ. Opp.* 1778, tom. 3, 1, pag. 389), dont la 2me éd. donnée par A. Goez (Nuremberg, 1774, in-8°), est assez recherchée, indique sommairement l'utilité générale de la numismatique pour l'étude du droit romain; — Enfin, après lui, Bouchaud a publié (dans les *Mem. de l'Institut, Acad. des sciences morales*, tom. 3, p. 240) un court extrait de son *Essai sur l'histoire numismatique de la législation Romaine*. Bien que Bouchaud fut dépourvu de génie créateur, il est fâcheux pour la science que la totalité de son ouvrage n'ait pas vu le jour. — Spanheim a aussi fait usage de la numismatique dans son *Orbis romanus* (Lond. 1703, in-4°), pour éclairer quelques points importants de l'histoire du droit. M. de Savigny en a trop peu usé peut-être.

Pour se convaincre de l'utilité de cette science, dans ses rapports avec le droit, il n'y a qu'à comparer la savante dissertation de Jacques Godefroi, que nous avons citée *suprà* p. 67, note 1, avec les *Considérations sur l'évaluation des monnaies grecques et romaines* de M. Letronne (Paris, 1817, in-4°). Si l'immortel Godefroi avait fortifié sa démonstration

impériales, avec les symboles des Pénates (1), du dieu Terme (2), de Jupiter *Terminalis* (3), de Cérès (4); avec ou sans légendes; quelquefois avec des inscriptions très significatives, telles que celle-ci: DII PATRII P. P. (*Pénates*) : inscriptions que l'on retrouve sur une foule de monuments anciens (5), ainsi que celles : *Jovi conservatori*; — *Jovi conservatori possessionum* (6). Les proconsuls, les généraux, avant de partir pour leurs provinces, où leurs com-

des preuves fournies à M. Letronne par la numismatique, son système eut été complètement à l'abri de la critique. Mais en le défendant contre M. le Cte. Garnier (*Mémoire sur la valeur des monnaies de compte chez les peuples de l'antiquité*, par le comte G. Garnier; — Paris, 1817 in-4°, et *Observations en réponse aux* Considérations, etc., du même savant. Paris 1818, in-4°), M. Letronne a prouvé que nos jurisconsultes anciens savaient joindre la plus profonde et la plus solide érudition aux connaissances qui sont du domaine spécial de la jurisprudence. Les résultats de M. Letronne sont plus certains; mais au fond, ils sont identiques avec ceux de J. Godefroi. Il ne reste qu'à continuer sur les mêmes données, les calculs et les investigations que M. Letronne a arrêtés à l'époque de Domitien.

(1) Eckhel, *loc. cit.*, tom. 5, p. 139, 216, 319 *et alibi*.

(2) Morell, *Thes. fam.* — FAM. CALPURNIA. — Eckhel, *loc. cit.* p. 160.

(3) Rasche, *loc. cit.*, tom. 2, p. 2, p. 928 et 1730.

(4) Eckhel, *loc. cit.*, p. 339 *et alibi*.

(5) Comparez Rasche, tom. 3, part. 2, pag. 825-26, avec Gruter, *Inscript. antiq.*, pag. 2 du premier *Index* (1707).

(6) Comparez Rasche, *Supplem.* v° *Jup.*, pag. 275, avec Gruter, *loc. cit.*, tom. 1, pag. XVIII. *Seq.*

mandements, venaient sacrifier aux Pénates (1). Et cette pratique rappelle la coutume des Athéniens qui, le jour de l'installation de leurs Archontes, leur adressaient cette question solennelle : *Adorez-vous Jupiter Hercéen* (2)

Plusieurs anciens voyaient dans les Pénates le symbole mystérieux du ciel et de la terre (3). On les confondait avec les grands dieux, ou *Dii Consentes* de l'Étrurie (4). Enfin, comme dit Arnobe, l'antiquité adorait en eux les êtres sublimes qui gouvernent tous les éléments de la vie physique et morale de l'homme sur la terre (5).

Quant au célèbre mythe de la résistance invincible qu'opposa l'effigie brute du dieu Terme, à l'époque où l'on construisit le temple de Jupiter Capitolin (6), il a eu pour objet évident d'identifier

(1) *Inter cætera ideo* MAGNOS *apellant. . . . . . Quod imperatores in provincias ituri, apud eos primùm immolabant.* Servius *in* III. 12, Æneid. (tom. 2, p. 331, Burman.).

(2) Voy. Pollux *Onomast.* Segm. 86. lib. VIII. cap. IX. (pag. 906. édit. Hemsterh.)

(3) Servius, *ibid.*

(4) *Hos Consentes et complices Hetrusci aiunt. . .* Arnobe, III, 40 *et ibi* Orelli *et alii*, p. 174, *Annot.*

(5) *Penates. . . . . . Sine quibus vivere, ac sapere nequeamus, sed qui penitus nos regant ratione, calore ac spiritu.* Arnobe, *ibid.*

(6) *Ut Jovis templum in monte Tarpeïo, monumentum regni sui nominisque, relinqueret* (Tarquinius). . . . . *et ut libera a cœteris religionibus area esset tota Jovis templique ejus*

toujours mieux dans les croyances et dans la vénérations des peuples, le dieu des limites et Jupiter, le plus grand, le plus puissant des dieux.

Je croirais m'écarter de mon sujet si je m'arrêtais à traiter ici des fêtes publiques (*Terminalia*) instituées en l'honneur du *gardien de la paix et du témoin de la justice* (1). Ces fêtes, d'après la loi de Numa (2), devaient se célébrer le dernier jour du mois de février, c'est-à-dire de l'année (3). Je voudrais seulement que Marini eût comparé ces solennités avec les pratiques ou fêtes célébrées par les frères Arvales (4).

On voit par tout ce qui précède combien il serait

. . . . . *Exaugurare fana sacellaque statuit. . . . . Quum omnium sacellorum exaugurationes admitterent aves, in Termini fano non addixere. Id omen. . . . ita acceptum est; non motam Termini sedem unumque eum deorum non evocatum sacratis sibi finibus, firma stabiliaque cuncta portendere.* Tit. Liv. I, 55 (tom. 1, pag. 216, Drakenb.). — Voy. *du Dieu Terme et de son culte chez les Romains*, par M. de Boze, dans le tome 1er, pag. 50 des *Mémoires de l'Académie des Inscript.* (1736), dissertation très-superficielle. Voy. aussi Ryckius, *De Capitolio*, cap. XIV (pag. 171, édit. 1669).

(1) Εἰρήνης φύλακα καὶ δικαιοσύνης μάρτυν ὄντα. . . . Plutarque *Numa* 16, Reisk.

(2) Denys d'Halic. II, § 74 (pag. 396, Reisk.). Voy. Pitiscus, *Lex. antiq. Rom.*, V° *Terminalia*, tom. 2, pag. 936 (1713); et Dempster, *Paralipom. in Rosin. Antiq. Rom.* II, 20 (pag. 184, Reitz.).

(3) Voy. l'ancien Calendrier rapporté par Orelli, *Inscr. Lat.* tom. 2, pag. 380 (1828). et Varron *de L. L.* VI. 13. Muller.

(4) Voy. Marini, *Atti e monumenti de' fratelli Arvali*, cit.

injuste d'accuser d'un grossier fétichisme (1) les honneurs divins rendus à la pierre qui, selon la parole de Platon, *séparait l'amitié de l'inimitié* (2).

C'est au caractère religieux de la propriété primitive, chez les anciens, qu'est dû le caractère national de cette institution, même pour le temps où l'influence politique domina exclusivement les règles fondamentales du droit de propriété; et cette observation s'applique non-seulement à la propriété Grecque héroïque, mais encore à lapropriété Romaine. En effet, sous le Polythéisme, chaque nationalité pouvait se placer sous la tutelle spéciale d'une divinité propre ou d'une théogonie particulière; et cette couleur des religions anciennes, effacée d'abord à demi par la philosophie, ne disparut complétement que sous le règne du christianisme qui anéantit toutes les démarcations de droit et de fait qui séparaient les peuples, pour les confondre dans une immense unité religieuse.

Ainsi, quoique aucun monument authentique ne nous fournisse pour Rome, un renseignement historique, analogue à celui qu'Harpocration et Suidas nous fournissent pour Athènes et les Grecs (3),

(1) Voy. Vossius, *loc. cit.*, chap. 2 et 17, pag. 355 et 422 (1669).

(2) Voy. *suprà*, pag. 38, note 1.

(3) Voy. *suprà*, pag. 40, not. 4. Le texte d'Harpocration, et Suidas, v° Ερκεῖος Ζεύς (pag. 856, tom. 1. Kuster): μετῆν δὲ τῆς πολιτείας, οἷς εἴη Ζεύς Ερκεῖος. Suidas a évidemment puisé

nous croyons cependant que la participation au droit de propriété Romaine, c'est-à-dire le *Commercium*, était subordonnée au culte des Pénates et de Jupiter *Terminal*. Il fallait être citoyen réellement ou fictivement, pour avoir la propriété Romaine. Par conséquent il fallait adorer les *dieux de la patrie*, les *dieux des ancêtres*, les Pénates, les protecteurs de la cité, pour jouir des droits de propriétaire et pour revendiquer la garantie des lois municipales.

Et remarquons que plus nous remontons dans l'histoire Romaine, moins nous trouvons d'exemples d'octroi de *Commercium;* plus, au contraire, le principe religieux s'affaiblit, plus on devint facile à accorder la communication de la propriété nationale. On admit d'abord la coexistence d'une propriété *Gentium* qui étouffa la *nationale*, et, à la fin, la qualité de citoyen fut accordée à tous les sujets de l'empire, avec l'aptitude à partager les prérogatives des faibles débris de l'ancien privilége Romain. Nous reviendrons en son lieu, sur les événements de cette grande révolution du droit public et du droit privé.

dans Harpocration, qui allègue le témoignage d'Hypéride, dont le texte original est perdu.

CHAPITRE TROISIÈME.

—

DU BORNAGE.

Passant maintenant de la théologie au droit privé, nous le trouvons encore basé sur la croyance religieuse et muni d'une sanction telle que la peut donner la fermeté politique qu'inspire une foi forte et sévère. Mais pour traiter convenablement ce sujet important, il nous paraît nécessaire d'examiner 1° quelle a été l'influence des doctrines Etrusques, sur les procédés de la limitation des héritages chez les Romains ; 2° comment ces procédés ont été mis en pratique par les Romains ; 3° comment la tradition de ces procédés s'est perpétuée jusques dans le moyen âge.

§ Ier. — *Influence Étrusque.*

L'influence de l'Étrurie, sur la civilisation romaine, se manifeste surtout dans la constitution politique de la municipalité primitive ; dans la discipline augurale, et dans les doctrines relatives au bornage des propriétés. Les deux premiers points ont été approfondis avec une admirable sagacité par le savant et judicieux Ottf. Muller, dont l'ouvrage est trop peu connu en France (1). Le troisième point a été généralement négligé, même par Muller, et c'est pour cela que nous lui consacrons un examen spécial.

Muller a parfaitement démontré l'origine Grecque des constitutions qui gouvernaient les états particuliers de l'Etrurie. La même origine se produit dans les institutions relatives au bornage. On peut voir dans le commentaire de Mazochi sur la table d'Heraclée (2), la comparaison des pratiques *Terminales* de la grande Grèce avec les pratiques observées plus tard par les *Agrimensores* Etrusques et Romains; je dis Etrusques, et en cela je modifie l'opinion de Mazochi et de Niebuhr (3), car ils semblent négliger de noter l'intermédiaire par lequel les doctrines Grecques du bornage sont arrivées aux Romains. Cet intermédiaire est l'Etrurie, Rome primitive n'a rien pris, en ce point, directement à la grande Grèce. Du reste, et pour le fonds, la perspicacité habituelle de Mazochi n'est point en défaut. *Hoc unum hic monuisse proderit*, dit-il en se résumant,

(1) Voyez aux pièces justificatives, n° 1, la traduction d'un des chapitres les plus remarquables des *Étrusques*, celui où il est traité de la constitution des États confédérés de l'Etrurie.

(2) Mazochi, *Comment. in reg. Hercul. mus. æn. tabb. Heracleenses* (Naples, 1754), *part.* 1. page 177 à 182.

(3) *Hist. Rom.*, trad. franç., tome 4. APPENDICE, *de la Limitation*, page 426.

ex his paucis, quæ notavi, videri Romanos totam limitarem disciplinam ex Magnis hisce Græcis primitus didicisse, eamque multis deindè accessionibus amplificasse; sed ita ut Αἰνίττεσθαι (ÆNIGMATA LOQUI) *semper studuerint, forsitan ne ea ars in vulgus manaret. Idem ænigmatum studium Auguribus, cæterisque divinis, imo, quod magis mirere, formularum legitimarum fabris, quin et vetustioribus ICtis semper cordi fuit, ita ut illa ænigmata non nisi* τοῖς συμμύσταις *paterent, profanis crux posita starent.*

L'origine Grecque de la civilisation (1) et même du nom Etrusque (2) est aujourd'hui complétement

(1) Voy. seulement la dissertation de M. Millingen: *On the late discoveries of ancient monuments in various parts of Etruria*. Mai 1830, in-4°. Le docte antiquaire ne voit dans *Tarquin* fondateur de Tarquinies, que l'Ἀρχων de la ville Étrusque avec l'addition du T, comme ancienne forme de l'article.

(2) Les mots *Etrusci* et *Tusci*, ne sont aux yeux de M. Millingen, qu'une corruption des noms grecs: Τυρσηνοί ou Τυῤῥηνοί. » From either of these denominations (Τυρσηνοί or » Τυῤῥηνοί), but most probably from the latter, the form » Τυρησκοί is easily obtained. The termination in σκοι seems, » in fact, to have been peculiar to the Pelasgi, with whom » the Tyrrhenians had so much affinity. We find it accor» dingly in the names of Bromiscus, Drabescus, Doriscus, » Myrgiscus, and other towns in Thrace, which was the » early seat of the Pelasgi, and where their language was » longest retained. Many instances of it are also observable » in Italy, as in the names of Opsci, Volsci, Falisci, Gra» visca, etc. From Τυρησκοί the Latins formed *Trusci*, or

dévoilée. Sans me prononcer entre les anciens (1) et mon savant et respectable ami, M. Millingen, j'adopte les conclusions définitives prises, sur ce point, par la science moderne, sur les grandes découvertes qui, de nos jours, ont changé la face de l'archœologie Étrusque.

En ce qui touche le droit de propriété, les Étrusques, comme les Grecs, en font remonter la consécration à Jupiter. L'Étrurie est la terre choisie dont le maître des dieux s'est réservé le gouvernement; il y a constitué la propriété et posé des limites à la portion de chacun (2); et cette tradition

» with the E prefix *Etrusci*, and by subsequent alterations » *Tusci*, and *Thusci*. At the same time the name of the » country, Tyrrhenia, was changed into *Etruria* and » *Tuscia*. Many analogous examples occur of the alterations » which names experienced in passing from the Greek to the » Latin language; it suffices to mention Οπικοὶ into Opsci and » Osci; Ποσειδωνία into Paistanum and Pœstum; and Πολυ-» δεύκης into Polocces and Pollux. « Millingen, *loc. cit.* p. 11.

(1) Τυῤῥηνοῦ, ἐπὶ τὴν Εσπέραν ἐκ τῆς Λυδίας μετανάςάντος, τοὺς τότε καλουμένους Ετρύσκους (ἔθνος δὲ ἦν Σικανὸν) τὰς Λυδῶν τελετὰς διδάξαντος, οὓς ἐκ τῆς θυοσκοπίας θούσκους συμβέβηκε μετονομασθῆναι. J. L. Lydus, *de Magistratibus reip. Rom.* édit. Fuss. et Hase., 1812, p. 2. Je ne crois pas que ce texte ait été remarqué. Il reproduit l'opinion générale de l'antiquité. Voy. Festus, p. 271. Lind. et *ibi viri docti*, p. 727.

(2) *Cum autem Jupiter terram Etruriæ sibi vindicavit, constituit jussit que metiri campos, signari que agros. . . . . terminis omnia scita esse voluit. . . . . .* Vegoia, *inter Goësii Rei Agr. Script.*, pag. 258.

se retrouve spécialement dans le nom de Terracine, qui indique la terre privilégiée de Jupiter Axur (1). Tagés, le génie de l'agriculture chez les Étrusques, est le petit-fils de Jupiter (2). Et de même que les Latins avaient jadis demandé à l'Étrurie des modèles de construction et d'organisation pour leurs cités (3), de même ils lui empruntèrent les rites pratiques destinés à conserver la démarcation des propriétés privées, et à leur communiquer le caractère sacré qui impose le respect.

Tagés est le fondateur de la science Aruspicinale chez les Étrusques, et l'on peut voir dans Ciceron le récit d'un mythe, qui est vraiment extraordinaire,

(1) Cette étymologie adoptée avec une grande réserve par Birger Thorlac (*Prolusiones et Opuscula*, Hauniæ, 1806 in-8° pag. 243), et sans hésitation par M. Guignaut (*Relig. de l'ant.* tom. 2, pag. 500), nous paraît contestable. En effet, le nom moderne de Terracine, dérive plus naturellement, ce semble, du nom ancien de cette ville, Τραχίνα, qui exprimait la situation pittoresque où elle était placée. Cependant les textes de Festus, de Tite-Live et de Pline autorisent la supposition que j'ai adoptée. Voy. Festus, v° *Anxur*, pag. 19, Lindemann et *Annot.*, pag. 332.

(2) *Tages nomine, Genii filius, nepos Jovis, puer dicitur disciplinam dedisse Aruspicii duodecim populis Etruriæ.* Festus v° *Tages*; p. 273. Lindem. et *Annot.* pag. 731.

(3) *Oppida condebant in Latio, Etrusco ritu.* Varron, *de Ling. Lat.*, lib. 5, 143. — Je suis le texte de Muller (p. 55), qui me paraît ici préférable au *Vulgate* et au texte de Spengel (pag. 144). — Voy. pour le fonds *die Etrusker* de Muller, III, 6, 7 et Cf. Tite-Live 1, 44 (tom. 1, p. 184, Drakenborch).

dans la théologie païenne de l'Occident; c'est celui de l'apparition soudaine de l'enfant-dieu Tagés, et de la révélation de sa mission (1).

Or, les rites principaux de l'Aruspicine avaient pour objet le bornage et la consécration de la propriété territoriale. Il paraît même qu'en général l'application des sciences mathématiques et physiques était l'apanage exclusif des Augures. Mais de tous ces actes scientifiques, le plus auguste était l'emplacement des limites. Les doctrines qui s'y rapportaient, avaient une origine céleste; et leur liturgie était une création de l'Étrurie (2). Les témoignages

(1) *Tages quidam dicitur in agro Tarquiniensi cum terra araretur, et sulcus altius esset impressus, extitisse repente, et eum affatus esse, qui arabat. Is autem Tages, ut in libris est Etruscorum, puerili specie dicitur visus, sed senili fuisse prudentiâ. Ejus adspectu cum obstupuisset bubulcus, clamorem que majorem cum admiratione edidisset; concursum esse factum, totamque brevi tempore in eum locum Etruriam convenisse: tum illum plura locutum multis audientibus, qui omnia ejus verba exceperint, litterisque mandaverint: omnem autem orationem fuisse eam, quâ Haruspicinæ disciplina contineretur: eam postea crevisse rebus novis cognoscendis, et ad eadem illa principia referendis.* — Cicer. *de Divinat.* Lib. 2, § 23 (*Opp.* tome 3, page 65, d'Olivet).

(2) *Inter omnes mensurarum ritus sive actus, eminentissima traditur limitum constitutio. Est enim illi origo cœlestis. . . . primum hæc ratio mensuræ constituta est ab Hetruscorum Aruspicum disciplina. Posita auspicaliter gromâ. . . . .* (Hygin *de Limit. Constit.* dans les *Rei agrar. scriptores* Goësii p. 150 et p 153. *Limitum prima origo, sicut Varro descripsit, ad disciplinam Aruspicam* (*Secund. Correct.* Goësii, p. 215).

anciens abondent en ce point. Les premières traditions de l'art des arpenteurs remontent aux augures Etrusques (1).

Le territoire destiné à la limitation, au moyen des auspices, était appelé un TEMPLE. *In terris*, dit Varron (2), *dictum Templum locus augurii aut auspicii causa quibusdam conceptis verbis finitus.* La même notion nous est transmise par Hygin (3); le champ à limiter était comme une enceinte destinée à un acte éminemment religieux, et après la consommation de l'acte augural, le champ avait reçu une consécration religieuse par la vertu de l'acte dont il avait été le théâtre. C'est ainsi que dans la religion Romaine, le lieu touché par la foudre, le champ marqué d'une sépulture, recevaient de ces divers événements, la communication d'un caractère religieux.

Pitiscus avait, sans doute, ce souvenir présent à la pensée, lorsqu'il a ainsi défini le mot *Templum : Augurum regio, aut ager certo carmine ab augure lituo finitus et notatus, consecratusque* (4). Le champ à limiter était appelé TEMPLE, parce que les auspices

(1) Parlant des colonies du Picenum, Frontin dit : » *Quædam pars Tusciæ limitibus et nominibus ab Etruscorum* » *aruspicum doctrinâ vel nuncupatione designatur. Cæteri* » *limites juxta formas et inscriptiones polygoniorum nomina* » *acceperunt vel ex litteris Græcis.* » Front. *de Coloniis, apud Goësium, Rei Agr. Script.* pag. 117.

(2) Varron, *de Ling. Lat.* page 119, N° 8. Muller.

(3) Hygin, *loc. cit.*, p. 153.

(4) *Lexicon. antiq. rom.* tom. 2, p. 908.

ne pouvaient se prendre que dans un TEMPLE ; la voûte du Ciel était le grand TEMPLE de l'Univers (1) ; c'est ainsi que la limitation devenait un œuvre immuable.

Limitum prima origo, dit un fragment fort important attribué à Frontin (2), *Ad disciplinam Aruspicam noscitur pertinere, quod Aruspices orbem terrarum in duas partes diviserunt. Dextram dixerunt Septentrioni subjacere, sinistramque à Meridiano terræ esse : Orientem et Occasum secuti, quod eo Sol et Luna occidere et oriri spectentur. Et, sicut quidam cupiunt Architecti, de lubra in Occidentem rectè spectare scripserunt, Aruspices alterâ lineâ à Septentrione ad Meridianum diviserunt terram; et (à Meridiano), ultrà* ANTICA (3)*; citra,* POSTICA (4) *nominaverunt. Ab hoc fundamento majores*

(1) Varron, *loc. cit.* N° 6.

(2) *Inter Rei Agrariæ Scriptores*, fragm. *de Limitibus*, pag. 215, édit. Goës.

(3) *Quæ ante nos sunt* ANTICA*; et quæ post nos sunt* POSTICA *dicuntur ; et dextram* ANTICAM, *sinistram* POSTICAM *dicimus ; sic etiam ea cœli pars, quæ Sole illustratur ad Meridiem,* ANTICA *utique nominatur ; quæ ad Septentrionem est,* POSTICA. *Rursumque dividuntur in duas partes, Orientem atque Occidentem.* — *Festus*, V° *Posticum ostium*, p. 367, Dacier.

(4) *Varro, lib. V.* EPISTOL. QUÆST. *ait : a deorum sede cum in meridiem spectes, ad sinistram sunt partes mundi exorientes, ad dexteram occidentes ; factum, arbitror, ut sinistra meliora auspicia quam dextra esse existimentur.* Festus V° *Sinistræ aves*, pag. 529. Dacier, 1692. — Les anciens croyaient généralement que le nord était la demeure de Jupiter. Cf. *Servius ad Æneid.* 11, v. 693 (tom. 2, p. 309. Burmann).

nostri, in agrorum mensurâ videntur constituisse rationem. Primum duos limites duxerunt: unum ab Oriente in Occasum, quem vocaverunt DECUMANUM *: alterum à Meridiano ad Septentrionem, quem* CARDINEM *appellaverunt. Decumanus autem dividit agrum dextra et sinistrâ: Cardo, citrà et ultrà. Quare Decumanus non ad decem potiusquam à duobus vocatur, cum omnis ager eo fine in duas dividatur partes. Et ut Duopondium et Duoviginti, quod dicebant antiqui, nunc dicitur Dupondium et Duiginti, sic et Duodecimanus factus est Decumanus. Cardo nominatur, quod directim ad cardinem cœli est. Nam sine dubio cœlum vertitur in Septentrionali orbe.....*

Ab his duobus, omnes agri partes nominantur. Reliqui limites fiebant angustiores, et inter se distabant paribus intervallis: qui spectabant in Orientem, dicebant VORSOS *: qui dirigebantur in Meridianum, dicebant* TRANSVERSOS. *Hœc vocubula in lege quœ est in agro Uritano in Galliis et in quibusdam locis adhuc permanere dicuntur. Limites appellati sunt Transversi, à limo, antiquo verbo, à quo dicunt poetœ limos oculos, item limum cinctum, quod purpuram transversam habeat; item limina ostiorum. Alii Versos et Transversos dicunt limites à liminibus, quod per ea in agros intrò et foràs eatur. Hi ab incolis variis et dissimilibus vocabulis à cœli regione, aut à loci naturâ sunt cognominati; in alio loco sic, in alio aliter, etc.*

Ces pratiques dont les Romains avaient recueilli l'héritage précieux, identifiaient les cérémonies du bornage et de la limitation des terres avec les théories de la cosmogonie Étrusque et avec les traditions de la foi religieuse. Voyez comment procède *l'Agrimensor : Quærendum est primum*, dit-il, *quæ sit mundi magnitudo, quæ solis, quæ ratio oriundi aut occidendi, quanta sit mundo terra : advocandum est nobis Gnomonices summæ ac divinæ artis elementum* (1). La machine dont use le *Mensor*, pour remplir sa fonction, est à la fois un instrument d'astronomie et une perche d'arpenteur (2); elle ne peut toucher la terre qu'avec des rites consacrés, *Positâ auspicaliter Gromâ* (3); et son nom Étrusque, empreint d'une origine Asiatique, a conservé peut-être le souvenir le plus ancien de la civilisation de l'Occident (4).

(1) Hygin, dans la collection de Goez, p. 170.

(2) GROMA *appelatur genus machinolæ cujusdam, quo regiones agri cujusque cognosci possunt, quod genus Græci γνώμονα dicunt*. Festus, pag. 72. Lindemann.—Le vieux Glossaire cité par Scaliger, sur ce texte, traduit *Groma* ou *Gruma* par Oπτρα τεκτονική, et *Grumat* par μετρεῖ, ἐξισοῖ. De là Lucilius dit : *Viamque vis* DEGRUMARI, *ut castris Mensor facit olim* (fragm. de la 3me satyre, XV. de l'édit. d'Havercamp 1743, pag. 278). — De là le nom de *Gromatique* donné à la science de l'arpentage. Selon Dacier, *Groma* serait dérivé de γνώμα par le simple changement du N grec en *R* italique. Mais voyez la note 4, *infrà*.

(3) Hygin, *loc. cit.*, pag. 153.

(4) M. Lindemann, sur le texte cité de Festus, fait remarquer que, dans le Sanscrit, KRAMA signifie *marche, pas, degré*, de KRAM, *marcher*. *Groma*, selon ce philologue, aurait été d'abord une *mesure par le pas*; et l'Étrurie n'aurait

L'Agrimensor Étrusque est donc un Prêtre, et si la dignité augurale est spécialement investie de cette fonction, c'est parce que l'Augure est l'interprête sacré du dieu des limites et de la propriété (1), de Jupiter; c'est dans ce caractère auguste qu'il trouve le droit de consacrer le bornage par la religion, et de lui imposer la sanction de dieu même, car l'autel du sacrifice s'élevait aussitôt sur la limite qu'avait fixée *l'Agrimensor* (2); les dieux étaient pris à témoin,

été que l'intermédiaire entre l'Orient et l'empire Romain, quand aux traditions *Agrimensurales*. J'ajoute à ces conjectures philologiques, un indice qui peut avoir une certaine autorité, celui de la direction Orientale de la grande ligne d'opération des *Mensores*. J'ai déjà indiqué qu'elles étaient à cet égard les opinions diverses; Hygin nous fournit un moyen de solution qui me parait important : *Non omnis agrorum mensura*, dit-il, *in Orientem potius quam in Occidentem spectat. In Orientem, sicut ædes sacræ. Nam antiqui architecti in Occidentem templa spectare rectè scripserunt. Postea placuit omnem religionem eo convertere, ex quâ parte cœli terra inluminatur. Sic et limites in Orientem constituuntur. — Multi ignorantes mundi rationem, solem sunt secuti. . . etc. Quidam relictâ cœli ratione mensuram constituerunt*....(*loc. cit.* page 153).

(1) *Hominum divomque interpres Asylas*. — Virgil. *Æneid*. X. 175 et *ibi* Heyne. — *Utrum igitur Augurem Jovis optimi maximi, cujus interpretes internuntiique constituti sumus*...... Ciceron *Philipp*. XIII. 5, Nobbe. Voyez aussi Stace, Thébaïde, III. 471. Lemaire; et *ibi Excurs. édit.*

(2) « Carbo (Vid. Augustin. *De Civitate Dei*, XXI, 4) autem aut cinis quare inveniatur, uti aperta ratio est, quæ apud antiquos quidem observata est, postea vero neglecta, sic, aut

et les débris des victimes immolées, ou des coupes de libations, étaiens cachées sous la borne (1), pour attester son existence, et pour intimider de la peine du sacrilège, l'usurpateur du champ d'autrui. Celui qui détourne la borne posée est maudit de Dieu. La damnation éternelle lui est réservée. Voici la sentence prononcée par la divinité même : *Qui contigerit* (je lis *confregerit*) *moveritque possessionem promovendo suam, alterius minuendo, ob hoc scelus damnabitur à Diis* (2).

Et comme tout ce qui était déterminé avec les

diversa, aut nulla signa inveniuntur. Cum enim terminos disponerent, ipsos quidem lapides in solidam terram rectos conlocabant, proxime ea loca quibus fossis factis defixuri eos erant, et unguento (Vid. Arnob. lib. 1, § 39, et ibi Orelli, pag. 323, tom. 1) velaminibusque et coronis eos coronabant. In fossis autem in quibus posituri eos erant, sacrificio facto, hostiaque immaculata cæsa, facibus ardentibus injectis fossa, cooperati sanguinem instillabant, eoque thura et fruges jactabant : favos quoque et vinum, aliaque quibus consuetudo est terminis sacrum fieri (in fossa adjiciebant). Consumptisque omnibus dapibus igne, super calentes reliquias lapides conlocabant, atque ita diligenti cura confirmabant, adjectis etiam quibusdam saxorum fragminibus circumcalcabant, quo firmius starent. Tale ergo sacrificium domini, inter quos fines dirimebantur, faciebant.» Siculus Flacus *De Condition. agrorum.* Goez, pag. 5.

(1) Voyez les *Rei agrariæ scriptores*, Goez, pag. 5, 146, 265, et *alibi passim*.

(2) Voyez le fragment attribué à l'*Haruspex* Étrusque Vegoia, dans la collection de Goez, pag. 258.

solennités augurales avait un caractère de durée, qui participait de l'invariabilité de l'ordre du monde, le principe essentiel du droit de propriété, sa garantie, son inviolabilité, émanaient de l'inviolabilité de la religion elle-même. Voilà pourquoi Ciceron, nourri de ces principes, impute à crime la violation d'une première limitation coloniale de *Casilinum* : *Negavi*, dit-il (1), *in eam coloniam, quœ esset Auspicato deducta, dùm esset incolumis, coloniam novam deduci.... posse.*

C'est à cause de cette invariabilité de limites que l'*Ager Limitatus* régulièrement n'avait pas droit à l'alluvion (2).

La littérature étrusque devait être fort riche en livres *Agrimensoriaux* ; ils devaient même être confondus avec les *Libri Augurales* (3). Les livres de *Tagés* avaient aussi sans doute, en partie, pour objet, l'arpentage, et les Romains les avaient traduits et commentés. Ainsi un gramairien ancien nous parle de Labéon (Cornélius (4)?) *Qui disciplinas Etruscas*

(1) Philipp. 2, § 40. Nobbe.

(2) Voy. deux lois du Digeste généralement mal comprises. ce sont la loi 16, lib. XLI. 1. Et la loi 1, § 1, lib. XLIII. 12).

(3) Voyez Muller, *die Etrusker*, tom. 2, pag. 29, *et Seq.* — *Libri Tagetis*, — *libri Rituales*, — *libri Hetrusci*, — *Disciplinœ Etruscœ*, etc.

(4) M. Schrader pense que ce Labeon est le jurisconsulte Antistius Labeon (*Tubing. Zeitschr. für Rechts Wiss.* 1, 2, 149. Muller, *loc. cit.* pag. 32, croit que c'est un Cornélius Labéon.

Tagetis et Bacchetidis XV voluminibus explicavit (1); et Isidore au sujet des livres de Tagés dit aussi : *Quos libros Romani ex Etruscâ linguâ in propriam mutaverunt* (2). Lydus nous confirme le même fait (3), et il nous indique même d'autres interprêtes latins de la science Étrusque. Il nous reste de ces premiers maîtres de l'art *Agraire* deux fragmens trop négligés, mais horriblement mutilés et confondus dans les *Rei Agrariæ Scriptores* ; Niebuhr a le premier l'honneur d'avoir appelé l'attention des modernes (4) sur ces monuments si curieux.

Ces deux fragments se trouvent dans l'édition ou collection donnée par Goez en 1674, ainsi que dans la collection de Rigault (*Auctores finium regundorum*, Paris 1614).

Le premier est intitulé : *Ex libris Magonis et Vegoiæ auctorum* (5); mais je crois que cette inscription est une erreur de copiste, et qu'elle fait partie du fragment qui précède immédiatement, lequel se lie avec exactitude avec le fragment attribué à Magon et à Vegoia. Ce dernier ne forme donc qu'un même texte avec le fragment attribué

(1) Fulgent. V° *Manales*, pag. 802 de la Collection de D. Godefroi (*Auct. Latin. Ling.* — Genèv. 1622).

(2) *Origg.* VIII, 9, § 35 (pag. 270, édit. Lindemann).

(3) Lydus, *de Ostentis*, édit. Hase. 1823, pag. 8 et 12.

(4) Voy. la *Dissertation* insérée à la fin du 4me vol. de la traduction française de *l'Histoire Romaine*.

(5) Pag. 255, Goez et pag. 262, Rigalt.

à Latinus et à Mysrontius. Je crois que ce dernier *Agrimensor* est d'origine Étrusque, et que l'inscription du livre de Vegoia, n'est autre chose qu'une autorité alléguée dans le texte même du fragment (1); mon opinion pourra paraître nouvelle; je la livre pour ce qu'elle vaut.

Quant au second fragment intitulé : *Vegoiæ Arrunti Veltymno*, son importance me paraît véritablement capitale. Les philologues anciens ne l'avaient pas considéré sous son vrai point de vue. Barth ne voulut voir dans *Vegoia* qu'une corruption barbare du nom de Vegece (2). Rigault, au lieu d'*Arrunti Veltymno*, proposa de lire : *Arruntio Euticho* (3). Mais la leçon doit rester ce qu'elle est, et l'état actuel de l'archéologie Étrusque nous permet d'en proposer une interprétation satisfaisante. Et d'abord pour le nom de Vegoia, il nous offre véritablement le nom de l'auteur du texte original, dont la traduction latine nous a été conservée dans ce fragment ; mais ce Vegoia n'est point à nos yeux un Haruspice, ainsi qu'il a paru à Niebuhr et à Muller (4).

(1) Ainsi il faudrait lire : *In aliis verò locis monumenta sepulchrave veteranorum constituimus*, EX LIBRIS MAGONIS *et* VEGOIÆ AUCTORUM. *Nam sunt monumenta*. etc.

(2) *Adversar*. XXIX, 1.

(3) Note sur l'inscription de ce fragment, pag. 144 de son édition.

(4) Niebuhr, *loc. cit.*; Muller, *die Etrusker*, tom. 2, pag. 32, 286 et 334.

Malgré la spirituelle critique de Fabricius (1), nous reprenons à ce sujet l'opinion de Saumaise (2), dont la sagacité prodigieuse et souvent hasardeuse, trouva dans *Vegoia* le nom altéré de la nymphe ou sybille *Bigoe*, dont parle Servius (3) ; et nous voyons avec une vive satisfaction que cette opinion a été embrassée par les archéologues Italiens les mieux instruits de l'antiquité Étrusque (4). Le fragment agraire, dont il s'agit, a donc à nos yeux l'importance d'un oracle sybillin ou d'un fragment augural ; et si des inductions que les philologues antiquaires, que je viens d'indiquer, ont tirés du mot seul de *Vegoia* (5), nous passons

(1) *Biblioth. Lat.* tom 3, pag. 518. Ernesti : *Quæ nomina* (*Vegoia, Arruns, Veltymnus*), *qualia sint, non meum est dicere, Sed Haruspicis Salmasii qui legit.* etc. Voy. not. suiv.

(2) Voici le texte de Saumaise, pour l'intelligence duquel il faut lire le texte de Servius rapporté dans la note suivante: *Scribendum in Servio :* ET BYGOES NYMPHÆ. ἡ Βυγοὴ *quæ et* Βυγόεια *ut* Καλλιόπη, Καλλιόπεια. *Hæc est quæ Vegoia dicitur in fragmentis Agrimensorum. Nam* U *in* E *sæpè mutant latini,* etc. — *Plinian. exercitat.* tom. 1, pag. 54. G (1689).

(3) *Et Begoës nymphæ, quæ artem scripserat fulguritarum apud Tuscos.* Servius *ad Æneid.* VI, 72 *et ibi* Les variantes recueillies par Burmann. Les livres de la sybille Begoë ou Bygoë, étaient soigneusement gardés au Capitole.

(4) Voyez Vermiglioli, *Saggio di congetture sulla grande iscrizione Étrusca scoperta nell'anno* 1822, etc. — *Perugia* 1824, in-4°, pag. 16 et suiv.

(5) Je m'étais refusé pendant longtemps à admettre le système dont je fais honneur à Saumaise, et il me semblait que

à l'examen du fragment lui-même, nous y trouvons une empreinte profonde de la *Prophétique* Étrusque et sybilline, et du mysticisme propre à la religion de ce peuple. Goëz s'y est mépris et y a reconnu l'empreinte chrétienne (1) ; mais l'indication du siècle a été avec raison pour Muller et Niebuhr la preuve convaincante de l'origine Étrusque.

Quant à l'*Arrunti Veltymno*, Saumaise n'y avait vu qu'un nom Étrusque et une adresse à Vertumne. Les monumens Étrusques découverts depuis peu, et entre autres la grande inscription de Pérouse, nous fournissent une explication inattendue de cette partie de notre fragment *agraire*. Il paraît, en effet, que le mot de *Velthinas* était consacré chez les Étrusques à exprimer le titre d'une charge ou fonction, dont l'objet était la mensuration des terres, ou le bornage. C'est ce qu'a très bien démontré M. Vermiglioli (2), et je préfère cette hypothèse à celle qui décompose

Vegoia était une altération du nom de Vejovis : au fond c'était toujours un fragment augural.

(1) Voyez Goëz, note sur l'inscription du fragment dont il s'agit, page 174. Voici comment il s'exprime au sujet de Vegoia : *Quis hic* (*Vegoia fuerit*) *non liquet, quamvis hoc liqueat impostorem esse summum. Nam ethnicum se fingit, cum dicit :* DAMNABITUR *a diis, et interim christianum se prodit cum dicit :* SCIENS TERRENAM CUPIDINEM, etc. *Hæ quippe formulæ non alibi quam apud christianos inveniri solent.* On comprend que cette critique n'ait pas satisfait les philologues éminents, qui font de nos jours l'honneur de l'Allemagne.

(2) *Loc. cit. suprà*, note 4, pag. 112.

le nom de Velthinas, pour en faire un dérivé de *Velius* et de *Tinia*, nom Étrusque de Jupiter. Ainsi le fragment agraire, dont il s'agit, aurait une origine divine, et sa destination aurait été d'instruire un *Agrimensor* Étrusque du nom ou du surnom d'Aruns (1). Son traducteur a pu être chrétien.

Il est peu nécessaire, ce me semble, de justifier maintenant par des preuves accumulées quelle a été l'influence des doctrines Étrusques sur les pratiques romaines. Cette influence est attestée par tous les monuments de l'histoire.

Tout prouve que les rites sacramentels de la limitation des propriétés ont été, chez les Romains, l'héritage de la vieille Étrurie. Les *Rei Agrariæ Scriptores* fournissent, à cet égard, les documents les plus positifs, nous en avons déjà tiré trois citations ; nous pourrions les multiplier. Les praticiens Romains (*Agrimensores*) avec les habitudes de conservation qui distinguent cette classe d'hommes, nous ont même transmis le souvenir des *Compascuités communales* de l'Étrurie ancienne (2), qui, pratiquées par les Romains, ont traversé le moyen âge, et ont été observées jusqu'à nos jours, soit dans l'Italie, soit dans les autres parties de l'Europe qui

(1) Voyez sur ce nom d'*Aruns*, Lanzi, *Saggio*, etc., II, 280, 357, 258.

(2) Agg. Urbicus, *inter Goësii Rei Agr. Script.* Pag. 41-56 66, *et alibi passim*, et Baudouin dans la *Jurisprudent. Rom. et Att.* d'Heineccius, tom. 1, pag. 444.

ont le mieux gardé les traditions de la domination Romaine.

Il serait difficile de croire, en effet, que, lorsque les villes latines avaient jadis cherché des modèles d'organisation dans les coutumes Étrusques (1), les leçons qu'elles avaient recueilli et mis en pratique, se bornaient à la construction matérielle des cités, et que l'organisation morale y demeurait étrangère. On sait combien étaient riches de science, les rituels des Étrusques (2), et l'on sait aussi que les institutions politiques du roi Servius Tullius, dont l'influence s'est faite sentir jusqu'aux derniers jours de la république (3), étaient l'ouvrage d'un Étrusque (4).

(1) Voy. *suprà* pag. 101, note 3.

(2) *Rituales nominantur Etruscorum libri, in quibus perscriptum est, quo ritu condantur urbes, aræ, ædes sacrentur, quâ sanctitate muri, quo jure portæ, quo modo tribus, curiæ,* CENTURIÆ (*centuriæ* se rapporte ici, je crois, à la division et à la limitation du territoire. C'est le sens que ce mot reçoit constamment dans les *Rei Agrariæ Scriptores*. Voyez *ibi* Rigalt, notes, page 295, et Ruperti, sur Juvenal, tom. 2, pag. 350, édit. Glasg. 1825) *Distribuantur, exercitus constituantur, ordinentur, cæteraque ejus modi ad bellum, ad pacem pertinentia.* Festus, page 465, Dac. 1692.

(3) Ciceron, *de Re Public.* II, § 22 (page 257, Leclerc).

(4) « Servius Tullius si nostros sequimur, captiva natus » Ocresiâ; si Tuscos, Cœli quondam Vivennæ sodalis fidelis- » simus omnisque ejus casus comes, postquam varia fortunâ » exactus cum omnibus reliquis Cœliani exercitus Etruriâ » excessit, montem Cælium occupavit et a duce suo Cœlio ita » appellitatus, mutatoque nomine, nam Tusce Mastarna ei

Nous ignorons complétement à la vérité, quel était le droit civil positif des communes de l'Étrurie (1); ce droit était basé sur la coutume, et administré par la justice sacerdotale. Mais d'un côté, cette ignorance ne doit pas étonner si l'on se souvient de la constitution théocrato-aristocratique, qui gouvernait mystérieusement cette contrée, et du *Jus in latenti* qui gouvernait Rome avant la loi des 12 tables (2); d'un autre côté, la transfusion de la discipline religieuse des Étrusques et de plusieurs dispositions politiques de leur constitution sociale dans l'administration et le droit public des Romains, sont un fait acquis et incontestable; l'institution des frères Arvales provenait autant sans doute des Étrusques que des Sabins (3); et l'ancienne communion Romaine du droit civil et du droit pontifical

» nomen erat, ita appellatus est, ut dixi, et regnum summa » cum rei publicæ utilitate optinuit. *Orat. Claud. imp. sup. civit. Gall. danda*. édit. Zell. 1833. Frib. Brisg., pag. 20-21. Le savant Badois n'a pas connu le premier éditeur de l'*Oratio Claudii*. Il indique (p. 9) Paradin, historien de Lyon en 1573; mais Bertrand Maure (*Vertranius Maurus*). Jurisconsulte d'Aix, l'avait déjà publiée, pag. 122 de ses notes sur Tacite, imprimées en 1569 à Lyon, par Ant. Gryphe, in-12.

(1) Ce que nous a transmis Héraclide de Pont (Περι πολιτειῶν 15, Τυῤῥηνῶν, pag. 213, Coray), est plutôt un usage populaire, qu'une loi civile: Οταν δέ τις ὀφείλων χρέος μὴ ἀποδιδῷ, παρακολουθοῦσιν οἱ παῖδες, ἔχοντες κενὸν θυλάκιον εἰς δυσωπίαν.

(2) Voyez mon *Hist. du Droit Romain*, page 68.

(3) Voy. Creuzer, *Religions de l'antiquité*, tom. 2, p. 402.

était un héritage des Étrusques (1). Rome envoyait jadis ses enfans en Étrurie, comme depuis elle les envoya en Grèce, y recevoir une éducation lettrée (2); et Ciceron, dans ses *Lois*, propose la suivante : *Prodigia, portenta ad Etruscos et Aruspices, si senatus jusserit deferunto*, ETRURIÆQUE PRINCIPES DISCIPLINAM DOCENTO (3).

§ II. — *Pratique Romaine.*

Les doctrines Étrusques sur la limitation des propriétés se sont donc identifiées et confondues avec les doctrines Romaines. La foi Érusque est devenue la foi Romaine, et les pratiques de l'Etrurie ont été complétement adoptées par les augures Romains. Il reste une foule d'indices de cette adoption ancienne, dont les caractères primitifs s'altérèrent en proportion de la décadence de la constitution sociale : *Nihil ferè quondam majores rei nisi auspicato ne privatim quidem gerebatur*, dit Ciceron (4).

Les *Augures publics* (car il y avait deux classes

(1) Voyez le savant ouvrage de Gouthier (Gutherius), *de Veteri jure Pontificio urbis Romæ*. Paris, 1612 in-4°; surtout le chap. 2, p. 4 et suiv. — Cf. avec Ciceron, *de Legibus*, II, 19; et *de Re Publicâ* II, 14, Creuzer; et Pline, *Hist. Nat.*, lib. 18, § 2, tom. 3, page 341, édit. Brotier.

(2) *Habes auctores*, dit Tite-Live, *vulgo tum Romanos pueros, sicut nunc Græcis, ita Etruscis literis erudiri solitos*. (Tite-Live, IX, 36, t. 2, p. 982. Drakenb. et *ibi viri docti*).

(3) *De Legibus*, 2, § 9, édit. Creuz. et Mos.

(4) Ciceron *de Divinat.* I, § XVI. Lemaire.

d'Augures) ont dû être à Rome les *Agrimensores* primitifs. Un fragment important restitué à Festus permet de le penser ainsi : *Publici Augures*, dit-il, *eodem jure cum cæteris auguribus non erant; nàm quùm essent Augures numero plures, Publici majestate cæteros anteibant. Origo vetusta, ideò que obscura : illud manifestum ductu sortis deligi solitos qui augures Publici P. R. Quiritium in auguralibus dicerentur. Captabant auspicia, templo cœli regionibus designato, quod lituo, qui Quirinal appellatur, designabant, in pomœrio extrà urbem* (1).

A travers les altérations que le texte de Verrius Flaccus a subi entre les mains de Festus, de Paul Diacre et de F. Ursinus, on peut discerner, dans ce fragment, les cérémonies de la fixation des lignes principales de la limitation. Et c'était sans doute à cause de cette fonction qui touchait aux intérêts privés, qu'on exigeait des Augures la garantie de la solvabilité (2). Tite-Live rapporte quelques détails de rites Auguraux, qui se confondent évidemment aussi avec les rites capitaux du bornage Étrusque : *Indè*, dit-il, *ab Augure (cui deindè, honoris ergò, publicam id perpetuumque sacerdotium fuit) deductus in arcem, in lapide ad meridiem versus consedit. Augur ad lœvam ejus, capite velato, sedem cepit, dextrâ manu baculum sine nodo aduncum tenens, quem lituum appellave-*

(1) Festus, pages 212 et 608, édit. Lindemann.

(2) Cicéron, *Philipp.* II, § 2, Lemaire. *Tu nec solvendo eras*, etc. Tite-Live, X, § 9, Drakenb.

runt. Indè ubi, prospectu in urbem agrumque capto, deos precatus, regiones ab oriente ad occasum determinavit; dextras ad meridiem partes, lœvas ad septentrionem esse dixit. Signum contrà, quo longissimè conspectum oculi ferebant, animo finivit, etc. (1).

Ce fut donc encore un emprunt aux Étrusques que cette terrible loi dont la tradition fésait honneur à Numa, et en vertu de laquelle celui qui portait une main coupable sur une limite consacrée était dévoué aux dieux, lui et ses bœufs (2); c'était la sanction du *Damnabitur* prononcé par la sibylle Étrusque (3); et le texte précieux de Festus a servi à Scaliger, à Juste Lipse et à leurs imitateurs, pour fabriquer la restitution originale de la fameuse loi royale dont nous parlons (4).

L'immolation expiatoire était donc la peine réservée à l'infracteur de la loi des limites (5), et cette sanction sévère, conforme à l'esprit de la législation primitive des Romains (6), prouve que

(1) Tite-Live, I, § 18, pag. 83. *Seq.*, édit. Drakenb.

(2) Voy. *suprà*, page 52, le texte de Festus.

(3) Voyez *suprà* pag. 108.

(4) Voy. les notes de Scaliger sur le texte cité de Festus et Juste Lipse, *Leges Regiæ*, tom. 4. *Opp.*, édit. citée.

(5) Εἰ δέ τις ἀφανίσειεν ἢ μεταθείη τοὺς ὅρους, ἱερὸν ἐνομοθέτησεν εἶναι τοῦ θεοῦ τὸν τούτων τι διαπραξάμενον, ἵνα τῷ βουλομένῳ κτείνειν αὐτὸν ὡς ἱερόσυλον ἥ τε ἀσφάλεια καὶ τὸ καθαρὸν μιάσματος εἶναι προσῇ. Denys d'Halic. II, § 74 (pag. 397. Reiske).

(6) Voy. Cannegieter *Observat. Jur. Rom.* (1722), pag. 103 et comparez avec la loi des Bourguignons citée *infrà*, p. 123, note 1, et avec l'ouvrage de Grimm. cité, *suprà*, p. 17, note 2.

l'établissement de la propriété a exigé non-seulement l'intervention de la puissance divine, mais encore toute l'énergie de la puissance humaine. Il paraît qu'à l'époque où fut rédigée la loi de XII tables, cette cruelle disposition fut éludée et tomba en désuétude par l'effet d'une loi nouvelle plus en harmonie avec les progrès de la civilisation, je veux parler de celle qui *parquait* la propriété rurale de chacun, dans une enceinte (*iter limitare*) imprescriptible (1). Au moyen de cette disposition ingénieuse, l'occasion d'appliquer la loi de Numa ne se présenta plus que rarement, et la loi ancienne tomba en oubli. Il ne reste aucune trace de son abrogation formelle. La peine de mort contre le voleur de fruits, dans les champs, resta même dans la législation.

Plus tard, lorsque les besoins de l'agriculture forcèrent à renoncer à l'observation rigoureuse d'une loi qui frappait de stérilité et qui condamnait à l'improduction des parcelles considérables d'un terrain précieux, la loi *Mamilia* (2) remplaça la

(1) Voy. ma collection des fragments des XII Tables, *ad calcem* de mon *Histoire du Droit Romain*, page 484. — *Hist. du Droit Rom.* de M. Hugo, trad. en latin par Varnkoenig, pag. 155. — Les *Rei Agrariæ scriptores* (collection de Goez), p. 8, 40 et 53, et Pline, H. N. Hard., t. 2, p. 98.

(2) La loi Mamilia est de l'an 589 de Rome. Voy. Otton, *Dissertat. de Prescript.* V. *pedum*, dans le *nouveau Trésor* d'Oelrichs, tom. 3, vol. 2, pages 353-388; et surtout Saxi, *Dissertat. ad leg. Mamiliam*, 2me édit. Lips. 1782 in-4°. — Le texte de la loi a été conservé dans la collection des *Rei Agrariæ Scriptores*; voyez dans Goez pag. 339. Elle n'est re-

loi Royale par une pénalité plus douce, et complétement fiscale; mais, sous l'empire, la législation devint plus rigoureuse (1), et un fragment du juris-

lative qu'aux limites coloniales. Mais puisque le droit était tellement adouci en ce point, qui cependant méritait plus de sévérité que l'infraction des limites de *l'Ager privatus*, j'ai cru pouvoir conclure à un adoucissement général de la législation. Le fragment de la loi *Julia*, rapporté pag. 351 de la même collection, n'inflige aussi qu'une peine pécuniaire.

(1) Le savant Pithou (*Ad collat. Legg. Mosaïc. et Rom.* tit. 13) a fait erreur lorsqu'il a pensé que la loi de Numa avait passé dans la législation des XII Tables. Il est constant au contraire que, depuis cette époque, jusqu'à la fin de la République, l'enlèvement de bornes ne fut plus au rang des crimes capitaux. Voy. Trotz, *de Termino moto*, dans le vol. 2, tom. 1, du *Nouveau Trésor* d'Oelrichs, pag. 244, et *alibi*. Il est certain qu'une amende simple, applicable, tantôt au dénonciateur, tantôt au fisc (Trotz, *loc. cit.* pag. 249 et suiv.), fut infligée par toutes les lois *Agraires*. — Sous l'empire, la nécessité de mieux protéger la propriété, se fit sentir, d'abord à cause des méfaits innombrables que commettaient les armées d'esclaves qui occupaient les campagnes, et ensuite pour encourager les Curiales à supporter les charges qui pesaient sur leurs propriétés. La législation sur la pénalité *limitaire* fut donc revisée d'abord par Nerva, qui ressuscita la peine de mort contre les esclaves qui portaient une main sacrilège sur les limites (voy. le fragment de Callistrate, dans la loi 3. ff. *de Term. moto*, et Trotz, *loc. cit.* pag. 352 et suiv.); et ensuite par Hadrien, qui proportionna la peine à l'intention et aux circonstances du délit, lorsque c'était un homme libre qui l'avait commis, mais qui cependant condamna le délinquant convaincu, à être battu de verges (voy. un autre fragment de Callistrate, dans la loi 2. ff. même titre, et Trotz, *loc. cit.* pag. 255 et suiv.).

consulte Paul (1) nous a conservé le souvenir de la peine formidable qui continua de frapper le crime d'enlèvement de bornes, considéré isolément du délit d'empiétement sur le champ du voisin; et une inscription terminale, rapportée par Spon et Orelli, nous prouve que le culte religieux avait maintenu dans les mœurs publiques la proscription terrible, fulminée jadis par la loi du plus doux et du plus pieux des sept rois (2). Des peines sévères furent aussi portées contre les *Mensores* prévaricateurs *qui falsum modum dixerint* (3).

A une époque plus récente, nous trouvons un dernier souvenir de la loi de Numa, dans la *loi romaine des Bourguignons* (PAPIANI RESPONSUM). Les Bourguignons étaient arrivés dans les Gaules les premiers parmi tous les peuples germaniques (de 406 à 413); ils rédigèrent leur loi après 50 ans de cohabitation romaine environ, et quoiqu'elle nous offre moins d'élément romain que la loi Gothique, il est à remarquer que la nécessité de constituer et de faire respecter la propriété au milieu d'un peuple

(1) Voy. le § 2. tit. 22. liv. 5. des *Sentent.* de Paul, dans le *Jus civile antejust.* de Berlin, 1815. La peine contre les esclaves était réduite de son temps aux travaux forcés *(Metalla)*.

(2) *Quisquis | hoc sustu | lerit aut | læserit | ultimus | suorum | moriatur.* | — Orelli, d'après Spon; *Corpus inscript.* tom. 2. pag. 270.

(3) Il y en a un titre au Digeste, livre II. titre 6. sur lequel il faut consulter le commentaire de Gluck.

qui n'avait jamais pratiqué une institution de cette nature, leur inspira une loi de mort qui paraît exactement calquée sur la vieille loi royale, dont la tradition leur était arrivée par les écrits originaux des jurisconsultes romains qui les guidèrent dans leur réforme législative (1). Mais dans cette loi Bourguignone on peut remarquer la différence qui existe entre le polytheisme et le christianisme relativement à la sanction du droit de propriété. Nous expliquerons ce phénomène quand nous traiterons de l'influence de la religion du Christ, sur le droit de propriété.

Mais à mesure que l'ancien culte perdit de son influence et du respect qui l'avait entouré jusques alors, les augures furent dépossédés de cet emploi, et une classe d'hommes de pratique qui étaient fréquemment employée par les magistrats pour l'examen et la décision des questions de fait dans les procès, se voua, par profession, à la science de la limitation. On les nomma *Mensores*, *Agrimensores*, *Finitores*, *etc.* Ils s'organisèrent en corporation. Plusieurs d'entre eux jouirent d'une grande considération, et des parcelles de leurs livres d'observation et de technique agraire sont venus jusqu'à nous. Quoique horriblement

(1) Voy. la *Lex Romana Burgundionum* édit. de Barkow, 1826, tit. 39, pag. 115. Elle est indiquée dans une note de Reiske, sur le texte de Denys d'Halic. rapporté *suprà*, pag. 119, sous le titre trompeur de *Papiniani respons*. On sait quelle méprise avait valu ce titre à la loi des Bourguignons.

mutilés, ces lambeaux désordonnés n'en sont pas moins précieux, et ils nous donnent sur l'antiquité romaine des notions qu'on ne trouve nulle autre part.

Ces successeurs des augures se montrèrent aussi soigneux du matériel du bornage que leurs devanciers, et leurs travaux ont été transmis par une tradition fidèle jusqu'au moyen âge (1). Ils établirent et distinguèrent une foule de signes, pour constituer et emplacer le bornage. Un de leurs fragments énumère 26 espèces de limites, et ce nombre s'accrut encore, si nous en croyons les indications que l'on peut tirer d'un autre *Agrimensor* (2). Ainsi, grâces à leur art, la topographie seule d'une localité indiquait le bornage.

Leur premier soin, après l'opération de la limitation, était d'en dresser une espèce de plan figuratif, que l'on nommait *æs*, *forma*, *cancellatio*, *pertica*, *etc.* (3). Ce plan était déposé dans les archives, soit impériales (4), soit des municipes (5) : *Tabularium*, *sanctuarium Cæsaris*, *etc.*..... et lors-

(1) Voy. Ducange, *Gloss. med. et inf. Latin.*, v° *Forma agrorum*; et Niebuhr, *(cit. infrà*, pag. 127. *suiv.)* sur le pape Gerbert.

(2) Voy. dans les *Agr. Scriptores* le *de Litteris et notis juris*, extrait du vénérable *Mensor* INNOCENS.

(3) Hygin, pag. 193 Goëz. et *alibi*, pag. 16. 270.

(4) Voy. Siculus Flaccus, éd. Goëz., pag. 16, et Hygin, pag. 193.

(5) Voy. Pitiscus, *loc. cit.*, v° *Tablinæ*, et Nic. Rigalt. *notæ in fin. regund. auctores*, *loc. cit. ad calcem* Goësii.

qu'il y avait *controversia de positione terminorum*, on avait recours à ce plan, *œs respicitur* (1). Des prescriptions rigoureuses étaient imposées à l'*Agrimensor*, pour l'exactitude de cette opération; il était responsable à l'égal d'un fonctionnaire public. On peut consulter à cet égard, le titre du Digeste, qui porte pour rubrique : *si mensor falsum modum dixerit* (XI. 6). L'altération de ce monument authentique était mise au nombre des crimes punis par la loi *Julia*, *de peculatu* (2). Foi publique était due aux renseignements qui y étaient constatés (3) Le prince

(1) Voy. *Rei Agrar. Scriptores*, Goëz., pag. 16. 40. et *alibi* et *ibi* Rigalt. notes. pag. 128.

(2) Voy. loi. 8. Digeste, *ad Leg. Juliam de peculatu*.

(3) Voy. *Rei Agrar. Scriptores*, Goëz, pag. 4. 16. 54. et *alibi*. — Siculus Flaccus, pag. 16, s'exprime ainsi : *Ergò » agrorum divisorum qui institutis limitibus divisi sunt, »* variæ sunt formæ, *et formæ varias appellationes accipiunt. » Quidam in arbore res finales, alii in venis, alii in membris » scripserunt; et quamvis una res sit forma, alii dicunt* per- » ticam, *alii* centuriationem, *alii* metationem, *alii* limita- » tionem, *alii* cancellationem, *alii* typon, *quod, ut suprà » diximus, una res est, forma. Quidam formas quarum mentio » habita est, in œre scalpserunt, id est in œreis tabulis scrip- » serunt. Hic tamen quidquid instituerunt, curandum erit ut » fide publicâ œstimetur, neu quis voluntario finem proferat. » (illa tantum fides videatur quœ œreis tabulis manifestata est.) » Quod si quis contradicat, sanctuarium Cœsaris respici solet. » Omnium enim agrorum et divisorum et assignatorum formas, » sed et divisionum commentarios principatus in sanc- » tuario habet. Qualescumque enim formœ fuerint, si ambigitur » de earum fide, ad sanctuarium principis revertendum erit. »*

pouvait autant l'invoquer pour les *subsecivi* que le citoyen pour les *divisi* ou *assignati* (1). Les *possesseurs* des *occupatorii* avaient voulu jouir de cet avantage, en faisant dresser eux-mêmes des plans de leurs possessions; mais comme cette opération officielle ne pouvait être faite qu'en limitation régulière, et par l'intermédiaire de l'*Agrimensor*, revêtu du caractère public que lui donnait son mandat de *finitor* (2), l'*æs* des *occupatorii* fut toujours considéré comme *privatum* et il n'obligeait personne (3).

Cependant il arriva par le laps de temps, que la conservation du bornage primitif et de ses souvenirs devint une œuvre très-difficile. En effet, des mutations s'opéraient, les lots se démembraient, un seul propriétaire en réunissait plusieurs; dans ces cas, la reconnaissance des limites devenait peu facile, si les possesseurs négligeaint d'en prendre soin. *Siculus Flaccus* nous apprend que beaucoup d'*agri quæstorii*, quoique primitivement limités avec soin, étaient réduits, par l'influence de ces différentes causes, à la condition des *agri occupatorii* (4), dont *nullum æs, nulla forma, quæ publicæ fidei possessoribus testi-*

(1) *Ibid.* pag. 193 et *alibi*. Voy. aussi *infrà*. liv. 2.

(2) *Ibid.* pag. 54 et *alibi*.

(3) *Ibid.* pag. 4. *Nec ipsos vicinis, nec sibi vicinos obligant, quoniàm res est voluntaria.*

(4) *Ibid.* pag. 14. *Horum verò agrorum* (les *Quæstorii*) *penè jam obliterata sunt signa..... penè jam itaque fit ut occupatoria conditione recedant.....*

monium reddat (1). La même chose a dû arriver aux *divisi* et aux *assignati*. C'est dans ces occasions difficiles que brillait la perspicacité de l'*agrimensor* ; sa science était une sorte de *divination*, il en mettait en jeu toutes les ressources avec un zèle et une ardeur qui sont exactement rendus par Cassiodore : *Fanaticum credas, quem tortuosis semitis ambulare conspexeris. Indicia si quidem rerum inter sylvas asperas et dumeta perquirit; non ambulat jure communi : via illi est sua lectio : ostendit quod dicit : probat, quod didicit ; gressibus suis concertantium jura discernit : et more vastissimi fluminis : aliis spatia tollit, aliis rura concedit, etc.* (2).

La dissertation de Niebuhr sur les *Agrimensores* est un chef-d'œuvre de concision et de sagacité ; elle a pour la première fois, dans ce siècle (en 1812), attiré les yeux des savants sur les débris de ces précieux monuments de l'antiquité Romaine. Nous regrettons que la connaissance qu'avait l'illustre auteur des travaux de son digne ami M. Blume sur le même sujet, l'ait empêché de retoucher son travail, lorsqu'il a publié les dernières révisions de son *Histoire Romaine*. Il paraît, en effet, que M. Blume espérait que Niebuhr se déciderait à revenir sur ces fragments agraires pour lesquels il avait exprimé

(1) *Ibid.* pag. 3. *in fine. Quoniam non ex mensuris actis, unusquisque miles modum accepit, sed quod aut excoluit, aut in spe colendi occupavit.*

(2) Cassiodore *Variar. lib.* 3. epist. 52. p. 111. édit. 1583.

une si vive affection, et ce n'est qu'après la mort de ce dernier, en 1833, que le savant auteur de l'*Iter Italicum* a commencé à faire part au public de ses travaux personnels (1). Ils ont eu pour objet de préparer d'abord la position du texte, et le *spécimen* de M. Blume nous a fourni une excellente recension critique de Frontin *de controversiis agrorum* et d'*Aggenus*, son commentateur. Nous ignorons si depuis 1835, M. Blume a donné suite à ses publications partielles; mais il eut été à désirer qu'après l'immense investigation de manuscrits à laquelle il s'était livré en France, en Italie et en Allemagne, il eut embrassé un cercle plus vaste et entrepris la publication du texte complet des *Rei Agrariæ Scriptores*, tel qu'on peut le reconstruire par la conférence et la mise en ordre des différentes classes de manuscrits. Il serait à désirer aussi que la partie historique et exégétique de la recension de M. Blume fut aussi complète que la partie critique. Personne en Europe ne peut donner un plus beau travail sur cette matière que M. Blume.

La considération de la haute importance de ces fragments, pour l'exploration scientifique du Droit Romain, nous a décidé à donner une réimpression annotée des principaux d'entre eux, pour faire suite au *Choix de textes antejustinianéens* publié par notre savant et respectable ami, le digne Doyen de la

(1) Voy. le *Rheinisches museum Für Jurisprud.* 3me liv. du 5me vol. (1833) et 2me liv. du 7me vol. (1835).

Faculté de Paris. Il est même possible qu'encouragé par lui, et surtout aidé de son concours puissant, nous livrions à la publicité les recherches que l'un et l'autre nous avons faites sur ce beau sujet, et que nous donnions une nouvelle et grande édition qui comprendra tout à la fois les travaux de Sichard, de Turnèbe, de Lauremberg, de Saumaise, de J. Godefroi, de Rigault, de Goez, de Schwartz et de M. Blume. Mais revenons à Niebuhr.

La pratique des affaires a tellement et si exclusivement envahi le domaine du droit, en France, que nos érudits les plus éminens vivent dans un prejugé déplorable relativement au Droit Romain. Il n'est point encore prouvé parmi nous que les textes relatifs au Droit sont les monuments les plus importants de l'antiquité Romaine. C'est aux gens de palais que le soin de s'en enquérir est laissé, et les plus grands noms dont s'énorgueillit notre littérature ont dédaigné d'y regarder de près, confondant dans un même mépris les jurisconsultes romains et les théologiens casuistes du moyen âge. La dissertation de Niebuhr a donc été peu remarquée, et parmi ceux qui l'ont lue, les doctrines un peu poëtiques qui dominent l'imagination de l'auteur ont seules été saisies et adoptées avec avidité. C'est pourtant sur cette partie que la saine critique a le plus à reprendre.

Ainsi, par exemple, cette opinion que le *fundus* assigné par l'état était, après la limitation, considéré comme une ferme close, c'est-à-dire, comme un tout désormais indivisible, dans des limites invariables; ou bien, comme un ensemble complet que les possesseurs postérieurs ne pouvaient plus posséder que comme une unité, un tout légal, malgré la division des parcelles; cette opinion où l'on reconnaît la rare perspicacité de Niebuhr, me semble erronnée. Ce qui a induit Niebuhr à la produire, c'est l'invariabilité résultant de la consécration augurale. Mais il est bien connu et prouvé par une multitude de textes anciens, que le terrain augural pouvait perdre sa qualité religieuse par un rite contraire, par une *exauguration*. Ainsi le temple d'un dieu pouvait être consacré à un autre, comme nous l'avons vu pour les *Fana* du capitole, sous Tarquin (1). Ainsi nul doute que dans les cas où il y avait lieu à l'*herciscunda familia*, et dans tous ceux où il y avait transport partiel, mais solennel, d'une propriété, il n'y eut lieu aussi à une nouvelle limitation régulière. Que si le nom ancien continuait à être employé pour désigner le tout primitif, c'était la force de l'usage qui seule fesait loi à cet égard, et nous voyons tous les jours sous nos yeux des phénomènes aussi simples. On néglige souvent de faire noter la mutation au cadastre, et le plan primitif, même après la mutation au *Livre Terrier*, continue à indiquer l'unité primitive. Ainsi tombent les explications proposées par Niebuhr sur quelques textes des Pandectes

(1) Voy. *suprà*, pag. 92, note 6.

qui, pour être compris, n'ont pas besoin de la supposition imaginée par lui.

Il en est de même de cette autre assertion que l'Orient est resté complétement étranger aux pratiques de la limitation. Si j'ai bien compris l'illustre auteur, son opinion est encore ici erronée. Le Code Théodosien, le Code de Justinien et le Digeste tous entiers déposent contre lui. Il est même à remarquer que les dispositions les plus importantes des Pandectes, relatives aux *Mensores* ou *Agrimensores* ont passé dans les Basiliques.

Et quant à cet autre point, que la fonction unique des *Agrimensores* ou d'une classe d'*Agrimensores* consistait dans le travail du cadastre de l'état, ou dans le partage et mensuration des territoires assignés aux colonies, il me semble encore qu'il y a erreur ou exagération.

Les plus anciens monuments de la littérature latine, nous montrent les *Agrimensores* indifféremment occupés de la mensuration de l'*Ager Publicus* et de ses démembrements, ou de l'*Ager Privatus*. Voyez dans Ciceron, loin d'en faire un magistrat, un fonctionnaire public, il n'en fait qu'un ouvrier, *Decempedator* (1). Voyez dans Sénèque, c'est de la mesure d'un *Latifundium* qu'est occupé l'*Agrimensor* (2). Voyez dans Pline l'ancien; il ne soupçonne pas la distinction de l'*Ager Publicus*, et il ne parle

(1) Ciceron, *de Lege Agraria* et *alibi*.

(2) Sénèque, *Épist*. 88. 9. Ruhkopf.

du *Mensor* qu'à propos de l'*Ager Privatus* (1). La même remarque se tire d'un texte de Pline le jeune (2). Enfin, tout prouve que les *Agrimensores* eurent des fonctions absolument analogues à celles de nos géomètres arpenteurs, qui tantôt sont employés par l'état, pour les travaux du cadastre; tantôt appelés par les citoyens pour la délimitation ou mensuration de leurs propriétés; tantôt chargés par les tribunaux de fonctions expertales qu'ils remplissent pour éclairer la justice ; et tantôt enfin choisis par les parties elles-mêmes, pour remplir la commission d'arbitres dans les matières relatives au bornage. Cette assimilation me paraît être d'une grande exactitude, à partir de l'époque où les fonctions mensurales furent dépouillées de ce grand caractère religieux qu'elles avaient gardé pendant tant de siècles.

Depuis le siècle qu'illustra Ciceron, où l'*Augurium* était tombé en mépris, l'*Agrimensor* ne fut plus un augure public. Tout au plus si, Augure privé, il eut le soin, avant de remplir sa charge, de prendre les auspices ; et ce n'est pas sans intention, sans doute, que Ciceron affecte de le désigner par les expressions peu honorables de *Metitor*, de *Finitor*, de *Decempedator*. Dépouillés de leur caractère reli-

(1) Pline, *Hist. Nat.*, lib. XVII cap. 35. 7. (tom. 2, pag. 75, *édit.* Harduin. 1723).

(2) Pline *Jun.* Epist. *ad Traj.* lib. 10 (pag. 740, Cortius).

gieux et de la considération qui s'attache à cette qualité, les *Agrimensores* conservèrent cependant avec un zèle particulier la tradition de l'ancienne estime qu'ils avaient obtenue, et c'est ainsi que nous les voyons sous Domitien, sous Trajan, parler comme d'anciens haruspices étrusques. L'honneur de leur charge et de leur corporation y était intéressé; car tout prouve que cette classe d'hommes a formé une corporation particulière, pendant la période impériale (1). Ils essayèrent de se relever dans l'opinion, en remplaçant les vieilles liturgies par les procédés de la science géométrale; ils furent employés aux plus grandes opérations politiques, telles que les recensements et ils devinrent les auxiliaires des jurisconsultes et des juges, dans l'administration de la justice (2). Aussi voyons-nous que leur salaire est décoré du nom d'*Honoraire*, à la différence du simple prix de travail considéré comme le résultat

(1) Voy. Goez, *Antiq. Agrariæ*. Pag. 33. L'*ordo* des *Agrimensores* a dû être organisé plus anciennement que ne le dit Goez. J'en tire l'induction du fragm. 10, § 1, ff. *de Vacat. et Excusat. munerum*, et de quelques inscriptions anciennes, que je trouve dans Gruter, pag. 464. 2.

(2) Balbus, *qui temporibus Augusti omnium provinciarum* FORMAS (le plan) *et civitatum mensuras in commentarios contulit* Goez, d'après un *Agrimensor*, *loc. cit.*, pag. 32. *Totum autem, hoc judicandi officium hominem bonum, justum, sobrium, castum, modestum et artificem egregium exigit.* Aggenus, dans Goez, *loc. cit.* pag. 34.

du louage d'industrie (1). Ils s'appliquèrent à toute espèce de mensuration ou d'expertise, et on distingua même parmi eux les routiniers et les savants; les vrais *Agrimensores*, les *Mensores Machinarii* (2) et les simples *Metatores*.

On peut compter encore différentes classes de *Mensores* dont l'emploi était une espèce de fonction publique; tels étaient les *Mensores operum* ou *ædificiorum*, les *Mensores frumentarii*, les *Mensores portuenses*, etc. Il y avait aussi des *Mensores militares* et des *Mensores palatini*, dont la charge était fort considérée (3).

(1) *Inter tales personas (Agrimensores) locationem et conductionem non esse, sed magis operam beneficii loco præberi, et id quod datur, ei ad remunerandum dari, et indè honorarium appellari.* Ulpien, fragm. 1, ff. *Si mensor falsum modum dixerit.* et *ibi* Schulting et Smallenburg, tom. 2, p. 562.

(2) Guill. Budé dans ses *Annot. ad Pandectas*, part. 1re, pag. 452, édit. de 1541, a très-bien exposé le sens de cette qualification; les *Mensores machinarii*, étaient ceux qui usaient dans leurs opérations de la *Machinola* dont parle Festus, (Voy. *suprà* pag. 106) c'est-à-dire, d'un instrument de mathématiques semblable ou analogue au Graphomètre dont on se sert de nos jours.

(3) Sur les *Mensores operum*, Voy. Pline le jeune, lib. 10, épit. 18, (Cortius, pag. 740 et *ibi* Cataneus). L'objet de cette fonction était la reconnaissance et la *recette* des travaux publics après leur confection; c'était une charge *d'ingénieur*. — Voy. aussi Gruter, *Inscript.*, pag. 623.

Les Mensores frumentarii étaient avec les *Mensores portuenses*, chargés de la surveillance, de la mesure et de l'estimation des blés qui étaient recueillis dans les greniers publics

La considération des *Agrimensores* s'accrut, à mesure que l'ignorance augmenta. Si du temps de Ciceron et de Sénèque, nous avons remarqué des expressions qui les assimilent à des gens de métier, Ulpien et les jurisconsultes qui l'ont suivi, en parlent au contraire avec la plus haute estime, et les relations obligées des uns et des autres, dans la pratique des affaires, peuvent avoir contribué à la manifestation de cette bonne opinion. Le titre du Digeste *Finium regundorum* est un des plus importants, des moins connus et des plus curieux qui soient dans les *corps* de textes du Droit Romain. L'ancienne doctrine des *Agrimensores* y a laissé des traces profondes, et le souvenir en a été respecté par les ignorants compilateurs employés par Justinien. Sous

ou qui arrivaient dans les ports pour le compte de l'État. Voy. le fragm. 1, au Code, *de Condit. in publ. hon*; — Le fragm. 9 du Code Théodosien, *de Suar. Pecuar. et suscept.* et *ibi* le commentaire de J. Godefroi; —voyez aussi le préambule de l'édit de Dioclétien, sur le prix des denrées, dans les pièces justificatives, n° 2.

Les *Mensores* militaires, étaient chargés de l'emplacement et la direction matérielle des campements. Voy. Végèce, l. 2, cap. 7 (pag. 31, édit. de 1592) et *ibi* Stoweck.

Les *Mensores Palatini*, étaient des employés (*maîtres du palais*) chargés de la préparation du logement du Prince, et de la désignation des logements des officiers du palais. Voy. le fragm. 1 au Code *de Mensoribus*; le fragm. 1 au Code Théodosien, même titre; et le dernier fragm. du titre du Code *de Div. Off.*

Théodose et ses successeurs, les *Agrimensores* sont des *Viri spectabiles*, on leur donne du *Clarissime* (1); ils sont élevés au rang de fonctionnaires de l'état; l'exercice de leur profession est sévèrement interdit à d'autres qu'aux *Profès*. Ils sont investis d'une véritable juridiction rurale, dont on trouve de nombreuses preuves dans leurs écrits et ailleurs (2); et leurs élèves même sont l'objet de fréquentes distinctions (3). Il paraît que, vers cette époque, ils firent de leur science l'objet d'un enseignement public, qui fut fortement encouragé par le gouvernement (4). Il y eut alors une véritable réaction d'opinion, en faveur de cette classe d'hommes jadis négligée. Ils rédigèrent ou recueillirent les instructions techniques de leur art, et l'on peut voir dans les savantes dissertations de Niebuhr et de M. Blume, qu'il faut faire remonter au 6me siècle les premières collections des écrits de ce genre, parmi lesquels il en est, qui ont une grande importance juridique.

(1) Voy. Goez, *Antiq. Agr.* pag. 33. Les différentes constitutions impériales y sont rapportées. — Joignez Cassiodore, *Var.* III. 52.

(2) Voy. Goez, *Antiq. Agr.*, pag. 34 et suiv.

(3) Voy. les trois constitutions de Théodose et Valentinien, recueillies dans la collection de Goez, pag. 343.

(4) Voy. une constitution d'Arcade et d'Honorius, que l'on trouve dans le Code de Théodose le jeune et de Justinien, au titre *de Mensoribus.*, et le savant commentaire de J. Godefroi.

Cujas, Jacques Godefroi et Noodt en avaient fait l'objet d'une étude sérieuse, et M. Schrader, suivant les traces de ces grands maîtres, en a fait souvent usage dans son savant commentaire sur les Institutes de Justinien. Ils ont aussi conservé le souvenir des doctrines auspicales sur *le monde*, à une époque où Arnobe atteste que ces doctrines étaient complétement ignorées (1).

§ III.—*De la Limitation au Moyen âge.*

Les traditions et les écrits des *Agrimensores*, l'empire romain les légua au moyen âge. Mais comme ces écrits n'avaient plus trait qu'à la pratique rurale, leur conservation a été l'objet de moins de soins, dans les dépôts littéraires, que les écrits qui étaient du domaine des belles-lettres; aujourd'hui ils ont pour nous un prix inestimable, parce que nous y saisissons la vie privée, dans ses détails les plus vrais et les plus dignes d'intérêt. Sous les rois Goths, les *Agrimensores* furent comblés d'honneur. La lettre de Cassiodore que nous avons déjà citée plusieurs fois est un des plus beaux ornemens

(1) Voy. Arnobe, *Adv. Gent.* IV, 5. t. 1, pag. 138, Orelli. Voyez aussi le livre ignoré d'un jurisconsulte Français du 17me siècle, nommé Antoine Leclerc sieur de *La Forêst (Clarus Silvius)*, intitulé : *Commentarius ad leges tam regias quam* 12 *Tabularum*. Paris 1603, in-4°. On y trouve une rare science et un sentiment exquis de l'antiquité.

de leur histoire. Le chancelier de Théodoric les représente comme les hommes les plus utiles de l'État, par l'application qu'ils font aux intérêts positifs des propriétaires, des procédés indiqués par les sciences purement spéculatives. Les barbares admiraient les résultats pratiques des théories scientifiques qu'ils ne comprenaient pas. Ce témoignage de Cassiodore exprime, avec une grande vérité, l'esprit général de cette époque (1).

Niebuhr a suivi, avec une grande sagacité, les travaux du moyen âge sur les *Agrimensores*, jusqu'au pape Gerbert, qui s'honora d'être lui-même *Agrimensor*. Nous ne repèterons pas ce qu'a si bien exposé l'illustre historien ; mais nous suivrons sur une terre vierge encore les traces de ces vieilles doctrines agraires.

(1) « Inter Leontium atque Pascasium spectabiles viros, » finalis orta contentio est : ita ut terminos casarum suarum » non legibus, sed viribus crederent vindicandos. Undè » miramur tanta animositate fuisse litigatum, quod aut ter» minis testibus, aut jugis montium, aut fluminum ripis, » aut arcaturis constructis, aliisque signis evidentibus » constat esse definitum. . . . Hoc enim per geometricas » formas, et gromaticam disciplinam, ita diligenter agnos» citur, quemadmodum litteris omnis sermo conclusus » est. . . Hoc egit illa disciplina mirabilis. . . Disciplinæ » illæ toto urbe celebratæ, non habent hunc honorem. . . » Astronomia et Musica discuntur ad scientiam solam. Agri» mensori vero finium lis orta committitur, ut contentionum » protervitas abscindatur. Judex est utique artis suæ ; forum » ipsius, agri deserti sunt. Fanaticum, etc. Voy. *sup.* p. 127. »

Nous les trouvons presque dans toutes les lois des barbares. Je ne citerai que le titre XI de la loi des Bavarois, inscrit : *de Limitibus* (1). *L'Inspector* dont l'autorité y est consacrée et recommandée, n'est autre que le *Mensor* romain, désigné sous ce titre même d'*Inspector*, pendant la période impériale (2). Les notes et signes *limitaires* dont l'observation y est si expressément ordonnée, ne sont autres que les signes *agrimensoriaux*. Ce titre de la loi barbare pourrait figurer à côté des constitutions impériales, qui font partie du recueil de Goez. Nous trouvons d'autres traces agraires, dans un capitulaire, où Pepin ordonne que : *Per omnes civitates legitimus forus et mensura fiat* (3) ; dans un autre, où il est question des *Legitimæ terminationes* (4). Mais ces traditions romaines s'effacèrent chaque jour davantage, à mesure que l'élément germanique prévalut dans la civilisation. C'est ainsi que nous voyons le combat judiciaire ordonné pour un règlement de limites, par la loi des Allemands, en 630, et avec des expressions qui rappellent merveilleusement les *Legis actiones* du moyen âge des Romains (5) ; c'est

(1) Voyez Baluze, *Capitul.* Tom. 1, pag. 123.

(2) Voyez Goez, *Antiq. Agrar.* pag. 31 et suiv.

(3) Baluze, *loc. cit.*, pag. 158.

(4) Baluz., *loc. cit.* tom. 2, pag. 294 et Ducange v° *Termen.*

(5) » Si qua contentio orta fuerit inter duas genealogias de » termino terræ eorum et unus dicit : Hic est noster terminus, » alius revadit in alium locum et dicit : Hic est noster terminus, ibi præsens sit comes de plebe illa et ponat signum

ainsi que nous voyons quatre siècles plus tard l'épreuve par l'eau et le feu, prescrite pour le même objet, par une charte que Ducange avait tirée du cartulaire de Saint-Victor, de Marseille (1).

Mais, dans le midi de l'Europe, les traditions et les institutions romaines dominèrent l'élément barbare; et les *Agrimensores* y gardèrent leur ancienne influence (2). Niebuhr l'a démontré pour l'Italie (3);

» ubi iste voluerit et ubi ille alius voluerit terminum et girent » ipsam contentionem. Postquàm girata fuerit, veniant in » medium et præsente comite tollant de ipsa terra quod » Alamanni Curffodi dicunt, et ramos de ipsis arboribus » infingant in ipsam terram quam tollunt; et illæ genealogiæ » quæ contendunt levent illam terram præsente comite, et » commendent in suâ manu: ille involvat in Fanone, et » ponat sigillum et commendet fideli manu usque ad statu- » tum placitum. Tunc spondeant inter se pugnam duorum. » Quando parati sunt ad pugnam, tunc ponant ipsam terram » in medio et tangant ipsam cum spatis suis, cum quibus » pugnare debent, et testificentur deum creatorem ut cujus » sit justitia, ipsius sit et victoria; et pugnent. Qualis de » ipsis vicerit, ipse possideat illam contentionem; et illi » alii præsumptiosi quia proprietatem contradixerunt, duo- » decim solidos componant. » — Baluze, tom. 1, p. 80-81.

(1) La charte est de l'an 1030 environ. On y lit: *De aliis vero duobus partibus erat dubia terminatio, donec eam fecit certam divina miseratio per judicium aquæ et ignis manifestissimis signis à parte Orientalis ab ipsa ripa fluviali*, etc. Ducange v° *Terminatio*.

(2) Voyez le supplément de Ducange, par D. Carpentier aux mots *Limitatum*, *Limium* et *Mensurator*.

(3) Dissertation citée, pag. 449. 472, etc.

j'ajoute à ce qu'il en dit, l'indication d'une charte de 1219, dans laquelle Honorius III, s'exprime ainsi : *Totum tenimentum, quod insistit extra* FORMAM, *et habet suos fines* (1); et plusieurs instrumens de vente, de donation ou d'emphytéose, recueillis par Marini (2).

En Espagne, Isidore nous apparaît, au VIIe siècle, profondément versé dans la pratique agrimensoriale. Les *Centuries*, la limite *décumane*, les traditions auspicales même, tout cela lui est familier, et, sur deux chapitres qui, dans ses *Origines*, sont consacrés à la mensuration agraire, un d'entr'eux est évidemment extrait de Siculus Flaccus et d'autres *Agrimensores* (3).

En Angleterre même, nous retrouvons, au moyen âge, la perche décempedale d'Isidore et des vieux *Mensores* de l'Italie (4). Et partout, comme dans l'antiquité, comme dans l'*Agrimensor* provençal dont nous parlerons bientôt, le prototype des mesures linéaires et rurales est l'espace que peuvent embrasser les deux bras d'un homme de taille moyenne (5). Ce type remplaçait celui que nous avons tiré du méridien terrestre, et malgré nos efforts il vivra longtemps encore dans la pratique populaire.

(1) Ducange, *loc. cit. suprà*, pag. 124, note 1.

(2) Marini, *Papiri diplomatici* (Romæ 1805) p. 187 et *alibi*.

(3) Voy. dans l'édit. de M. Lindemann, les chap. 14 et 15 du livre XV, pag. 484 et suiv.

(4) Voy. le *Monastic. Anglic.*, t. 1, p. 313; t. 2, p. 157-58.

(5) Voy. Ducange, v° *Pertica*, et *infrà*, pag. 153.

Le même phénomène s'est réalisé dans la Gaule méridionale. La science du droit et la science *agrimensoriale* y devinrent populaires, et tandis qu'en Italie les docteurs du Droit Romain renové publiaient des abrégés ou de courtes analyses des différentes compilations de Justinien (1) ; à peu près dans le temps où l'Italie rédigeait le dernier abrégé des anciens écrits *agrimensoriaux* (2), la Gaule méridionale se livrait de son côté à des travaux qui doivent tenir une place notable dans l'histoire du droit.

Je ne parlerai point ici de la rédaction des statuts municipaux des principales communes du midi. C'est une partie encore inédite de notre droit français. En général, ces statuts sont écrits en langue vulgaire. J'en ai recueilli un grand nombre ; j'espère pouvoir les publier prochainement. Je veux en ce moment fixer l'attention sur une *Summa* écrite en langue romane ou provençale, et dont le manuscrit est déposé à la bibliothèque royale, à Paris, et porte le n° 8164. 2. Il provient du fonds de Letellier, où il était inventorié sous le n° 41.

Dans le tome 3, page 52 de la *Revue de législation* (octobre 1835), on avait pu remarquer une note dans laquelle je publiais une lettre d'un savant illustre, M. Raynouard qui m'annonçait que, dans

(1) Voy. les notices qui précèdent le *Brachylogus* publié par M. Bocking (Berlin 1829, in-8°), et M. de Savigny : *Geschichte des Romischen Rechts im mittelalter*, tom. 2.

(2) Niebuhr, *loc. cit.*, pag. 473.

son *Glossaire* de la langue des troubadours dont l'impression n'a été terminée qu'après sa mort, il avait fait usage d'une *traduction faite en provençal du Code de Justinien, au XIIe ou XIIIe siècle, laquelle offre des différences assez notables avec le texte latin.* Cette communication fut bientôt suivie d'autres communications plus positives (1), qui me donnèrent la certitude que M. Raynouard qui s'occupait peu de jurisprudence, avait été trompé sur ce manuscrit par l'inscription que le relieur y avait imprimée (*Codice Justinian. lib. IX.*). Et en effet ce qui avait paru une traduction altérée, à un premier aperçu, n'est qu'un abrégé, rédigé librement, en langue vulgaire.

Le manuscrit est *acéphale.* Le titre portait peut-être sur un feuillet qui a disparu, car la reliure est moderne et postérieure à l'époque où le manuscrit est entré dans la bibliothèque royale. Le corps de l'ouvrage se compose de 104 feuilles de vélin. L'écriture est sur deux colonnes, et occupe les deux côtés du feuillet. Les rubriques sont en rouge. Six feuillets d'*index* précèdent et il est à remarquer que les rubriques qui y sont notées, présentent souvent un texte différent de celles qui sont inscrites dans le corps de l'ouvrage (2).

(1) M. Raynouard et M. le Comte Portalis ont eu pour moi, dans cette rencontre, une bienveillance dont j'éprouve le besoin d'exprimer ici ma profonde reconnaissance.

(2) Voici les rubriques du 1er livre et d'une partie du 2e :

L'écriture du manuscrit paraît être, comme l'avait pensé M. Raynouard, du XIIe ou du XIIIe siècle. Et quant à l'ouvrage lui-même, pour être convaincu que l'auteur ne s'est point proposé pour objet de traduire le *Code* de Justinien, mais que son but a été de composer un exposé analytique et systématique du Droit Romain, dans son ensemble, il n'y a qu'à comparer le premier titre venu du manuscrit avec le titre correspondant du texte latin. Je choisis pour *specimen* le titre relatif aux exhérédations, qui est le 15e du livre 3, au Ms. et qui, comme on voit, n'a aucune

1. *De summâ Trinitate et fide catholica et ne quis de ea publice contendere audeat.*
2. *Aici ditz de las sanctas gleisas e de los privilegis e de total los causas.*
3. *En tot aquest titol ditz solament dels evesques e dels clergues e de las soas chausas* (*sic*).
4. *Aici ditz cal poestat an li evesques sobre los clergues.*
5. *Aici ditz de Hereticis.* (Dans l'*Index* on lit : *dels eretgues*).
6. *Aici ditz de Judeis* (Dans l'*Index* on lit : *dels judeus*).

Explicit liber primus, incipit liber secundus.

1. *Aici ditz p cal razon om vol demandar alcuna causa ad autre enansquel meta em plait.*
2. *Aici ditz de apelar ome en plait.*
3. *Aici ditz dels covenens que fai li us om al autre.*
4. *Aici ditz dels covenens que om fai daco dûn es platz.*
5. *Aici ditz cals omes pot om sonar en plait, o p so o p autrui, so es a son ops o ad autrui.*
6. *Aici ditz dels procuradors so es daquels que fant plait o autre fasenda per mandament d'autre.*

relation avec le titre correspondant du Code; mais on pourra le conférer avec le titre 28, livre 6, *de Liberis præteritis vel exheredatis ;* et au lieu de trouver dans le livre provençal une traduction ou simple analyse du Code, on y trouvera une *Somme* du chapitre 3e de la Novelle 115 (édit. de Gottingue 1797), avec les altérations que le souvenir des Croisades pouvait inspirer à l'auteur; ce qui prouve que la pensée dominante de la composition provençale est l'utilité actuelle, pratique et populaire.

Aici ditz cals sunt aquelas causas per las cals lo fils e la filia pot esser desheretatz.

Aquelas causas perque pot lo paire e la maire e li avis e la avia deseretar sos enfans sunt catorze. Si cum es si'l fils mes sas mas e so paire per mal afaire. I. *O si el li fetz gran contumelia, so es gran aunta.* II. *O si el acuset son paire de crim ; isters si el l'acuset de crim que el avia fait contra l'emperador o contra lo comun de la terra ; adunc non pot esser per aco desheretatz.* III. *O si el istara lo fils* ab maleficis *a guisa* de maleficio. *Soes ab omes qui fazunt mala art, lo pot desheretar sos paire.* IIII. *O si lo fils fara engein ab que el volia aucire son paire.* V. *O si el jacia ab sa mairastra o ab la concoa de son paire.* VI. *O si lo fils met en plait son paire per calumnia soes a tort, sont icient, e per alongament qu'el fils demanda en aquel plait, lo paire en recep gran dan.* VII. *O si lo paire es en preison per aver que el deu et el prega son fil que el intre enfermansa per el et el non i vol intrar en aquelo fermansa per lo paire, de tant cum om lo vol penre en fermansa; mas aco es vers solament dels fils mascles.* VIII. *O se el vedet a son paire que el non dones son gatge.* VIIII. *O si el esta ab jotglars ses volontat del paire. Mas so es vers si'l paire non es jotglars ensament que el en pot deseretar son fil.* X. *O si ela es filia que sia menre de XXV ans, el paire li vol donar tal marit cum li tain, e éla no lo vol penre mas ten mal setgle ab autre ome.* XI. *O si lo paire es* furiosus *e lo fils no lo vol conresar ni vestir, et adunc si om l'en somon et el no o vol faire pert la heretat del paire anc ara vol, deseretes lo paire.* XII. *O si lo paire es pres de Sarrazis e lo fils no i vol donar rezenso et adunc si'l paire mor en poder de Sarrazis, sa heretatz que seria del fil, si agues donada la rezenso, deu esser de la gleisa.* XIII. *O si'l paire es de dreita fe e lo fils es eretges.* XIIII.

Le chapitre qui termine l'ouvrage est intitulé : *Aici ditz cal pena deu aver aquel que sebelis ome mort en ciptat.*

Ce manuscrit est resté inconnu au savant Haenel(1). Il n'est point décrit dans le catalogue imprimé des manuscrits de la bibliothèque royale, où l'on n'est point arrivé aux manuscrits en langues vul-

(1) Dans les *Catalogi librorum Msstorum*, publiés par M. Haenel en 1830, in-4°, cet infatigable savant n'a pas dû comprendre les Mss. de la Bibliothèque royale.

gaires (1). Il n'est pas indiqué dans la *Bibliotheca Telleriana*, imprimée en 1693, où l'on semble avoir négligé la description des manuscrits ; mais il est inscrit sous le n° qu'il porte aujourd'hui, dans la *Bibliotheca bibliothecarum* de Montfaucon (2), avec l'indication suivante : 8164. 2. *Ann. circiter* 400 *Codicis Justiniani, lib. IX, lingua vulgari Langothiæ.* M. Raynouard a donc pu, sans y regarder de plus près, et sur la foi de Montfaucon, citer ce manuscrit, dans son *Lexique Roman* (3), comme une *traduction du Code de Justinien.*

Il est probable que les lois romaines furent traduites en provençal, comme elles furent traduites en français, vers le temps de Saint-Louis (4) ; mais

(1) Les quatre volumes imprimés ne contiennent que les Mss. Orientaux, Grecs et Latins ; sans y comprendre les riches acquisitions qui ont été faites depuis 1780. Tous les hommes de lettres de l'Europe sollicitent des conservateurs de la Bibliothèque royale, l'achèvement d'un catalogue si précieux.

(2) Voy. pag. 796 du tom. 2 (1739).

(3) Voy. par exemple au tome premier, v° *Arbitre.*

(4) « Saint Louis chercha à l'accréditer (le droit romain), par les traductions qu'il fit faire des ouvrages de Justinien, que nous avons encore manuscrites dans nos bibliothèques. » Montesquieu, *Esprit des Lois* XXVIII. 42. — Freher dans sa lettre à l'empereur Rodolphe qui est en tête du *Jus Græco-Romanum* de *Loenclaw*, dit : *Et quæ a quibusdam laudatur vetus conversio Gallica Codicis, ipsam quoque ab eo demum Lotharii ævo factam fuisse consentaneum est.* Et Cujas dans une épître dédicatoire, adressée à Marguerite de Valois, qui est en

il est certain que les indications qui font porter cette traduction sur le manuscrit 8164. 2, sont erronnées. L'ouvrage est donc, à notre sentiment, une *Somme* du Code ou une *Somme* des Novelles, écrite en langue romane, à l'exemple des *Sommes* que publièrent, à cette époque, les grands jurisconsultes dont les noms sont venus jusqu'à nous : Placentin, Azon, Bossianus, etc. Est-ce quelqu'un de ces premiers docteurs de la rénovation, qui est lui-même l'auteur de notre *Somme provençale*, par laquelle il aurait voulu populariser le Droit Romain, dans toute la partie de l'Europe qui s'étend de la Catalogne à Venise, et dans laquelle le Roman était la langue usuelle et littéraire ? Cette supposition est probable et l'école

tête de son Commentaire sur les trois derniers livres du Code, atteste l'existence de deux traductions en vieux Français. L'une qu'il dit très-ancienne et dont il ne restait que les trois derniers livres; l'autre plus récente, et qui comprenait les XII livres. Il a même fait usage de cette dernière traduction, que lui avait prêtée Catherine de Médicis, et il la cite en divers endroits. Voy. par exemple, *ad Decretal. cap. Pastoralis*. Extr. *de Causis possess. et Propriet. — Observat.*, *lib.* XI, *cap.* 11 et *alibi*. La bibliothèque de Montpellier, possède un manuscrit qui est porté dans les catalogues de Haenel, Colon. 233, sous le titre suivant : *Code de Justinien mis en Français par le commandement de la Reine Blanche, mère de Saint Louis; Sæc. XIII. Membr.* 4 (Cod. Buher. C. 2). — Il est à regretter que l'illustre et respectable Savigny n'ait pas traité des traductions des lois Romaines en langues vulgaires, pendant le moyen âge, dans sa *Geschichte des Rom. Rechts im Mittelalt.*

de Montpellier, où ont enseigné Placentin et Azon, peut avoir été le point de départ de cette œuvre remarquable. Ce qui semble le prouver encore mieux, c'est que, à l'exemple des fameuses *Sommes* de Placentin et d'Azon, la *Somme Romane* ne porte que sur IX livres (1). On pourrait croire que cette dernière n'est qu'une traduction de quelqu'une des premières. Mais je me suis convaincu que cette idée était trompeuse pour Azon (2); et quoique je n'aie pu vérifier, ni la somme imprimée de Placentin (3), ni le manuscrit qui en est déposé à la Bibliothèque royale (4), je crois qu'il en est de même pour celle-ci, et j'en tire la preuve des citations rapportées dans Savigny. La *Somme Provençale* est donc un ouvrage original et l'un des plus importants qu'ait produit le moyen âge.

Je l'appelle, de préférence, *Somme du Code*: 1° par la relation que je trouve exister entre l'ordre des matières, et celui qui est suivi dans le Code de

(1) Voy. Savigny, *loc. cit.* Tome 4, pag. 233 (Heidelb., 1826), et tom. 5, pag. 26 et suiv. (*ibid.* 1829).

(2) Comparez le titre XV du livre 3, imprimé ci-dessus, pag. 144, avec le titre correspondant de la *Summa* d'Azon, imprimée à Lyon, 1550, *in-fol.*; au 3me livre, Azon traite des successions, mais le XV chapitre ou titre est étranger à l'exhérédation.

(3) Je n'ai pu me procurer aucune des éditions indiquées par Sarti et M. de Savigny, *loc. cit.* Tom. 4, p. 234.

(4) Voy. Savigny, *loc. cit.* pag. 233, et l'*Histoire littéraire de la France*, tom. 15, pag. 34.

Justinien ; 2° par une induction tirée du nombre de livres (IX) dont elle se compose, et qui se rapporte au titre des sommes de Placentin et d'Azon (1); 3° l'autorité du relieur est aussi par moi prise en considération, car il n'a dû inscrire le titre qu'on lit actuellement, que d'après une ancienne tradition ou d'après le titre de quelque feuillet détaché qui aura été égaré; cette tradition aura été adoptée par Montfaucon. Les *Summæ Codicis* sont beaucoup plus en vogue au XIIe et au XIIIe siècle que les *Summæ Novellarum*.

Le second livre en langue vulgaire ou Romane, produit par le moyen âge, et sur lequel je veux appeler l'attention, est le *Livre des Termes*. C'est incontestablement le dernier et le plus important souvenir de la pratique *agrimensoriale* romaine. Trois manuscrits en existent encore de nos jours. Le premier en beauté, en conservation, en ancienneté, se trouve dans la Bibliothèque de Carpentras, et

(1) Voici le titre de la somme de Placentin, dans l'édition de Mayence, 1536, in-f°. *In Codicis Dn. Justiniani. . . . Libros IX. Summa a Placentino. . . . Antè 400 ferme annos conscripta et nunc primum in lucem aedita. Moguntiæ anno* 1536. Voy. Savigny, *loc. cit.*, pag. 234, et *l'Hist. litt.*, pag. 31. — Je n'ai pu compulser la somme de Roger; elle n'a pas été imprimée, et aucun manuscrit n'en existe en France à ma connaissance. Les courtes indications que j'ai trouvé dans Savigny (*loc. cit.*, tome 4, pag. 189), m'éloignent de l'idée d'un rapprochement entre la *Somme* de Roger et la *Somme Provençale*.

provient des Mazaugues d'Aix, et plus anciennement du fonds de Peyresc. Le second, mutilé en partie, se trouve à la Bibliothèque d'Aix, et paraît avoir été de toute ancienneté une propriété *municipale* de cette ville. Le troisième, se trouve dans la même Bibliothèque, mais il ne contient qu'une copie du second, d'une belle écriture, du commencement du XVIIe siècle, avec une traduction française en regard; elle est dénuée des figures enluminées, des étalons de mesures ou des plans géométriques que l'on trouve dans les deux premiers manuscrits. Convaincu que le texte d'Aix était aussi pur que le texte de Carpentras, j'ai tiré mes extraits de celui d'Aix.

Voici ce qu'on lit au folio 1 :

Vec (ou *Sec*) *se lo libre que ensenha de destrar et de termenar, de agachonar et de scayrar terras et autras possessions estrach de hun libre ordenat per maistre Arnaut de Villanova a la requesta del rey Robert.*

Et quar es stat treslatat en la ciutat d'Arle per so permierament se fara mention del pal d'Arle et del destre tant del destre de las terras coma de las vinhas.

Et premierament sapral que si lo pal de la mesura d'Arle del qual se fa la cana que son VIII pals, et se fa lo destre de las terras que son XVI pals, et se fa lo destre de las vinhas que es de XIII pals, era perdut tu lo atroburas per pouces et per mesura coma se enser.

(Suivent des étalons de mesures par *Regadas*).

Au folio 2, on lit cette belle apostrophe de l'auteur, à ceux qui exercent les fonctions de l'arpentage, du mesurage ou du bornage :

O destrador ! et atermenador sapras de certan que Dieus es destrador et es atermenador et scayrador ; per que garda et regarda ben que faras n'y cousi ho faras, car Dieus sap totz ponchs et mesuras et ves que fas sia ben o mal. Per que dona sa rason ad aquel que l'aura et non vergonhes home, ni per paour, ni per menassas, ni per deniers ; non fassas que dever, car Dieus ho ves tot, et pagara tu e cascun segons que aura servit. Per que fay ben et justament ton ofice et ben ti vendra, sensa dengun defalhiment.

Comme les anciens *Rei Agrariæ Scriptores*, l'*Agrimensor* provençal recueille avec soin toutes les traditions qui peuvent honorer son art. Il en fait remonter l'origine à Hercule. Ainsi, par exemple, au *Capitol per declarar la dreyssiera o la longuessa de una lega, en qual pais que sie*, on lit qu'Hercule voulut savoir combien avait de longueur une lieue en quelque pays que ce fût ; il se mit donc à courir à pied aussi vite qu'il put, sans souffler, ni reprendre haleine. Quant il fut accablé, il s'arrêta ; il mesura l'espace parcouru et le nomma *stade*, et il trouva qu'il avait 125 pas et que 5 pieds fesaient le pas. — Et de 8 *stades* ou mille pas, il en fit le *mille*. Et après il déclara que trois *milles* feraient une lieue. — Et pour que la chose servit désormais de règle à tous,

Hercule ordonna qu'on fit une mesure loyale, c'est-à-dire, qu'on prit trois hommes, l'un grand, l'autre petit, l'autre moyen; qu'on mesura l'envergure des bras du moyen, depuis le doigt *medius* de la main droite, jusqu'à celui de gauche, et cette mesure appliquée en terre dut faire 5 pieds, et ces 5 pieds être égaux à un pas géométrique.

Le livre, dont il s'agit, fut d'abord composé en latin; c'est à Arles qu'il fut traduit en provençal du temps. L'un et l'autre n'étaient qu'un extrait d'un plus grand ouvrage composé par Arnaud de Villeneuve, et par ordre du roi Robert (1). Cet Arnaud de Villeneuve est-il le même que celui qui fut le maître de Raymond Lulle, et l'un des plus célèbres médecins de son temps? Tout porte à le croire; car, au chapitre 39 du manuscrit, nous lisons : *In Cataluenha don hieu Arnault de Villanova son nat.* Et ce texte serait décisif, en faveur de l'opinion qui fait naître Arnaud en Catalogne (2). Supposer qu'il y aurait eu dans le même temps deux Arnaud de Villeneuve, tous deux affectionnés au roi Robert (3), est chose difficile. Ce que l'on

(1) Indépendamment de ce qu'on lit au commencement du livre, on trouve encore au chap. 39 de la 2me partie, ces paroles : *Et quant nouestre senhour lo rey Robert et nos Arnault de Villanova, aguen vist, legit, studiat, aquest capitol, de mot en mot. . . . . .*

(2) Voy. la Biograph. universelle, v° Arnaud de Villeneuve.

(3) Voy. pag. 813 des *OEuvres* d'Arnaud de Villeneuve,

peut objecter, c'est qu'on ignorait que le célèbre alchimiste se fût occupé de géométrie et d'arpentage, et que dans ses *OEuvres* imprimées (1), on ne trouve aucun indice de l'ouvrage *agrimensural*, auquel nous supposons qu'il a donné ses soins. Croire que la grande réputation d'Arnaud de Villeneuve a pu suffire pour engager le véritable auteur du livre agraire provençal à usurper le nom du médecin catalan, serait un peu téméraire; car les deux manuscrits de Carpentras et d'Aix sont de très peu postérieurs à l'époque où a dû mourir Arnaud. Et la grande autorité dont cet ouvrage a joui en Provence, dès son origine, s'oppose à l'admission de cette hypothèse. Nous ne voyons donc ici qu'une suite des relations qu'Arnaud lui-même atteste avoir existé entre lui et le roi Robert.

L'ouvrage est divisé en deux parties. La première présente les règles de l'arpentage, *de Destrar*. Elle est précédée de quelques détails très-curieux sur les mesures d'Arles et sur leurs étalons, leurs réductions et combinaisons. Suivent des règlements à observer sur les distances des plantations entre

édition de Bâle 1585, la préface du traité *de Conservanda Juventute, et retardanda senectute*; elle est adressée au roi Robert.

(1) Les seules paroles que nous ayons remarquées comme pouvant se rapporter au livre en question, sont celles-ci : Arnaud écrivant au roi Robert, lui dit : *Ego licet servus inutilis, homo sylvester, theoricus ignotus, et practicus rusticus*. . . .

voisins, et sur les fossés des moulins. On peut distinguer dans toutes les démonstrations de l'auteur, l'ancienne pratique romaine et l'influence des Arabes sur la science du calcul. On y démêle aussi l'influence de l'ancienne littérature, dont on commençait à s'occuper. Ainsi la mythologie intervient souvent pour donner un caractère merveilleux aux préceptes ou aux règles de l'arpentage.

La seconde partie traite de *Terminar*, *agachonar*, *scayrar*, *terras et autras possessions*. Les procédés adoptés sont souvent très-curieux, sous le rapport de l'histoire des sciences et des arts ; mais les traditions romaines y apparaissent plus fortes encore que dans la Ire partie. Ainsi, par exemple, ce qui est relatif aux *Agachons* ou *Témoins* du terme, rappelle parfaitement la pratique religieuse dont nous avons parlé page 108, et les nombreuses prescriptions des *Agrimensores*. *Sub terminis*, dit un d'entr'eux, *qualia signa invenimus? Aut calcem, aut gypsum, aut colores, aut vitria fracta, aut cineres, aut testam tusam... Hœc signa si inveniantur, certa ratio est ad justitiam antiquitus, quomodo terminos constituimus* (1).

Enfin, l'ouvrage est terminé par la description des diverses sortes des termes, et ici encore les obscurités du manuscrit ne peuvent être bien expliquées que par le souvenir des nomenclatures que l'on trouve dans les *Rei Agrariæ Scriptores*.

(1) Voy. pag. 5, 265 et *alibi* dans la collection de Goez.

Les règles posées dans le *livre des termes* sur les distances des plantations entre voisins, sur l'emplacement et la reconnaissance des termes, ont été observées, en Provence, de temps immémorial, comme coutume ayant force de loi. Le manuscrit de Carpentras nous représente, sur une de ses nombreuses figures, le roi Robert offrant ce livre à son peuple, comme le livre de la loi. Nos vieux auteurs provençaux en ont tiré tous les principes de pratique, dont ils ont enseigné l'application (1), et de nos jours encore, ces principes sont sanctionnés par les tribunaux, dans les cas où nos lois civiles s'en rapportent aux usages locaux, sur plusieurs matières du droit rural (2).

L'importante publication *Petit Thalamus* de Montpellier nous fournit aussi quelques curieux souvenirs *agrimensoriaux*. Nous ne citerons que le serment suivant :

Aquest sagramen fan aquels que destron las possessions. — Yeu hom promete et juri a vos senher Bayle de la cort de Montpeylier et a tota la cort,

(1) Voy. la seconde partie du *Recueil de quelques coutumes du pays de Provence*, par Jean de Bomy, Aix 1620, in-4°. La dernière édition est de 1665. Cette seconde partie traite des lois du voisinage ; elle n'est qu'un extrait du livre des Termes.

(2) Voy. les *Observations sur quelques coutumes et usages de Provence*, par M. Dubreuil. Aix 1815, in-4°. Surtout les pag. XIII et suiv., et pag. 82 et suiv.

que quant longamens tenray lufizi devant dig fizelmen e lialmen mezuraray al profieg de las partidas, e non faray gracia a negun e dampnage dautre en donan dampnage ad autre, per gracia ni per adzirament, per preguieyra, o per presc de parentesa o dafinitat alas questions daquels vilans alas quals yeu serai es-tastz elegs. Examinadoyras e determinadoyras totz temps ab cosselh de la cort e per bona fe a la utilitat de las partidas, ou mielhs auray conogut senes tota se-nestra occasion e senes tota malignetat foras gitadas segon las costumds els uzes antics usitatz exami-naray e termenaray (1).

(1) Voy. pag. 291 des *Publications de la société archæologique de Montpellier*. N° 5, 1837, in-4°.

LIVRE DEUXIEME.

DE LA PROPRIÉTÉ ROMAINE, DANS SES RAPPORTS AVEC LE DROIT POLITIQUE.

CHAPITRE PREMIER.

L'AGER PUBLICUS.

Une division importante distribuait, à Rome, les fonds de terre en deux grandes classes l'*Ager privatus* et l'*Ager publicus*.

Ager privatus était la portion de territoire qui était dans le commerce, libre des citoyens romains ou bien des citoyens des municipes et des colonies, ou même des peuples libres et alliés des Romains (1). C'était la propriété privée dans toute l'étendue légale et politique de l'expression. Elle était dans la

(1) On en voit un exemple dans Cicéron *de Leg. agrar.* 1, § 4. *Hic quæro, si. . . . . . Recentoricus ager privatus est, quid attinuerit excipi?*

disposition illimitée des individus, tandis que l'*Ager publicus* était indisponible, inaliénable, imprescriptible. Une loi seule pouvait en disposer. C'était la propriété de l'état, et l'état seul pouvait l'aliéner directement, ou par ses mandataires réguliers ; il pouvait donc être l'objet, soit de ventes publiques, soit de distributions gratuites, soit de baux à terme ou perpétuels, plus ou moins avantageux.

Dès la plus haute antiquité, une partie du territoire romain fut exclue de l'appropriation privée (1), pour servir de ressource aux besoins de l'état ; c'était l'usage général des anciennes républiques, et cette maxime d'un domaine réservé fut recommandée par Aristote, comme le premier principe de l'économie politique (2). Rome eut donc un domaine public, qui fut d'abord un démembrement de l'*Ager romanus*, proprement dit ; et qui fut accru ensuite des terres conquises, qui n'avaient point été abandonnées aux colonies, ou aux municipes, ou aux nations qu'une capitulation (3) avait sauvé de l'expropriation de leur territoire. Ce domaine public, *Ager*

(1) Ἐξελὼν τὴν ἀρκοῦσαν εἰς ἱερὰ τεμένη, καὶ τινα καὶ τῷ κοινῷ γῆν καταλιπών. (Denys d'Halicarn., 2. § 7. Reiske).

(2) Ἀναγκαῖον τοίνυν εἰς δύο μέρη διῃρῆσθαι τὴν χώραν, καὶ τὴν μὲν εἶναι κοινὴν, τὴν δὲ τῶν ἰδιωτῶν. Polit. Ζ'. κεφ. θ'. 7. (Schneider).

(3) *Excipit* (Rullus). . . . . *eos agros de quibus cautum sit fœdere : hi sunt in Africa, qui ab Hiempsale possidentur*, etc. Ciceron, *loc. cit.* et *ibi* Grævius et Paul Manuce (édit. Verburg, tome 1, page 463).

publicus, ou quelquefois simplement *Ager* (1), était l'objet d'une location quinquennale, d'un bail emphythéotique ou d'une possession indéfinie à titre de tolérance. La *propriété* en était inaliénable; mais la *possession* pouvait en être tolérée à perpétuité, et, par conséquent, à titre héréditaire. Son exploitation paraît avoir été de tout temps, à Rome, l'objet des récriminations des mécontens et souvent l'occasion de graves difficultés.

Ainsi qu'on peut le voir par ces considérations générales, la condition de l'*Ager publicus*, à Rome, se présente, sous plusieurs points de vue, dont Paul Manuce et P. Burmann (2) ont trop restreint les aperçus, car ils ont négligé celui qui, peut-être, a le plus d'importance pour l'histoire du droit.

La pire condition était celle des territoires, dont les peuples avaient été traités, selon le droit le plus rigoureux de la guerre (3). Il y avait pour ceux-là confiscation complète, expropriation absolue (4); toutes leurs terres devenaient *Ager publicus*.

(1) *Capuæ Flaccus. . . . . Agro. . . . locando. . . . . tempus terit.* Tite-Live, XVII. 3 (tome 4, page 9, Drakenb.).

(2) Voy. Paul Manuce, *ad Cicer.* Epistol. *ad Attic.* II. 15, (*apud Cicer. Verburg.* Tom. 2, page 263), et P. Burmann, *de Vectigal.*, pag[illegible] et suiv. (édit. cit.).

(3) Voy. Ciceron, *de Lege Agrar.* I et II *passim*, et surtout I. § 2 et 11. §§ 15, 16, 19, et 20, et *ibi viri docti apud Verburg*; et *add.* Appien, *de Bell. Civ.* V. 12 (t. 2, p. 728, édit. Schweigh et *alibi*).

(4) *Ut verò Romani omnium gentium potiti sunt, agros alios*

Tite-Live nous a conservé le souvenir d'une application remarquable de cette maxime connue du droit des gens de l'époque ; elle se rapporte au temps de Tarquin l'ancien. *Collatia*, dit l'historien latin, *et quidquid circa Collatiam erat, Sabinis ademtum..., deditosque Collatinos ita accipio, eamque deditionis formulam esse. Rex interrogavit :* ESTISNE VOS LEGATI ORATORESVE, MISSI A POPULO COLLATINO, UT VOS POPULUMQUE COLLATINUM DEDERETIS? SUMUS. ESTNE POPULUS COLLATINUS IN SUA POTESTATE? EST. DEDITISNE VOS, POPULUMQUE COLLATINUM, URBEM, AGROS, AQUAM, TERMINOS, DELUBRA, UTENSILIA, DIVINA, HUMANAQUE OMNIA, IN MEAM POPULIQUE ROMANI DITIONEM? DEDIMUS. AT EGO RECIPIO (1).

Telle est la formule solennelle au moyen de laquelle la religion du dieu conservateur des propriétés était brisée, par le consentement dérisoire imposé, par la force et la crainte, au peuple vaincu. Plus tard on se passa de la formule ; mais dans les premiers temps, cette forme sacramentelle, recueillie par Tite-Live, nous représente une véritable vente solennelle, une *stipulation* contractuelle. Sous ce point de vue, le texte de Tite-Live a passé inaperçu. On trouve encore un exemple presque identique de

ex hoste captos in victorem populum partiti sunt, alios verò agros vendiderunt, ut Sabinorum ager qui dicitur quæstorius. Siculus Flaccus *de Condition. Agrorum*. Pag. 2, 3 (édit. Goes. *Rei agr. script.*).

(1) Tite-Live, *lib.* 1, *cap.* 38 (tom. 1, p. 159. Drakenb.).

cette formule, au sujet de la soumission de la Campanie (1).

Les terres, ainsi confisquées, étaient désormais exploitées au profit du trésor public romain (2), et le plus souvent vendues à l'encan, ou en totalité, ou en partie, selon les besoins du trésor (3). Quelquefois on daignait en laisser quelques lambeaux à la population vaincue. Cette générosité n'était pas rare (4); et la magnanimité romaine a été jusqu'à restituer en totalité son territoire au peuple subjugué (5). Mais on ne fesait aucune grâce à ceux

(1) Tite-Live, *lib.* VII, *cap.* 31. *Itaque populum Campanum urbemque Capuam, agros, delubra deum, divina humanaque omnia, in vestram P. C. populique Romani ditionem dedimus.*

(2) Voyez Siculus Flaccus, *loc. cit.* et Tite-Live XXVI. 16 (Drakenb.), au sujet de l'*Ager Campanus*, que Ciceron appelait : *Caput patrimonii publici, pulcherrima populi romani possessio, subsidium annonæ, horreum belli, sub signo claustris que Reipublicæ positum Vectigal.-de Lege agrar.* 1. 7 et 11. 29.

(3) Les exemples en sont innombrables. Voyez entr'autres Tite-Live, *lib.* 28. 46 et *lib.* 31, *cap.* 13. — Et Ciceron, *loc. cit. passim.* On appelait les champs ainsi vendus: *Agri quæstorii.*

(4) *Nec tamen omnibus personis victis ablati sunt agri; nam quorumdam dignitas, aut gratia, aut amicitia victorem ducem movit, ut eis concederet agros suos.* Siculus Flaccus, *loc. cit.* pag. 16, et Hygin. *ibid.* pag. 205. Voyez d'autres exemples dans Tite-Live, au sujet des Veiens (liv. 1er chap. XV), des Herniques (liv. 11, cap. 41), etc. Burmann, *loc. cit.*, p. 1.

(5) Voy. dans Ciceron, *in Verrem*, *action.* 2, *lib.* 3, § 6 (tome 4, pag. 241-42 d'Olivet), une description exacte et

qui avaient violé les traités et trahi la foi jurée. C'est ainsi que les Étrusques furent totalement dépouillés par Sylla et par César (1). Les Grecs usaient de la même rigueur envers les alliés infidèles (2).

Souvent le territoire conquis n'était pas réduit à la condition d'*Ager publicus* et vendu comme tel; mais il était distribué aux soldats vétérans ou émérites, et il devenait ainsi le germe d'une colonie (3).

curieuse de la condition des cités de la Sicile, par rapport à la propriété de leur territoire, et *ibi* P. Manuce (*ibid.* pag. 592), *et alios apud* Verbug. Tome 1, pag. 332. — Cf. Ciceron *de Lege agraria*, 11, § 18. — Et Siculus Flaccus *loc. cit.*, pag. 1.

(1) Voy. Olf. Muller, *die Etrusker*, *passim*. — Niebuhr, tome premier, page 107, et Plutarque, *Sylla*. — Michelet, *Hist. rom.*, tome premier, et Ciceron *Epist. ad Attic. lib.* 1er épit. 19, *et ibi viri docti*.

(2) *Eodem modo Athenienses habuerunt olim Mytilenæos, quibus victis agri ademti, et partim diis consecrati, partim colonis Atheniensibus adsignati fuere, ut narrat Thucydides* (lib. 3, cap. 50), *et idem factum fuit platecensium à Lacedemoniis mulctatorum agris suis, ut idem docet, lib.* 3, cap. 68. P. Burmann, *de Vectigal. pop. rom.*, page 5.

(3) « Finitis ergò ampliorum bellorum operibus, augendæ » reipublicæ causâ, illustres romanorum viri, urbes constituerunt, quas aut victoribus populi romani civibus, » aut emeritis militibus assignaverunt, et ab agrorum novæ » dedicatione culturæ colonias apellaverunt. Victoribus » autem assignatæ coloniæ his qui temporis causâ arma ac» ceperant. Non enim tantum militum incremento respu» blica populi romani habuit. Erat tunc præmium terra, et » pro emerito habebatur. Multis legionibus contigit bellum

Les monumens de pareils établissemens sont innombrables (1); ils se multiplièrent surtout pendant les guerres civiles (2), et tel fut le destin de la Toscane et de ses colonies (3).

Souvent encore ces fonds de terre étaient distribués à la *Plebs inops*, et de ces distributions naissaient encore des colonies (4).

Dans ces deux cas, les terres étaient concédées ou gratuitement (5), ou bien à charge d'une redevance au trésor, et alors elles étaient *Vectigales agri* (6). Et, quelle que fût l'origine de ces colonies,

» feliciter transigere, et ad laboriosam agriculturæ requiem » primo Tyrocinii gradu pervenire. Nam cum signis et » aquila et primis ordinibus ac tribunis deducebantur. » Modus agri proportione officii dabatur. » Hygin. *de Limit. constit. apud Goes.*, *Rei agr. Script.*, pag. 159-60.

(1) Voyez Sigonius, *de Antiquo jure Italico. lib.* 2, c. 2. *de Coloniis.*

(2) Voy. Appien, *de Bel. civil.* V. 12 à 15. t. 2. p. 727-731. (Ed. Schw.)

(3) Virgile en fut victime. Voy. *Eclog. passim.*

(4) Voy. Plut. *Tib. Gracchus*, 8. (*Opp.* t. 4. p. 621. Reiske.) (t. 4. p. 565. Bryan.) et Hygin. *loc. cit.* pag. 206.

(5) Voy. Burmann, *loc. cit.* page 7. « *Hinc Annibal*, dit-il, » *apud* liv. XXI. cap. 45 . . ., *militibus* . . . (pronuntiat) » *agrum se daturum in Italia, Africa, Hispania, ubi quisque* » *velit, immunem ipsi, qui accepisset, liberisque.* »

(6) Voy. Higin. *loc. cit.* page 205. « Vectigales agri sunt » obligati, quidam reipublicæ populi romani, quidam colo- » niarum aut municipiorum aut civitatum aliquarum, qui et » ipsi plerumque ad populum romanum pertinent, ex hoste

militaire ou civile, elles recevaient un règlement territorial obligatoire, de l'autorité du dignitaire qui avait été investi du soin de la constituer (1). C'est de là que venait la qualification d'*Ager assignatus* et *divisus* donnée aux propriétés foncières des colonies (2): qualification qui joue un grand rôle dans les *Rei Agrariæ Scriptores*, et qui entraînait l'effet légal de donner les priviléges de la *propriété romaine* aux champs qui en étaient l'objet, ainsi que nous le verrons plus tard (3).

Souvent enfin, les Romains laissaient aux peuples soumis à leur loi, leur territoire national, mais en changeant leur ancien titre de propriétaire libre contre celui de tributaire annuel, soit d'une rente

» capti partitique ac divisi sunt per centurias, ut assigna» rentur militibus, quorum virtute capti sunt. » — Aggenus Urbicus, *Comment. in Front. loc. cit.* pages 46. 47., illustré par P. Burmann, *loc. cit.* page 7.

(1) « Hi agri leges accipiunt ab his qui veteranos deducunt, » et ita propriam observationem eorum lex data præstat in » his agris. » Hygin. *loc. cit.* p. 206 et surtout 207 et 208.— Sicul. Flaccus, *loc. cit.* p. 18, et B. Brisson, *Antiq.* p. 94. Edit. Treckell.

(2) « Divisi et assignati agri sunt, qui veteranis *aliisve* » *personis* per centurias, certo modo adscripto, aut *dati* sunt : » aut, *redditi*, veteribus possessoribus redditi commutatique » pro suis sunt. » Hygin. *loc. cit.* p. 206 et alibi passim inter *Rei Agrar. Scriptores*, Goës.

(3) Voy. *infrà*, chap. 3e, *et Sicul. Flaccus, de Condit. agror.* apud Goës. page 16 et suiv.

en argent, soit d'une quotité de fruits (1). Mais cette condition était, dans leur esprit, une faveur signalée, ainsi qu'on le voit par l'allocution d'Antoine aux Grecs d'Asie, anciens sujets du roi Attale, à qui cette grâce dut paraître encore accablante (2). Telle était aussi la condition d'une partie de la Sicile dont nous avons parlé plus haut, et qui semblait ainsi ne pas avoir changé de domination (3). Les lacs, les étangs, les *pacages*, les mines, étaient aussi *Ager publicus*, et ils étaient l'objet d'une location (4).

Ce domaine public était la source intarissable où presque toute l'aristocratie romaine, de naissance ou de fortune, avait puisé la richesse. Je ne parlerai

(1) *Alias agro multatis, aliis vectigal imponitis*... Tite-Liv. 38. *cap.* 48. selon la leçon de Gelenius. (Voy. *ibi* Drak. t. 5. p. 260) *Adde*. Appien, *de Bell. civil. lib.* V. *passim*. Et Ciceron, *in Verrem. lib.* 3. Orat. 8. § 6. (tom. 1. pag. 332. Verburg.)

(2) Ὑμᾶς ἡμῖν, ὦ ἄνδρες Ἕλληνες, Ἄτταλος ὁ βασιλεὺς ὑμῶν ἐν διαθήκαις ἀπέλιπε· καὶ εὐθὺς ἀμείνονες, ὑμῖν ἦμεν Ἀττάλου. Οὓς γὰρ ἐτελεῖτε φόρους Ἀττάλῳ μεθήκαμεν ὑμῖν· μέχρι, δημοκόπων ἀνδρῶν καὶ παρ' ἡμῖν γενομένων, ἐδέησε φόρων. Ἐπεὶ δὲ ἐδέησεν, οὐ πρὸς τὰ τιμήματα ὑμῖν ἐπεθήκαμεν, ὡς ἂν ἡμεῖς ἀκίνδυνον φόρον ἐκλέγοιμεν· ἀλλὰ μέρη φέρειν τῶν ἑκάστοτε καρπῶν ἐπετάξαμεν, ἵνα καὶ τῶν ἐναντίων κοινωνῶμεν ὑμῖν... etc. Appien, *de Bell. civil.* V. § 4 et 5. (tome 2. p. 717 et 718.) Ed. Soweigh.

(3) *Siciliæ civitates sic in amicitiam fidemque recipimus, ut eodem jure essent quo fuissent: eadem conditione populo Romano parerent, qua suis antea paruissent*. Cicer. *in Verrem. loc. cit.*

(4) Voy. Burmann, *de Vectigal. cap.* 1. (pag. 9 et 16. *Edit. cit.*)

point des occasions nombreuses dans lesquelles les riches s'étaient rendus adjudicataires, à vil prix, de vastes propriétés *publiques*; ni des baux *à canon* modique, qu'ils avaient eu l'habileté d'obtenir. Je ne parlerai point des distributions privilégiées dont ils avaient été l'objet, dans les différentes colonies de l'empire (1). Il est d'autres causes, à conséquences plus graves, qui avaient eu pour résultat de concentrer, dans leurs mains, la portion la plus considérable du patrimoine public, et cette accumulation eut une influence d'autant plus grande, sur l'ordre politique de l'état, et sur l'organisation civile du droit de propriété, que le territoire qui en fut d'abord l'objet était précisément celui de l'Italie.

Cette agglomération de l'*Ager* peut se réduire à deux grandes causes qui sont déduites très-clairement par deux historiens dignes de foi, *Plutarque* et *Appien*.

« Les Romains, dit Appien, après avoir soumis chacun des peuples qui habitaient l'Italie, leur avaient confisqué une partie de leur territoire propre, et en avaient doté des colonies de sang romain, qui s'appropriaient les villes du peuple vaincu ou qui en fondaient de nouvelles qui devenaient ainsi le boulevard de la domination romaine. De ce territoire, fruit de la conquête, la partie cultivée était

(1) *Aut* VICTORIBUS *populi romani* CIVIBUS, *aut emeritis militibus assignaverunt. . . . . proportione officii* Hygin, *de Limit. constit. loc. cit. suprà* pag. 164.

donc toujours adjugée aux colons, soit par abandon gratuit, soit par bail à redevance. Quant à la partie inculte qui était quelquefois la plus considérable, on n'avait pas coutume de la mettre en distribution, mais on en abandonnait la jouissance à qui voulait la défricher et la cultiver, en réservant au domaine la dixme ou le quint des fruits perçus; et pour les pâturages on réservait aussi une redevance. On croyait ainsi pourvoir suffisamment aux besoins de la vieille race italique, race patiente et laborieuse, et aux besoins du peuple vainqueur; mais le contraire arriva de ce qu'on avait prévu. Les riches s'emparèrent peu à peu de cette portion de terres non partagée et livrée au premier occupant, et, se confiant en la durée de leur possession, ils achetèrent de gré ou de force, aux petits propriétaires voisins, leurs modiques héritages, et formèrent ainsi de vastes *Latifundia*. Pour la culture et le service de leurs terres, ils employèrent les esclaves, genre d'hommes que le service militaire ne pouvait leur enlever et qui s'accrut rapidement par leurs soins. De là l'immense accroissement des richesses territoriales de quelques hommes, et l'appauvrissement de l'ancienne population libre et indigène, sur laquelle pesaient encore des impôts, et le service militaire; de là les mauvaises dispositions du peuple et la corruption des moeurs en tout genre (1).

« Ce fut, poursuit Appien, pour porter remède

(1) Appien, *de Bell. civil lib.* 1 § 7. (t. 2. p. 10 et 11. Edit Schweig.)

à des maux qui devenaient si menaçants pour l'état, que fut adoptée une loi, en vertu de laquelle il n'était permis à aucun citoyen de retenir plus de 500 pléthres des terres dont on vient de parler, et de mettre en dépaissance plus de 100 têtes de gros bétail et 500 de menu; ce fut un remède douloureux, car il paraissait injuste d'expulser de leurs possessions des gens qui avaient pour eux l'autorité du temps, et qui sur la foi de leur droit avaient bâti, défriché, cultivé, etc. Διόρθωσιν δ' οὐχ' ἐπινοοῦντες, ὡς οὐδὲ ῥάδιον ὄν, οὐδὲ πάντη δίκαιον, ἄνδρας τοσούσδε ἐκ τοσοῦδε χρόνου κτῆσιν τοσήνδε ἀφελέσθαι φυτῶν τε ἰδίων καὶ οἰκοδομημάτων καὶ κατασκευῆς· μόλις ποτὲ, τῶν δημάρχων εἰσηγουμένων, ἔκριναν, μηδένα ἔχειν τῆσδε τῆς γῆς πλέθρα πεντακοσίων πλείονα, μηδὲ προβατεύειν ἑκατὸν πλείω τὰ μείζονα, καὶ πεντακοσίων τὰ ἐλάσσονα (1)... » Mais l'exécution de cette loi subit des difficultés qu'on ne put pas ou qu'on ne voulut pas surmonter.

La 1re loi qui fut proposée par Tib. Gracchus, n'avait d'autre objet que de remettre en vigueur la loi négligée, avec quelques légères modifications. Les riches s'en indignèrent : Συνιστάμενοι δὴ κατὰ μέρος, ὠλοφύροντο, καὶ προὔφερον τοῖς πένησιν ἀρχαῖά τε ἔργα ἑαυτῶν, καὶ φυτὰ, καὶ οἰκοδομίας· καὶ τιμὴν ἔνιοι δεδομένην γείτοσιν, εἰ καὶ τήνδε μετὰ τῆς γῆς ἀπολέσουσι· τάφους τε ἔνιοι πατέρων ἐν τῇ γῇ, καὶ διαιρέσεις ἐπὶ τοῖς κλήροις ὡς πατρῴοις· οἱ δὲ, καὶ προῖκας γυναικῶν ἐς ταῦτα ἀνηλωμένας, ἢ τὴν γῆν παισὶν ἐμπροίκιον δεδομένην. Δανεισταί τε χρέα καὶ ταύτης ἐπεδείκνυον.

(1) Appien, *ibid.* § 8. (pag. 12. *ibid.*)

Καὶ ἄπορος ἦν ὅλως οἰμωγὴ καὶ ἀγανάκτησις (1). . . . Ainsi, quand on voulut revenir sur cette appropriation exclusive de l'*Ager* par le patriciat, il n'était plus temps.

Appien est, comme on voit, spécialement instruit du sujet qui nous occupe (2), et son témoignage est confirmé par deux fragments de Salluste et de Cassius Hemina (3). Cependant ces divers textes reçoivent un complément important du récit de Plutarque, qui nous raconte, avec d'autres détails, comment les riches ont accaparé l'*Ager*, et dont le texte sert ainsi de supplément à celui d'Appien; supplément qui, à son tour, est appuyé du témoignage important d'Hygin (4). Laissons parler le philosophe de Cheronée.

(1) Appien, *ibid.* § 9 et 10 (p. 13 et 14. *ibid.*)

(2) M. Niebuhr (Hist. Rom. t. 3. p. 74 et 179. trad. fr.) a cru reconnaître dans ce fragment d'Appien, l'esprit et les paroles de Posidonius. Il est difficile de pénétrer les motifs de cette opinion du savant Danois.

(3) *Quicunque propter plebitatem agro publico ejecti sunt.* Hemina, dans Krause, *Vitæ et frag. vet. hist. rom.* (Berlin, 1833.) pag. 165. — *Servili imperio patres plebem exercere: de vita atque tergo regio more consulere:* AGRO PELLERE *et ceteis expertibus, soli in imperio agere.* Sallust. *Frag. Hist. I.* 9. (pag. 214. Gerlach.)

(4) *Nam qui superfuerant agri vectigalibus subjecti sunt, alii per annos quinos, alii verò mancipibus ementibus, id est conducentibus in annos centenos. Plures verò finito illo tempore, iterum venduntur locanturque,* ITA UT VECTIGALIBUS EST CONSUETUDO. Hygin, Goëz, page 205. Ce témoignage a une grande importance, en ce qu'il indique *la tacite reconduction*, comme un des moyens qui ont facilité l'usurpation de l'*Ager*.

Tiberius, dit Plutarque, entreprit de faire passer ses lois à l'occasion suivante : les Romains avaient coutume de vendre une partie des terres qu'ils avaient conquises sur les peuples vaincus, et d'incorporer le reste au domaine de l'état, pour le donner à ferme, moyennant une légère redevance, aux citoyens les plus pauvres. Les riches, ayant enchéri la redevance, évincèrent les pauvres de leurs possessions, et ce fut pour remédier aux fâcheuses conséquences de cet envahissement, qu'une loi défendit de posséder plus de 500 plethres de l'*Ager publicus*. Cette loi eut de bons effets pour quelques temps, et les pauvres conservèrent les terres qui leur étaient échues, depuis l'origine des partages ou adjudications publiques. « Mais, ajoute Plutarque, dans la suite, les riches se » firent adjuger ces fermes sous des noms empruntés, » et ils finirent par les tenir ouvertement en leur » propre nom. Alors les pauvres, dépouillés de » leurs possessions, ne montrèrent plus d'empres- » sement pour le service militaire, et ne désirèrent » plus d'élever des enfants ; ainsi l'Italie allait être » dépouillée d'habitans libres et remplie d'esclaves » barbares, que les riches employaient à la culture » des terres, pour remplacer les hommes libres qu'ils » en avaient chassés. » Ὕστερον δὲ, τῶν γειτνιώντων πλουσίων ὑποβλήτοις προσώποις μεταφερόντων τὰς μισθώσεις εἰς ἑαυτοὺς, τέλος δὲ φανερῶς ἤδη δι' ἑαυτῶν τὰ πλεῖστα κατεχόντων, ἐξωσθέντες οἱ πένητες, οὔτε ταῖς στρατείαις ἔτι προθύμους παρεῖχον ἑαυτοὺς, ἠμέλουν τε παίδων ἀνατροφῆς, ὥστε ταχὺ τὴν Ἰταλίαν ἅπασαν ὀλιγανδρίας ἐλευθέρων αἰσθέσθαι, δεσμωτηρίων δὲ βαρβαρικῶν, ἐμπεπλῆσθαι δι' ὧν ἐγεώργουν οἱ πλούσιοι τὰ χωρία, τοὺς πολίτας ἐξελάσαντες (1).

Lælius, l'ami de Scipion, avait été frappé de ce malheureux état de la propriété territoriale, et il avait résolu d'y porter une réforme salutaire. Mais les Romains les plus puissants s'y étant opposés, il craignit une commotion et il renonça à son projet, ce qui, selon Plutarque, lui valut le surnom de Prudent. Tib. Gracchus, aussitôt qu'il fut nommé tribun, reprit les plans de Scipion et de Lælius, et on sait ce qui en advint.

C'est donc par l'*occupation* des parties négligées de l'*Ager publicus* (et l'on comprend qu'il devait y en avoir beaucoup) que la noblesse romaine a commencé ses envahissemens; cette *occupation* fut consacrée ensuite par le droit d'ancien possesseur; et le titre de *fermier du domaine* devint aussi, avec le temps, un titre équivalent, dans l'opinion, à celui de propriétaire (2).

Cependant, selon la rigueur du droit, la longue tolérance de l'administration ne pouvait pas *légitimer* cette détention précaire, même après que le

(1) Plutarq. *Tiberius Gracchus* § 8. (*Opp*. t. 4. p. 621-22. Reisk. et tome 4. p. 305-66 Bryan.).

(2) M. Niebuhr trouve une contradiction dans ces deux propositions (Hist. Rom. t. 3. p. 170); je n'en vois aucune. *Venditiones olim dicebantur*, dit Festus, *censorum locationes, quod velut fructus publicorum locorum venibant* p. 279. Ed. Lindem. et *ibi*. notes, p. 748. Dacier et Gothof.

droit de succession semblait lui avoir prêté son appui et sa garantie ; et d'un autre côté une possession, sur la foi de laquelle reposaient l'existence des familles et les conventions des citoyens, méritait des égards. Cette condition était analogue à celle dans laquelle nous avons vu, de nos jours, en France, les propriétaires de *domaines engagés.*

Aussi, se forma-t-il, de bonne heure, à Rome, deux opinions bien marquées à cet égard, et qui ont vécu jusqu'à la fin de la république. L'une démocratique, passionnée, juste au fond, mais révolutionnaire ; elle abusait d'un principe de droit que personne ne contestait. L'autre aristocratique, conservatrice du fait acquis, tempérant le *Summum jus* par les convenances et la raison d'équité publique. De ces deux opinions qui luttèrent pendant des siècles, naquirent les *Lois agraires* et le droit prétorien qui gardait la *Possession*. Le caractère véritable des *Leges agrariæ* n'avait pas été tracé avec précision par les écrivains modernes. Montesquieu, lui-même, s'était mépris, en n'y voyant qu'une explosion de passions démagogiques, et un retour vers l'égalité primitive des biens (1). Heyne semble avoir le

(1) *Grandeur et décadence des Romains*, chap. 3 et *alibi*. — *Esprit des lois*, livre 27, chap. unique et *alibi*. — Montesquieu ne s'est pas douté de l'*Ager publicus*, au sujet des lois agraires ; il n'y a vu que l'intention de rétablir l'équilibre et l'égalité des fortunes ; et ce point de vue, appliqué aux Romains, est complétement faux.

premier fixé les traits originaux de ces fameuses propositions des tribuns populaires, et distingué exactement leurs nuances particulières dans une dissertation académique qui parut à une époque (mars 1793) où des opinions brûlantes préoccupaient, en sens différent, toutes les intelligences européennes (1). Cependant on ne doit pas oublier le travail d'Obrecht, qui avait précédé le sien.

Et, d'abord, aucune loi ne fut jamais adoptée ni même proposée dans le but de refaire le partage des biens entre les citoyens et de rétablir entr'eux une égalité chimérique. Jamais une semblable idée ne vint à l'esprit des plus fougueux tribuns que Rome ait entendu dans ses comices. Les *leges agrariæ* ont, à Rome, un caractère tout différent de celui que suppose parmi nous la signification actuelle de *loi agraire*. On peut ranger en deux grandes classes, les lois agraires des Romains : les unes ont eu exclusivement pour objet la possession et une nouvelle répartition de l'*Ager publicus* ; les autres, triste fruit

(1) Voy. Heyne, *Opuscul. academica*, t. 4, p. 350 et suiv. — Ulr. Obrecht., *Dissertat. de legibus agrariis populi romani*. Argentor. 1674. in 4°. et dans ses *Opuscules*, p. 109-132. — La table publiée par de Laverdy, pour la collection des *Mém. de l'Acad. des inscript. et bell. lett.* (Paris, 1791. 4°.) indique, p. 148, un *Mémoire* de Bouchaud sur les lois agraires des Romains. Il est à regretter que ce mémoire annoncé n'ait pas été imprimé, mais probablement il n'eût rien appris de nouveau.

du désordre et de l'immoralité des guerres civiles, ont eu pour objet la distribution militaire des biens dont les confiscations avaient dépouillé les citoyens ou les cités frappées de proscription.

Ainsi ce n'était que de l'*Ager publicus* qu'il s'agissait entre les nobles et les plébéiens, à l'époque (environ l'an de Rome 268), où le sénat, pour donner le change à la *plebs*, sut si habilement accuser Sp. Cassius d'aspirer à la royauté. Le récit de Tite-Live, à ce sujet, est positif (1). On sait comment se termina cette querelle à l'avantage des *Patres*.

Les souvenirs du peuple se reveillèrent bien quelquefois depuis, mais la question ne fut formellement remise en lumière que par la loi *Licinia*, sur le véritable sens de laquelle on a toujours équivoqué; car on a pensé qu'elle avait eu pour objet de poser des bornes à la fortune individuelle en général, tandis qu'en réalité, son but unique était de limiter la surface d'*ager publicus* que chaque citoyen pouvait posséder.

(1) « Cum Hernicis fœdus ictum : agri partes duæ ademtæ; » indè dimidium Latinis, dimidium plebi divisurus consul » Cassius erat. Adjiciebat huic muneri agri aliquantum, quem » publicum possideri à privatis criminabatur. Id multos » quidem patrum, ipsos possessores, periculo rerum suarum » terrebat. Sed et publica patribus sollicitudo inerat, lar» gitione consulem periculosas libertati opes struere. Tum » primum lex agraria promulgata est; nunquàm deindè » usquè ad hanc memoriam sine maximis motibus rerum » agitata. » Tite-Live, *lib.* 2. *cap.* 41. (tom. 1er. pag. 422. Drakenb.)

Alteram (legem), dit Tite-Live, *de modo agrorum ne quis plus quingenta jugera* AGRI *possideret* (1). Appien et Plutarque (2) expliquent parfaitement Tite-Live à cet égard ; et Tite-Live, lui-même nous apprend ce qu'il a voulu dire par *ager*, lorsqu'au livre 34e, il met ces paroles dans la bouche de Caton : *quid legem Liciniam excitavit de quingentis jugeribus, nisi ingens cupido* AGROS CONTINUANDI? (3) *Continuation* n'est évidemment ici relatif qu'à l'*Ager publicus* : et lorsqu'au livre 58e (4), son *Epitomator* ancien, du témoignage duquel nous sommes forcés de nous contenter, en l'absence du texte, qui est perdu, nous dit, au sujet de la première proposition de Tib. Gracchus, qui, c'est un fait convenu, n'était que la reproduction de la loi *Licinia* : *Ne quis ex* PUBLICO AGRO *plus quàm quingenta jugera possideret.*

En 522, à la suite d'une violente collision, une loi agraire fut encore adoptée relativement à deux

(1) Tite-Live, VI. 35. (t. 2. p. 415. Drakenb.) Aurelius Victor, dit à ce sujet, NE CUI PLEBEIO PLUS QUAM 100, etc. Voy. Aurel. Vict. *de Vir. illustr.* 20. page 110. Arntzen. Il y a évidemment là une altération du texte.

(2) *Loc. sup. allatis*

(3) Tite-Live, XXXIV. 4 (tom. 4. p. 770 Drakenb.)

(4) Voyez le Tite-Live de Drakenborch, t. 5. pag. 1087. Je n'ignore pas que Sigonius, Duker et d'autres ont pensé autrement que moi, sur ce point. Mais leur erreur me semble palpable, et je suis confirmé dans mon opinion, par celle du savant et judicieux Freinsheim, qui a rédigé, dans ce sens, son supplément du 58e livre de Tite-Live.

territoires italiens, réduits en *Ager publicus* (1), et Polybe nous en a transmis un jugement qui prouve quelle était l'opinion des hommes politiques (2), à Rome, au sujet de ces retours continuels sur la *possession* des biens *domaniaux* (3). Et, en effet, les transmissions héréditaires des *possessions* étaient un véritable obstacle moral à tout règlement convenable à cet égard (4), surtout quant on considère d'un côté l'avarice et la ténacité de l'aristocratie romaine, et de l'autre côté la misère profonde d'une *Plebs* nombreuse et oisive.

Mais ces obstacles n'arrêtèrent point les Gracques irrités de l'accueil hostile que leurs propositions, d'abord conciliantes, avaient reçu des patriciens; et cette grande querelle, cet incendie qu'ils allumèrent dans Rome, et dont on connaît la fin tragique, n'avait d'abord d'autre but que de remettre en vigueur la loi *Licinia* (5); ce fait incontestable réhabilite la

(1) Sur la loi *Flaminia*, voy. les auteurs que cite Freinsheim, *Supplém.* à Tite-Live XX. 19. et surtout Cicéron, *Académica*, II. 5. et Valère Maxime V. 4. 5. (pag. 472. Edit. Torren. 1726.

(2) Les Scipion et autres amis de Polybe,

(3) Polybe, *lib.* 2. § 21. (tom. 1. pag. 270. éd. Schweighœuser.)

(4) « Reduci plebs in agros undè poterat sine possidentium » eversione, qui ipsi pars populi erant? Et tamen relictas sibi » à majoribus sedes ætate, quasi jure hereditario possidebant. » Florus, *lib.* III. *cap.* 13. (p. 556. éd. Duker, 1774.)

(5) Voy. l'*Epitome* du 58e livre de Tite-Live et Freinsheim, *Supplém.* du même livre (tome 5, p. 1087. *seq.* drakenb.)

réputation des Gracques et la vérité de l'histoire doit prévaloir. Plutarque et Appien (1) déposent en leur faveur, avec une autorité qu'on ne saurait méconnaître. Plus tard, la passion les jeta dans des excès coupables, mais dans toute cette déplorable affaire, il ne fut jamais question que de l'*Ager publicus* et l'*Ager privatus* fut toujours respecté, du moins en principe, puisqu'une des propositions les plus remarquables des tribuns avait pour objet la nomination d'une commission chargée de rechercher, qu'elles étaient les propriétés qui étaient d'origine *Ager privatus* ou *Ager publicus* (2).

Et ce qui prouve évidemment que tel fut le caractère véritable des lois agraires des Gracques, c'est que peu de temps après l'abrogation de tous leurs actes, la loi *Thoria* voulut rassurer les possesseurs de l'*Ager*; et une de ses pricipales dispo-

(1) Plutarq. *Tiber. Gracch.* § 9. (t. 4. p. 624. et *seq.* Reisk.) — Appien *de Bell. civil.* 1. § 9. (t. 2. p. 13. Schweigh.), Je regarde comme apocryphe le fragment de la loi *Licinia*, conservé *Inter Rei Agrar. Script.* Goës. p. 348; mais je fais remarquer que les fragmens de la loi *Sempronia* (*Ibid.* p. 349,) établissent le rapport de la loi *Licinia* avec la 1re loi proposée par Tib. Gracchus. C'est à tort, évidemment, que cette connexité, a été contestée. Appien, *loc. cit.* est formel sur ce point.

(2) *Promulgavit et aliam legem agrariam . . . . . , ut iidem triumviri judicarent, quâ publicus ager, quâ privatus esset.* (*Epitom.* Liv. Édit. Drakenb. *loc. cit.*)

sitions fut celle-ci, selon Appien (1) : que les anciens possesseurs de l'*Ager* étaient maintenus, moyennant une redevance qui serait distribuée aux citoyens pauvres (2). Appien ajoute que cette redevance fut supprimée peu de tems après (3).

Tel fut encore le caractère véritable des lois agraires qui furent proposées de nouveau après les Gracques. Je ne citerai que celle de Rullus : deux oraisons de Ciceron nous en font connaître avec précision le but et l'objet (4) ; et celle de César, dont le premier article portait : *Ager qui publicus est populi romani, excepto campano, civibus qui agrum non habent, nomenque suum profitebuntur, per XX viros dividitor* (5)

Cette antique origine *domaniale* pesait sur presque toutes les fortunes romaines et menaçait sans cesse

(1) Τὴν μὲν γῆν μηκέτι διανέμειν, ἀλλ' εἶναι τῶν ἐχόντων, καὶ φόρους ὑπὲρ αὐτῆς τῷ δήμῳ κατατίθεσθαι, καὶ τάδε τα χρήματα χωρεῖν ἐς διανομάς. Appien, *de Bell. civil.* 1. § 27. (pag. 40. tom. 2. Schweigh.)

(2) Voy. dans Haubold. *Antiquitatis Romanæ monumenta legalia* (Berlin. 1830. 8°.) p. 13 et suiv., le texte lui-même de cette loi si importante pour l'hist. de l'*Ager publicus*. Les restitutions de Sigonius sont depuis longtemps adoptées des savans ; il y aurait pourtant à revenir sur quelques-unes.

(3) Appien, *loc. cit.*

(4) Outre ces deux oraisons qué nous avons souvent citées, il reste encore des fragmens (authentiques ?) de la proposition de Rullus, à la suite des *Rei agrariæ Scriptores* de Goëz, p. 354 et suiv.

(5) Voy. Goëz, *Ibid.* p. 350.

le repos des familles. Les auteurs latins témoignent unanimement des craintes de chacun à cet égard (1). Car on ne savait comment alimenter cette foule immense de prolétaires sans industrie, qui fesait le fonds de la population romaine et italienne, et qui était au service de toutes les passions mauvaises et puissantes (2). Il en advint ce qu'un historien récent du droit romain a retracé avec vérité : « Le sort » était jeté, la propriété était mise en question, » les riches voulaient tuer les pauvres et les pau- » vres tuer les riches ; et les deux partis ou plutôt » les deux factions des riches et des pauvres s'étaient » déclaré une guerre à outrance, où corps et » biens devaient périr, faute de vaincre : c'était la » lutte d'une société nouvelle contre une société » vieillie (3). »

De cette effroyable lutte naquirent les *lois de proscription*, *lois agraires* d'une espèce nouvelle qui, pour la première fois, atteignirent l'*Ager privatus* (4), respecté jusqu'alors ; lois d'extermination et d'anéantissement de tout ordre, par le droit de

(1) Voy. la lettre de Ciceron à Atticus (15e du livre 2.) *in fine*. Il y faut évidemment lire *publicanis* au lieu de *publicanus* (Voy. *Vir. doct. in eam epistolam*, dans l'édit. de Verburg, tom. 2. p. 262-63 et *infrà* p. 194).

(2) Appien a parfaitement analysé ces causes de décadence (*loc. cit* et *seq.*)

(3) Voy. mon *Histoire du Droit Romain*, page 208.

(4) Voy. le détail de ces lois de proscription dans Heyne, *loc. cit.* pag. 371 et *seq.*

de la force, desquelles sortit une nouvelle distribution de la propriété territoriale, et, pour ainsi dire, un nouveau droit de propriété fixé comme le pouvoir, sur une raison d'état, de force et de repos public, car *oncques*, depuis Auguste, il ne fut plus question de *Lois agraires*, ni de partage de l'*Ager publicus*. Ou, si le nom de loi *agraire* se retrouve dans quelques règlemens impériaux sur le bornage des terres (1), certes ce n'était plus cette loi qui inquiétait *Atticus* et *Terentia;* ce n'était plus que l'application d'une signification exclusivement judiciaire et civile, dont l'exemple avait été donné depuis longtemps (2). Ce ne fut plus aussi que dans de rares applications, qu'il fut question de l'*Ager publicus*; et seulement dans les rapports du droit *domanial* avec le droit civil, l'administration du trésor public et la police de l'État (3); car je ne compte pas les distributions de terre, au moyen

(1) Voy. le 3e fragment du tit. 21. liv. 47. Digeste, *de Termino moto*, et *ibi* Schulting et Smallenburg, *Notœ ad Pandectas*, t. 7, p. 272-73.

(2) Voy. Bach, Note sur B. Brisson, *de Formulis*, p. 143. (édit. de 1754.) Haubold, *Antiq. Rom. Monum. legalia*, 166. — Bouchaud, *Mém. de l'Acad. des Inscript.* tom. 40. pag. 35. *Hist.*

(3) Voy. au Digeste les titres 7, 8 et 9 du liv. 43e et *ibi* Schulting et Smallenburg. — Et le titre 3 du livre 10, Code Théodosien, *de Locatione fundor. juris emphyteutici, reipubl. et templ.* (tom. 3. pag. 427. éd. de Ritter.) et *alibi*.

desquelles Vespasien récompensa ses légions de l'avoir élevé au trône : on sait que cet ébranlement de la propriété établie ne fut que passager, et qu'il s'arrêta aux limites du *Samnium* (1). Si le même empereur voulut soumettre aux règlemens agraires quelques colonies italiennes, et s'il menaça les usurpateurs modernes des *Subsecivi agri*, les inquiétudes que cette mesure avait soulevées, furent calmées par l'administration de Domitien, qui ramena la sécurité dans l'Italie (2), à cet égard.

(1) Voy, Aggenus, *de Controvers. agror.* p. 54. Goëz et *infrà Not. seq.* — Guillaume Cramer a négligé d'examiner cet acte important de l'administration de Vespasien, dans son *Vespasianus*, 1785, in-8°.

(2) « Quidam et subsiciva coloniis concesserunt. Ideoque » semper hoc genus controversiæ a Rebus publicis exercetur. » Per longum enim tempus adtigui possessores vacantia loca, » quasi invitante loci opportunitate invaserunt, et per longum tempus impune commaluerunt. Horum subsicivorum » multæ resp. etsi sero mensuram repetierint, non minimum » ærario publico contulerunt. In Italiâ pecuniam etiam quarundam coloniarum imp. Vespasianus exegit, quæ non » habuerunt subsiciva concessa. Non enim fieri poterat, » ut solum illud, quod nemini erat adsignatum, alterius » esse posset, quam qui poterat adsignare. Non autem » exiguum pecuniæ fisco contulit venditis subsicivis. Sed » postquàm legationum miseratione commotus est, quiâ » quassabatur universus Italiæ possessor, intermisit, non » concessit. Æque et Titus Imp. aliqua subsiciva in Italiâ » recollegit. Præstantissimus postea Domitianus ad hoc » beneficium procurrit, et uno edicto totius Italiæ metum

» liberavit. » Aggenus de *Controv. agror.* pag. 68 et suiv. Goez. — Cette décision de Domitien était déjà connue par le récit de Suetone, *Domitian.*, 9. (t. 2. p. 283. Wolf. et *ibi* Ernesti.)

N. B. Je n'ai point fait état d'un autre *Ager*, l'*Ager regius*, dont parle Ciceron, *République*, V. 2. (p. 445. Creuz.), parce que ce *domaine royal* se confondit avec le *domaine public*, aussitôt après l'expulsion des rois, ou qu'il fit l'objet de distributions, et qu'il devint ainsi *Ager privatus*.

CHAPITRE DEUXIEME.

DE LA *POSSESSIO*.

Telle fut donc la condition politique des détenteurs de l'*Ager publicus*, à Rome; examinons maintenant quelle fut leur *condition civile*.

En droit rigoureux, les détenteurs de l'*Ager* n'avaient d'autre titre légal que leur *occupation* de fait, puisque la propriété demeurait réservée à l'état, au *populus*, et qu'elle était inaliénable et imprescriptible; car, d'après une règle fondamentale, on ne pouvait prescrire contre l'état (1), et la république pouvait toujours retirer à elle les fonds possédés, lorsqu'elle le jugeait convenable (2). Nous en avons vu des exemples, au sujet des propositions *agraires*, et d'un acte de Vespasien et de Titus. Ce principe fut toujours admis comme incontestable; l'équité ou l'opportunité de son application fut seule discutée ou niée, à certaines époques (3).

(1) *Juris periti..... negant illud solum quod solum populi romani esse cœpit, ullo modo usucapi à quoquam mortalium posse, et est verisimile.*—Aggenus Urbicus, page 69. éd. Goës.

(2) Ciceron, *De lege agrarid.* 11. § 31. (tome 9. pag. 516 et Seq. Leclerc.)

(3) Ciceron, *Loc. cit.* et § 21 : « Vetustate possessionis se,

La condition civile de ceux qui *occupaient* l'*Ager*, était celle de *détenteurs simples* d'une chose appartenant à l'état, et n'ayant, par conséquent, qu'un droit précaire, pour être maintenu dans cette jouissance qui, cependant, produisait à l'égard des tiers, des effets légaux équivalents à ceux que donne le droit de propriété, puisque les détenteurs percevaient les fruits, excluaient et transmettaient.

On sait qu'une portion considérable de la fortune privée des Romains se composait de domaines de ce genre. Or, on se demande comment le gouvernement avait pu laisser, pendant tant de siècles, la plus notable partie de ses citoyens, dans une position légale si incertaine et si alarmante. Mais d'un côté, il eut été, peut-être, imprudent au sénat, qui avait à se défendre contre de fréquentes propositions *agraires*, de prendre hardiment une offensive désespérante, et de fermer tout espoir d'une meilleure distribution d'*Ager*, à la partie la plus remuante et la plus active de la population romaine ; le silence, sur cette question capitale, calmait les imaginations, en les berçant de la chance toujours future d'un meilleur avenir.

D'un autre côté, l'incertitude même dans laquelle un danger perpétuellement imminent laissait flotter

» non jure, misericordia senatus, non agri conditione defen-
» dunt: nam illam agrum publicum esse fatentur; se moveri
» possessionibus, amicissimis sedibus, ac diis Penatibus,
» negant oportere. » Page 488. *ibid.*

la classe nombreuse et puissante des détenteurs de l'*Ager*, avait pour résultat nécessaire de les attacher à un gouvernement protecteur et de leur faire mieux sentir le danger des révolutions, dans un pays où la constitution de l'état avait rendu très-mobiles les élémens de l'administration publique (1). Ces combinaisons étaient sages, et pour nous qui voyons les effets salutaires de l'institution du crédit public dans les états modernes, elles sont assez vraisemblables.

Mais, si la grande politique dut maintenir constamment le *statu quo*, à l'égard des détenteurs de l'*Ager*, l'administration intérieure de la justice civile se chargea du soin de concilier les *nécessités d'état*,

(1) Les 3 Oraisons de Ciceron, *de lege agrariâ*, prouvent que la politique que je prête au sénat, n'est point une vaine supposition de ma part. Dans l'affaire de Rullus, on eut pu profiter de la circonstance pour fixer l'incertitude de ce genre de propriété, en écartant habilement ce que la proposition avait d'anarchique et de ruineux pour l'État, et en retenant ce qu'elle avait d'avantageux. Car Rullus avait présenté une loi, qui devait assurer la condition des détenteurs du domaine, tout en diminuant l'étendue de la tolérance et de l'usurpation. Mais Ciceron s'obstine à réclamer le maintien du *statu quo* complet, et à repousser même l'amélioration conditionnelle de Rullus. (Voy. *de leg. agr.* III. 2 et 3.) Son argument constant et apparent, est de présenter l'*Ager publicus*, tel qu'il était, comme une ressource positive ou au moins éventuelle de l'État. Les détenteurs y gagnaient, sans doute le présent, mais leur avenir restait dans le vague.

avec l'intérêt de la sécurité privée, et voici comment on atteignit ce but désirable.

Le droit de propriété avait été, à Rome, l'objet d'une organisation spéciale et rigoureuse; il ne pouvait résulter que de l'accomplissement de formalités solennelles qui avaient pour objet de certifier la transmission publique du droit foncier du propriétaire. Le fait matériel de l'*occupation* ou jouissance du sol, isolé de la transmission solennelle du droit, était insuffisant pour transférer la propriété. La prescription civile n'acquérait jamais *de plano*, le droit de propriété (1); et il en était de même de la prescription *prétorienne*. Par une fiction subtile, son effet était borné à une exception défensive contre le *propriétaire* réclamant. Au *droit de propriété* seul, était donnée la puissance de l'action civile, pour la revendication du domaine privé. La procédure n'offrait que des ressources faibles et précaires à celui qui n'avait pas cette force politique du droit de propriété. Nous développerons, plus tard, ces

(1) Qu'on ne m'oppose pas une disposition connue de la loi des XII Tables. Elle a été faussement interprétée, et je l'expliquerai en traitant de la prescription. *Infrà* tome 2. Alciat avait déjà vu la chose, lorsqu'il posait le principe suivant: « *Per usucapionem verò proprietas non acquirebatur, licet* » *juris auctoritate possessor defenderetur*..... etc. » (Alciat, ad L. 115. Dig. *de verbor. signif.* in *Opp.*, tome 3, p. 245. *verso* ed. Ludgun. 1560.) Ce morceau d'Alciat est d'un jugement exquis.

différentes propositions; il nous suffit de les poser maintenant.

On imagina donc de décomposer l'idée générale que présente le droit de propriété dans son application. On y trouva deux élémens : *le droit*, constitué par la loi, garanti par son autorité morale; et le *fait*, qui n'est que l'exercice et l'exécution du *droit*; c'est-à-dire, qu'il est la manifestation publique du droit intérieur et métaphysique du propriétaire, par une jouissance extérieure, dont la garde peut être considérée, comme appartenant à la *police* de l'état.

Dans une société régulière, cette *jouissance de fait* fait présumer le droit, par la raison qu'elle paraît à tous les yeux n'en être que l'exécution; elle est l'expression du droit de propriété; elle en est à la fois l'attribut principal, l'effet immédiat et la preuve présumée. A tant de titres, elle se recommande à la protection des lois. Toutefois, dans un état comme celui de Rome, où la propriété ne pouvait dériver que de l'accomplissement de formes solennelles, dans lesquelles intervenait l'autorité publique elle-même, l'influence du droit étouffait l'influence du fait; les formules et tous les monuments du droit ancien l'attestent à l'unanimité (1).

(1) Je n'en veux pour preuve que les dispositions de la loi Atinia (Voy. Aulugelle XVII. 7. page 762. Gronov. 1706) comparées avec les articles 2279 et 2262, de notre Code civil.

L'innovation importante qu'introduisit l'intérêt des détenteurs de l'*Ager*, consista donc à transformer en *fait légal*, ce fait isolé de la jouissance sans titres, qui jadis, était impuissant et stérile pour la revendication d'un droit quelconque, et à attribuer à ce fait matériel des priviléges juridiques, bien qu'il fût dépourvu de tout caractère *légitime*, et qu'il fût complétement séparé de l'idée d'un droit; la police magistrale et judiciaire fut investie du soin de faire respecter ce droit présumé, manifesté par un fait positif, à l'égal du droit positif, manifesté par une autre fait positif, c'est-à-dire, du droit complet de propriété.

Ces résultats ne nous étonnent plus aujourd'hui, car l'influence du droit romain moderne et de notre législation civile a familiarisé nos esprits avec les distinctions de la *possession* et de la *propriété;* mais dans l'antiquité romaine, si soigneuse de son droit civil pur, de ses rites, de ses formes solennelles, cette séparation nous apparaît comme un phénomène, lorsqu'elle se produit pour la première fois; surtout quand nous considérons qu'elle ne fut pas l'effet d'une théorie ou d'une combinaison *à priori:* et en effet, elle se présente à nous avec une originalité historique que le temps a presque effacée; surtout enfin, quand nous remarquons le développement vraiment extraordinaire que prit chez les Romains le *droit de possession* qui, dans nos législations modernes, se réduit à des proportions peu importantes.

Une expression nouvelle fut donc spécialement consacrée à désigner cette condition étrange des détenteurs de l'*Ager*; ce fut celle de *Possessor*. Et les champs, ainsi *possédés*, furent généralement appelés *Possessiones*, par opposition à ceux qui étaient l'objet d'un droit de propriété civile et parfaite, et qui retinrent le nom de *prædia*, *agri*, *fundi*. Il est à remarquer que ces expressions *Possessor*, *Possessiones*, etc., etc., qui furent bientôt étendues en Italie, à la valeur légale et usuelle, que nous leur connaissons aujourd'hui, se conservèrent longtemps dans les *Provinces*, avec une signification analogue à leur ancienne acception. Les monuments de la législation impériale en fournissent de nombreux exemples (1), et les capitulaires des rois de France en ont gardé la tradition fidèle (2).

Possessor fut donc admis comme synonyme de détenteur de l'*Ager publicus*; *Possessiones* comme synonyme de l'*Ager* occupé par les *Possessores*; et *Possidere* comme synonyme de *posséder* l'*Ager*, avec le droit de faire respecter cette possession, par tout autre que

(1) Voy. J. Godefroy, *ad codicem Theodos.*, t. 4. p. 353. éd. Ritter. — L'édit. d'Honorius, de 418, de ma recension, *ad calcem* de ma *Notice* sur Fabrot, et Savigny, *Histoire du droit romain, au moyen âge*, page 48. tome 1er. (trad. franç.)

(2) Voy. *Capitul. reg. franc.*, de Baluze, éd. de Chiniac, tom. 1er. page 130. et *alibi passim*; et tome 2. page 843 et *alibi passim*. — Et Ducange, *Gloss. med. et infimæ Latin*. *V° possessores*.

par l'état ; et c'est par l'effet d'une extension qu'on retrouve dans l'histoire de toutes les langues, qu'ensuite *possession* a été employé d'abord à désigner, en général, l'exercice isolé d'un droit de propriété véritable ou présumé, manifesté par la jouissance, la détention ou l'exploitation ; et ensuite à désigner les fonds de terre de tout genre, objet d'une jouissance ou d'une propriété foncière quelle que fut leur privée ou publique ou privée.

L'antiquité romaine fourmille de preuves à l'égard de la primitive signification de ces expressions.

Possessiones, dit Festus, *appellantur agri latè patentes, publici privatique, quia non mancipatione, sed usu tenebantur, et ut quisquam occupaverat, collidebat* (1). Et malgré les altérations qu'a dû éprouver le texte de Verrius Flaccus, sous la plume de son abréviateur Festus, et du barbare qui a son tour abrégea l'*abrégé* de ce dernier, on retrouve ici l'ancienne étymologie dans toute sa pureté (2).

(1) Festus, p. 209. édit. Lindeman. — Je transcris ici la note *variorum*, que l'on trouve à la page 601, sur ce texte : *idem ad verbum, Isid., lib. XI. cap.* 13 : *Possessiones sunt agri latè patentes...quos initio...quisque ut potuit, occupavit atque possedit. Undè apud Festum forsan pro* COLLIDEBAT *legendum* POSSIDEBAT, *ut et Fulv. Ursinus videt, nisi cum Augustino malis* COLEBAT. Dacier. *Vide suprà* : OCCUPATICIUS AGER. Dion. Gothof. — Niebuhr, *Hist. rom. tom.* 2. *pag.* 162. *not.* 300. (tom. 3. pag. 193. trad. fr.) *Legendum censet* QUI *pro* QUIA, *et* COLEBANTUR *pro* COLLIDEBAT. Lindemann.

(2) L'altération probable du texte porte sur : *privatique.*

Texte important, malgré l'ignorance de son dernier rédacteur, et dont le vieux Denys Godefroy avait pressenti la véritable signification, quand il y voyait une synonymie avec l'*Ager occupaticius* ou *occupatorius*, qui, dans les *Rei Agrariæ Scriptores*, se confond avec l'*Ager publicus* (1) non assigné ni régulièrement partagé, et abandonné par conséquent au premier occupant. Cette définition se retrouve dans les *Rei Agrariæ Scriptores*, mais avec la variante d'Isidore (2), et une addition qui prouve que l'étymologiste n'en a pas connu le sens primitif.

Voici une série de textes anciens qui me semble plus complète et plus décisive en faveur de la théorie des *possessiones* que celle que l'on trouve dans l'*Histoire romaine* de Niebuhr. Les expressions grecques

Verrius disait, sans doute, que les propriétés particulières, quand on n'en avait que l'usage, étaient appelées *Possessiones*. Ce qui le prouve, c'est la définition que le même auteur donne de *possessio*, au singulier : *Possessio est, ut definit Gallus Cœlius, usus agri aut ædificii*. Les autres caractères de la définition de Festus, sont d'une justesse frappante.

(1) *Voy. les Rei agr. Script.* de Goez, pag. 3, 45. et *alibi*; — Festus (pag. 111. Lindem.), Definit l'*occupaticius* autrement que les *Agrimensores* définissent l'*occupatorius*; ce qui a induit D. Godefroy à distinguer l'un de l'autre. (*Ibid.* p. 545.) —Goez les a confondus avec raison (*loc. cit. index*, v° *occupatorius* et *ager*), ainsi que Nic. Rigault (*ibid. Gloss. Agrimens*, page 315).

(2) Voy. *Apud Goesium*, page 292....... *ut potuit occupavit atque possedit* : UNDÈ ET NUNCUPATI.

employées par Appien et Plutarque, n'étant qu'une traduction du latin *possidere*, je ne les rapporterai pas.

Nescit omninò (Terentia) *te communem causam defendere eorum*, QUI AGROS PUBLICOS POSSIDEANT, *sed tamen tu aliquid publicanis pendis; hœc etiam id recusat.* Cicer. à Attic. II. 15. (t. 2. p. 263. Verburg.)

POSSESSIONES *notabat*....., *tantum quisque habebat possessor, quantum reliquerat divisor Antonius.* Philipp. V. 7. *in fine.* (t. 14 p. 274. Leclerc.)

Vendit Italiœ POSSESSIONES (Rullus) *ex ordine omnes..* De Leg. agrar. I. 2.

Sunt enim multi agri lege Cornelia publicati, nec cuiquam assignati, neque venditi, qui a paucis hominibus impudentissime POSSIDENTUR. De Lege agr. III. 3.

Qui verò se populares volunt, ob eamque causam aut agrariam rem tentant, ut POSSESSORES *suis sedibus* (1) *pellantur*...... De officiis, II. 22. (Ajoutez le texte cité *suprà* page 185. note 3.

Acerrimo adversario legis caussamque POSSESSORUM *publici agri, tanquam tertio consuli, sustinenti* (App. Claudio). Tit. Liv. II. 61. (t. 1. p. 514. Drakenb.)

Agri publici dividendi spes et vectigali POSSESSORIBUS *agrorum imposito*..... Ibid. IV. 36. (p. 1013.)

Desiderium agrariœ legis, quœ POSSESSO *per injuriam agro publico, patres pellebat.* Ibid. IV. 51.

(1) Le mot *sedibus* rappelle la fameuse étymologie du mot *Possession*, donnée par le jurisconsulte Labeon. V. fragm. 1. Digeste, liv. 41. tit. 2.

Vociferante : si injusti domini POSSESSIONE *agri publici cederent..... Ibid.* IV. 53.

Criminabantur....., nobiles homines in POSSESSIONEM *agri publici grassari.* Ibid. VI. 4 et 15.

Assignavit et agros, sed non continuos, ne quis POSSESSORUM *expelleretur.* Sueton. J. Cæsar. § 38. (t. 1. p. 51. édit. Wolf. 1802.)

Quum..... ipse veteranos..... municipalibus agris collocandos recepisset : neque veteranorum, neque POSSESSORUM *gratiam tenuit.* Ibid. Octav. § 13. *in fine.* (Ibid. p. 125.)

Loca in urbe publica juris ambigui POSSESSORIBUS *adjudicavit.* Ibid. § 32. (Ibid. p. 151.)

Militibus in concione agros ex suis possessionibus pollicetur, quaterna in singulos jugera..... (Cæs. *de Bell. civ.* I. 17 p. 542. Oudendorp.)

Deformis urbs veteribus incendiis erat : vacuas occupare et ædificare si POSSESSORES *cessarent, cuicumque permisit.* Suetone, *Vespas.* 8. (t. 2. p. 290. Baumg. Crusius.)

Namque eodem tempore, cum penitus exhaustum esset ærarium..... loca publica quæ in circuitu capitolii pontificibus, auguribus..... IN POSSESSIONEM TRADITA ERANT, *cogente inopia vendita sunt.* (Orose, V. 18. p. 340. Édit. d'Havercamp.)

Horum ergo agrorum (il s'agit des *occupatorii*) *nullum æs, nulla forma* (1), *quæ publicæ fidei* POSSESSORIBUS *testimonium reddat : quoniam non ex mensuris*

(1) J'ai déjà rapporté ce texte *suprà* pag. 120

actis, unusquisque miles modum accepit, sed quod aut excoluit, aut in spe colendi occupavit. Quidam vero POSSESSIONUM *suarum privatim formas fecerunt, quæ nec ipsos vicinis, nec sibi vicinos obligant, quoniam res est voluntaria.* Siculus Flaccus, apud Goësium, p. 3 et 4.

De locis publicis sive populi romani sive coloniarum municipiorumve controversia est, quoties ea quæ neque assignata, neque vendita fuerint, aliquis POSSEDERIT, *etc., etc.* Pseudo Frontinus apud Goësium, p. 42. *Adde:* Aggenus Urbinus, *ibid.* p. 67. et Hygin. *ibid.* p. 205 et *alibi.*

POSSESSORUM *securitati.....* Gruter, *Inscript. ant.* t. 2. p. 1081.

Agrum POSSESSIONEMVE, Fulv. Ursin. tab. 2. *Leg. et Senat. ad Calcem. ant. Aug. de Legibus et Senat.* édit. de 1584. Ce fragment de testament a été ensuite recueilli dans les collections de Gruter et de Spangenberg.

Invitum, quamvis plus, quam per legem Liciniam et Semproniam liceat, POSSEDERIT, POSSESSIONE *tamen viginti viri ne pellunto.* Legis Juliæ fragmenta, apud Goës. p. 350 (1).

(1) On peut ajouter à nos indications, quelques autres textes anciens cités par M. de Savigny, *das recht des Besitzes*, pag. 175. (Giessen, 1827:) et par M. Niebuhr, *Hist. rom.*, tome 3. page 191-92. — Les *rei agrariæ scriptores* fournissent de nombreux souvenirs analogues.—Voy. aussi deux senatus-consultes, rapportés par Frontin: *de Aquæductibus*, pag. 193 et 222, éd. de Poleni. (1722.)

Nous pourrions multiplier les preuves et les exemples ; mais nous nous arrêtons ; pour tout homme qui lira les écrivains latins avec impartialité, il sera démontré que *possession* et *possesseur* ont été primitivement des mots consacrés et employés, dans le droit public et civil des Romains, comme l'expression légale de la condition civile des personnes et des terres, dans leur rapport avec l'*Ager publicus*.

Cette qualification, une fois adoptée, on organisa à côté du droit écrit, si rigoureux, un droit d'équité plus tolérant, pour régler les transmissions et garantir la jouissance de cette espèce particulière de domaine privé. En effet, tous les monumens de l'histoire et du droit s'accordent pour attester que cette *possession*, une fois établie, était comme la propriété, susceptible d'héritage et de vente (1) ; jamais le *dominium* ne pouvait s'en acquérir par l'usucapion, mais dans le cours ordinaire des choses, le *possesseur* était traité comme le propriétaire.

L'instrument de cette innovation, dans la jurisprudence, fut l'autorité Prétorienne. Il s'était établi sur la *possession* ou jouissance de l'*Ager publicus*, un système tout à fait en dehors du droit commun. Comme cette *possession* était une portion considérable de la fortune des citoyens, et que l'*Ager*

(1) *Relictas sibi à majoribus sedes, quasi jure hereditario*, POSSIDEBANT. Florus, 3, 13. (page 556. Duker, 1744.) — Voyez d'autres preuves tirées d'Appien, de Ciceron, etc., au chap. précédent.

provincialis était, comme nous le verrons plus tard, par rapport au droit civil des XII tables, dans une condition analogue à celle de l'*Ager publicus* (1); on conçoit très-bien qu'une opinion générale d'équité ait constitué peu à peu le droit héréditaire de transmission, et l'on conçoit très-bien encore que la nature de cette espèce particulière de propriété ait exigé fréquemment l'intervention du préteur pour sanctionner la *coutume*; car sans l'intervention du magistrat, le testament n'aurait pu transférer la succession, et chaque *possession* particulière eut été vacante de droit à chaque décès. Ainsi, non-seulement le droit d'hériter fut gardé par le préteur, dans les cas où, selon le droit civil rigoureux, il n'y avait pas lieu à hériter; mais dans les autres mutations *entre vifs*, l'*Ager publicus* put encore être l'objet d'une possession utile *pro donato*, *pro empto*, *pro dote*, etc., malgré le caractère d'imprescriptibilité dont il était revêtu (2).

(1) Le plus instruit des *Agrimensores*, Siculus Flaccus, nous révèle un fait important qui avait dû augmenter beaucoup le nombre des propriétés dont la condition civile était analogue à celle des *possessiones*. « *In quæstoriis agris*, dit-il, *adhùc in regionibus quibusdam manentibus lapidibus, quibus limites inveniri possunt, aliqua vestigia reservant: sed ut suprà diximus, emendo vendendoque aliquas particulas, ita confuderunt possessores*, UT AD OCCUPATORIORUM CONDITIONEM RECIDERINT. Apud Goes., pag. 15. et *suprà pag.* 126.

(2) « Ce pouvoir souverain, qui d'abord, l'avait conférée,
» (la possession de l'*Ager*) qui la protégeait contre l'injustice,
» la conférait à l'héritier, qui, à son tour, et comme son pré-

Voilà comment s'explique l'établissement si remarquable d'un *droit honoraire*, qui fondait à côté du droit civil, si respecté des Romains, une jurisprudence qui violait systématiquement le droit positif, et qui, cependant, fut observée avec fidélité, qui trouva peu de contradiction, et qui gouverna facilement la population romaine. D'ailleurs le droit prétorien ne prit tout son développement à Rome, qu'à l'époque où le sentiment de la justice naturelle et d'une équité purement philosophique, s'y développa largement par l'influence de la littérature grecque. L'opinion publique éclairée par cette lumière, soutenue par cette immense force morale, fut le point d'appui du droit prétorien, et cette opinion publique était toute en faveur des possesseurs (1); d'abord, parce que toute la classe

» décesseur, pouvait invoquer l'appui de cette puissance. » Le préteur donnait la possession de la terre à celui qui, » si elle eût été propriété, aurait fait valoir ses droits comme » héritier, les fondant soit sur la législation, soit sur la der- » nière volonté. L'État pouvant disposer librement de sa » propriété; l'autorité n'était pas liée non plus par les dispo- » sitions du droit : elle pouvait s'écarter aussi des actes de » dernière volonté, qui, dans ce cas, n'étaient plus que de » simples vœux. Elle se dirigeait par l'équité et la raison, » chaque préteur à sa manière; et chacun pouvait avoir là- » dessus des idées tout autres que son prédécesseur. » Niebuhr, *Hist. rom.*, III, 205).

(1) Voyez Ciceron, *de officiis*, II, 22, 23, *et alibi* (opp. t. 3. p. 252, 253, d'Olivet.) — Florus, *loc. cit.*, Appien, *loc. cit.*, etc. Voyez aussi le chap. précédent.

éclairée de la population y avait un intérêt matériel à défendre, et, en second lieu, parce qu'à Rome, comme chez tous les peuples éclairés, les espérances et les habitudes, qui sont la conséquence d'une longue possession, et le danger des révolutions qui naissent du bouleversement des fortunes, paraissaient être un obstacle invincible à tout changement de politique à cet égard (1).

On ne peut tirer argument contre notre système, d'une jurisprudence qui ne remonte qu'à la période impériale. Il est certain que le droit de *possession* y devint l'objet d'une application pratique toute différente de celle que nous venons d'indiquer, et cela est prouvé par les textes usuels du droit romain. Mais, à cette époque, l'institution primitive de la *bonorum possessio*, avait complètement changé de nature et d'objet; et cela s'explique facilement par le changement des temps et des circonstances.

Il en est de même des *interdits possessoires* (2);

(1) Ciceron, *de officiis*, *loc. cit.*

(2) « Ursprunglich, und von den altesten zeiten her, gab es » zweyerley recht am boden: eigenthum am *ager privatus* » mit vindication, und *possessio* am *ager publicus* mit einem » ahnlichen schutz, wie wir ihn jetzt in den prätorischen » interdicten finden. — Späterhin nahm der prätor dieses » rechtsverhaltnitz in das edict auf, und so entstanden die » interdicte als prätorische rechtsmittel, vielleicht ohne » eine merkliche aenderung in den rechtssätzen selbst. — » Gleichfalls in einer späteren zeit fand man es bequem, » die *possessio*, die sich nun einmal fur den *ager publicus*

institués d'abord pour garantir la possession de l'*Ager publicus* (1), ils s'appliquèrent plus tard à la

» ausgebildet hatte, auch auf den *ager privatus* anzuwenden, » fur welchen sie weniger dringendes bedurfnisz war, und » wofur man sie schwerlich zuerst erfunden haben wurde. » Und diese spätere anwendung auf den *ager privatus* ist » das einzige, was uns in unsren rechtsquellen, die den *ager* » *publicus* fast gar nicht mehr kennen, ubrig geblieben ist. » Ob nun diese ausdehnung älter oder neuer ist, als die » aufnahme der interdicte in das edict, und wie uberhaupt » das edict die sache aufnahm und behandelte, wissen » wir durchaus nicht. Dennoch finden wir selbst im edict » einige spuren des ursprunglichen zusammenhangs zwis- » chen der *possessio* und dem *ager publicus*. Eine solche » spur liegt gerade in der form der interdicte, die man fur » die *possessio*, zugleich aber auch fur den *locus publicus*, » *flumen publicum* u. s. w. wählte; eine folge davon ist, » dasz diese gegenstande im edict selbst (so wie noch jetzt » in den pandeckten) ganz nahe zusammen stehen. Eine » zweyte spur liegt in der formel des interdicts *uti possidetis*. » Diese lautet namlich in den pandekten so : *uti eas ædes*..... » *possidetis*..... *vim fieri veto*. Allein fruher war sie so » abgefaszt : *uti nunc possidetis eum fundum*.... *vim fieri* » *veto*. (Festus, v°. *Possessio*). Diese fruhere formel scheint » noch aus der alten verbindung mit dem *ager publicus* » ubrig zu seyn, als aber diese immer mehr vergessen » wurde, scheint man *ædes* gesetzt zu haben, da nun hauser » in Rom allerdings als das nachste und vornehmste beyspiel » angesehen werden Konnten. » — (Savigny, *das recht des Besitzes*, ester abschnitt, *in fine*. Page 181-82, éd. de 1826. Giessen.) »

(1) *Causæ possessionum, prætorum interdicta*. Cicéron, *de leg. agrar.*, III, 3. *adde*. Denys d'Halic. *antiq. rom.*, VII, 72.

possession de l'*Ager privatus* comme à celle de l'*Ager publicus* (1).

Quand l'histoire ne se chargerait pas de nous expliquer, à cet égard, les variations du droit, ne savons-nous pas que chez tous les peuples, les mêmes institutions civiles et politiques ont changé de caractère d'âge en âge avec la société dans laquelle et pour laquelle elles se mouvaient?

Les mutations de la *possession* étant dépourvues de toutes les formes solennelles qu'on avait imaginées pour donner une sûreté parfaite à la *propriété* proprement dite, et n'ayant aucune des *actions civiles*, qui étaient l'attribut de cette dernière, elles ne pouvaient être garanties que par les *édits possessoires*; et c'est par une extension égale à celle que reçut la *possession* elle-même, au fond et en la forme, que les édits du préteur, s'appliquèrent sur une plus grande échelle à toute espèce de *possession*, surtout lorsque la trace de l'ancien *Ager publicus* eut complétement disparu. On pourrait trouver dans le

L. 32, 33. page 519. éd. Hudson, et *ibid.* x, 32. l. 25 et suiv. page 628. Sur le vrai caractère des oraisons contre Rullus, et sur la restitution de la loi proposée par ce tribun, il existe un excellent travail de Birger Thorlac, dans le premier vol. de ses *Opuscula.* (Hauniæ, 1806, in-8°,) page 259 et suiv.

(1) Voyez seulement le titre des Institutes de Justinien, *de interdictis*, (IV, 15,) dans l'excellente édition critique et exégétique de M. Schrader. (Berlin, 1832, in-4°, page 721, *et seq.*)

plaidoyer pour Cécina (1), la transition d'une période à l'autre, dans cette partie de l'histoire de droit.

(1) Il est à regretter qu'un philologue profondément versé dans l'archéologie du droit romain, comme l'étaient les érudits du 16me siècle, ne nous ait pas donné une bonne édition de l'*Oraison* pour Cécina, si importante pour l'histoire du droit, et si peu intelligible pour le commun des lecteurs. Le savant Schulting avait été frappé du secours que l'on pouvait tirer de la lecture de Ciceron pour la connaissance du droit romain, et il avait écrit dans cette pensée sa dissertation *de Jurisprudentiâ M. Tullii Ciceronis (*1° *in triade dissertat.* Franeker, 1708, in-4°; 2° *in Commentat. Acad.*, tome 2, page 71-118 et *alibi.*)Cet exemple avait produit ses fruits, et l'on peut voir dans les *Inst. hist. dogmatiques,* de Haubold, (Lips. 1826, in-8°) page 156. 47, la série d'ouvrages de ce genre qu'a produit l'étude de Ciceron appliquée au droit romain. Nous signalerons surtout l'ouvrage suivant: *henr. const.* CRAS *dissert. quâ specimen jurisprudentiæ Ciceronianæ exhibitur; sive Ciceronem justam pro A. Cæcina causam dixisse ostenditur. Lugduni batav.*, 1769, in-4° : Mais la découverte du manuscrit de Gaius, à Vérone (1816,) a jeté une lumière nouvelle et sur la science du droit, et sur le discours de Ciceron *pro Cæcina*, et le travail de M. Cras est à refaire, au moins en partie. M. de Savigny a signalé, dans son *Recht des Besitzes* (Voy. *ad calcem*, le *Quellen-register*, p. 609.), les principaux renseignements que l'on peut tirer aujourd'hui du discours *pro Cæcina.* — Voyez encore sur Ciceron jurisconsulte, Bæhr, *Geschichte der Romischen litteratur* (Carlsruhe 1832,) page 496 et suiv.; et la savante *Histoire du droit romain*, de Zimmern, malheureusement restée inachevée par la mort de son auteur. (*Geschichte des Romischen privatrechts bis Justinian;* erst. b. erst. abtheil., page 287 et suivantes.). Le *Farrago* de commentaires et de notes que l'on trouve dans le *Cæcina* de Lemaire, accuse, dans le compilateur, une ignorance complète du droit romain.

L'application des interdits possessoires à l'*Ager privatus* aura d'abord été sans importance, en comparaison de l'application qu'on en faisait à l'*Ager publicus*. Mais la proportion dut augmenter, lorsque le droit romain gouverna le sol des anciennes *provinciæ*, et que le mouvement des esprits et des révolutions eut réduit à l'oubli les formes vieillies de la transmission des propriétés; ajoutez à ces circonstances la diminution toujours croissante de l'*Ager publicus*.

La dernière application des formes de l'ancien droit de *possession*, dont l'histoire du droit nous ait conservé le souvenir, se trouve dans un fragment du jurisconsulte Paul (1). Il s'agit des terres de la Germanie romaine, sur la rive droite du Rhin, et à l'extrême frontière de l'empire. L'ancien droit s'y maintint, à ce qu'il paraît, jusqu'à Honorius et Théodose (2), époque à laquelle ce qui n'était que

(1) Voyez Paul, fragment II, Digeste XXXIX. — Ce fragm. a été aussi conservé dans les *Sentences* du même jurisconsulte. Voy. Schulting, *Jurisprud. vet. ante Justinian.*, p. 484, édit. de 1737, et Brisson, *Antiq. Select. loc. infrà cit.* (IV. 1. Trekell.)

(2) Voy. la constitution importante d'Honorius et Théodose, (RUBR. *occupatorios agros militum, perpetuò jure proprias eorum esse*) dans le Code Théodosien, liv. 2, tit. 23. I. et *ibi* Gothofred. (Tome 1, page 219 et *seq.* Ritter.) Cette constitution ne se retrouve pas dans le Code de Justinien, et il n'y a pas vestige de son objet dans la compilation des pandectes, parce qu'au temps de Justinien, les discussions qui se rattachaient à cette matière étaient complétement tombées en désuétude..

possession, fut converti en pleine propriété. — (Année 423) (1).

Nous trouvons encore dans l'histoire de l'ancienne *possessio* romaine, la clef de cette institution si remarquable et si mystérieuse, qu'on ne retrouve que dans la constitution civile de Rome ancienne, je veux parler de la coexistence d'un double droit de propriété (*duplex dominium.*) L'un Romain, civil, véritablement légitime (*dominium quiritarium, dominium legitimum, dominium optimo jure,*) domaine par excellence; l'autre, simple domaine naturel, dérivé du droit des gens, production d'une jurisprudence plus tolérante et plus facile (*dominium bonitarium, naturale, ex jure gentium*); ayant tous les deux leur théorie propre, leur organisation spéciale et leur objet précis (2).

(1) Le silence complet des monuments du droit oriental romain, a porté Niebuhr à penser que la distinction du *dominium* et de la *possessio* primitive, fut toujours étrangère à l'Orient et lui demeura inconnue.

(2) Voy. Savigny, *loc. cit.*, page 76. — Je ne doute pas aussi qu'une procédure (*lis vindiciarum*) qui dans des temps plus modernes, n'avait plus pour objet que l'adjudication d'une possession provisoire et pendant procès, ne dut son institution primitive à la *possession* de l'*ager publicus*. Le texte d'Asconius (*in act.* II. *in Verrem*, *lib.* 1, § 115, *apud Scholiastas Ciceronis*, éd. Orelli, tome 2, page 191. *Pseudo Asconius*) permet de le penser : « LIS VINDICIARUM, » *est, cum litigatur de eâ re apud prætorem, cujus incertum* » *est quis debeat esse* POSSESSOR : *et ideò, qui eam* TENET, *dat* » *pro prædé litis vindiciarum adversario suo, quo illi satis-*

Peut-être y trouverons-nous encore l'explication de cette grande distinction des choses qui faisaient l'objet de la propriété, en *res mancipi*, et *res nec mancipi*; mais la distinction des *domaines* et des *choses*, arrêtera plus tard et plus longtemps notre attention.

Telle a été l'origine du *droit de possession*, dont la théorie, transformée par le temps, en une institution d'un ordre tout à fait différent, a produit, dans le droit romain et dans les législations modernes, de si heureux résultats. On peut comprendre quelle haute influence elle exerça sur le droit en général, et sur la propriété en particulier, même après l'époque où l'*Ager publicus* n'était plus l'objet direct des controverses possessoires, lorsqu'on se souvient que tous les jours, cette matière tombait en application. La distinction des deux *domaines*, rendait journalière l'invocation de l'*usucapion*, dont la

» *faciat, nihil se deterius in* POSSESSIONE *facturum, de quâ* » *jurgium esset, rursus sponsione ipse provocatus ab adversario* » CERTARE PUGNAM *aut æstimationis, quid amittat, ni sua sit* » *hæreditas, de quâ contendit*. Voy. aussi *ibid.*, § 116. On trouve ici la trace de l'ancien combat judiciaire des Romains. (Voy. notre *Hist. du Droit Romain*, page 82, et la savante dissertation de Savigny: *Lis vindiciarum*, dans le tome 3e de son *Zeitschrift* (1817.) — L'édition Aldine corrige le *certare pugnam* de l'édition *princeps* en *certæ pecuniæ*. La première leçon est évidemment la meilleure; et je crois que le texte *drinceps* était également préférable, lorsqu'au lieu de *cujus incertum*, il portait: *cujus apud prætorem certum*, etc., etc.

possession était la base. La translation de propriété s'opérait par la tradition, et la possession en était aussi le principe et la fin. Chaque action réelle exigeait une procédure préalable pour l'adjudication d'une *possession* provisoire qui influait sur le fond du procès. En un mot, la *possession* était l'élément et la garantie de tous les intérêts, de toutes les actions; l'obligation de la fixer revenait à chaque instant; et voilà ce qui explique le développement que cette doctrine a reçu dans le droit romain, tandis que dans notre droit français actuel, quelques articles fugitifs font à peine souvenir qu'il existe un *droit de possession*. Voilà comment encore cette matière, sous la plume de Savigny, a pris une forme si éminemment originale et Romaine.

La restitution du caractère propre de la *possession romaine*, a donc été l'un des plus signalés services qu'aient rendus à la science MM. Niebuhr et de Savigny. Le droit romain ancien en est ressorti avec plus d'éclat, et les obscurités inexplicables des ignorantes compilations de l'empire d'Orient, en ont reçu une vive lumière. Mais qu'il nous soit permis de le dire, sans diminuer l'estime qui est acquise à l'un des érudits les plus renommés de notre siècle, les idées de M. Niebuhr, que nous avons accueillies comme une doctrine fondamentale, comme une clef des antiquités du droit romain, n'étaient point la propriété personnelle du savant Danois. L'illustre et modeste Savigny avait rendu à l'émule de Cujas, à Doneau, la justice de le reconnaître comme le premier auteur d'une théorie vraie de la *possession civile*. Nous regrettons que M. Niebuhr n'ait pas rendu la même justice aux premiers créateurs de la théorie historique de la *possession Romaine*; je veux parler d'Alciat et de Brisson. Le premier introduisit dans l'étude du droit romain, la lumière de la littérature classique; et le second fut un des plus profonds érudits du 16me siècle. L'un et l'autre avaient démêlé la nature primitive de la *possession* et avaient tracé son caractère avec assez de précision, et une remarquable sagacité : Alciat, dans son commentaire sur le titre du Digeste *de verborum significatione* (1); Brisson, dans ses *Antiquitates selectæ* (2), livre trop négligé de notre temps. Mais il reste encore à Niebuhr le mérite assez grand, d'avoir le premier, depuis le 16me siècle, ramené l'attention sur ce point capital de l'histoire du droit et d'avoir apperçu dans un premier fait, acquis à la science, la théorie des principales institutions judiciaires des Romains.

(1) Voy. Alciat, *loc. cit. suprà*. Voy. aussi son traité *de Verborum significatione* (*Opp.* éd. cit., tom. 6, pag. 314). Duker a réuni ces différens textes dans sa collection curieuse intitulée: *Opuscula varia de latinitate jurisconsultorum veterum* (*Traj. ad Rhenum* 1761, in-8°, pag. 71). Alciat avait défendu avec chaleur la latinité des jurisconsultes romains, injustement attaquée par le célèbre Laurent Valla. voy. mon *Hist. du droit romain*, pag. 292.

(2) C'est dans le chapitre 1, liv. 4me (*Opera minora*, éd. Trekell, p. 90-91), que Brisson développe sa théorie. Nous la reproduisons dans nos *pièces justificatives* n° 3.

CHAPITRE TROISIEME.

DU CARACTÈRE POLITIQUE DE LA PROPRIÉTÉ ROMAINE.

§ Ier. *Du Droit de Cité, dans ses rapports avec la propriété privée.*

La première condition de la légitimité du droit de propriété foncière, était que le propriétaire fût Citoyen Romain. Cette règle, jadis invariable et inhérente à la constitution de l'État Romain, fléchit avec le temps, devant l'influence de la politique internationale ou de la philosophie du droit ; mais sa certitude et sa rigueur, dans l'ancien droit romain, nous offrent un trait remarquable. Ciceron et le jurisconsulte Gaius nous en ont conservé un monument important, dans ce fragment de la loi des XII Tables, qui proclamait ce principe solennel : *Adversùs hostem æterna auctoritas esto* (1).

(1) Ciceron, *de officiis*, *lib.* 1, § 12, (*Opp.* tom. 3. p. 187. éd. d'Olivet.) — Gaius, fragm. 234. Digeste 50, 16. Édit. Götting.

Hostis, dans la vieille langue latine, était synonyme d'*étranger*, PEREGRINUS (1); on nommait encore de ce nom le Romain qui avait perdu le droit de cité par l'effet d'une condamnation criminelle, et qui était ainsi devenu étranger (2). *Auctoritas* avait aussi, dans l'ancienne langue romaine, une signification éloignée de celle que les Latins modernes lui ont donnée; il exprimait l'idée du *droit de revendiquer et de défendre* en justice; il équivalait presque à *droit de propriété* (3).

(1) Voyez Festus. V.° *Hostis*, page 76, édit. Lindemann, et *ibi viri docti*, p. 450; — Varron, *de Ling. Latin.* V, p. 14, édit. Spengel. *Hostis* est deux fois employé par Plaute, dans ce sens : dans le *Rudens*, act. 2, scèn. 4, v. 21', et dans le *Trinummus*, act. 1, scèn. 2, v. 75. Édit. Taubman, p. 1197 et 1312, et *ibi* Taubm., surtout p. 1317. Cette ancienne signification de *hostis*, a souvent attiré l'attention des savants. (Voyez à ce sujet les indications de Schulting et de Smallenburg, *ad Pandectas*, tom. 2, pag. 784.

(2) Voyez Ciceron et Gaïus, *loc. cit.* Tertullien, *Apologet.*, 35 et 36. Havercamp. — Smallenb. *loc. cit.*

(3) Le sens spécial d'*auctoritas* a été vaguement défini par Rob. Etienne. (*Thes. ling. lat.* Éd. 1740, Bale, tom. 1, p. 340.) Il a été fixé avec précision par Brisson (*de Verb. quæ ad jus pertinent signific.* pag. 45. éd. 1596.), et après lui par Forcellini (*Tot. Latin. Lexic.* t. 1. p. 217. édit. Bailey. 1828.) Mais comme dans les auteurs latins, cette acception légale d'*auctoritas*, a reçu différentes modifications, il faut consulter, sur l'histoire de ce mot, Guill. Budée (*Annotat. in* 24 *Pandect. libros.* Lugdun. 1541. pag. 689) et Duker (*Opuscula varia de latinitate jurisconsult. veter.* 1761. pag. 71, 278, et suiv.)

Le sens de la loi romaine était donc que l'*étranger* ne pouvait jamais prescrire contre un Romain (1); disposition qui nous rappelle notre ancien droit d'aubaine (2). Et comme, d'un autre côté, il fallait être *citoyen*, pour acquérir par les moyens civils et solennels qui donnaient le droit de propriété romaine (3), il s'ensuit que les étrangers étaient exclus, à Rome, de toute participation au droit de propriété garanti par les lois. Cette législation exclusive a longtemps gouverné l'Europe moderne; elle n'a même été rayée définitivement de nos Codes français, que par la loi du 14 juillet 1819.

Nous avons un témoignage bien précis de la rigueur de l'ancien droit romain, à cet égard, dans ce texte du Gaius de Verone : *Aut enim* EX JURE QUIRITIUM *unusquisque dominus erat, aut non intelligebatur dominus* (4). Le *dominium* était donc inséparable du *Jus Quiritium*, du droit de cité romaine.

A ce sujet, nous croyons devoir fixer ici ce qu'on entendait par le *Jus Quiritium*; se confondait-il avec le *Jus civitatis*, ou bien était-il plus ou moins que le *Jus civitatis* (ou simplement *civitas*)? Ces questions

(1) C'est ce qu'a très-bien compris et exprimé Grævius sur Ciceron, *Offic. I.* 12. (*loc. cit.*) — Voyez le tome cité de l'édition de d'Olivet, page 536.

(2) Voy. Pothier, *Traité des prescriptions*, n° 20.

(3) *Voy.* le chapitre suivant, *de la Mancipation*.

(4) Gaius, *Instit. lib.* 2. § 40. p. 102 édit. Berlin, 1824.

ont souvent été agitées (1), je ne veux point les débattre de nouveau. Je propose seulement la solution suivante.

Le sens qu'on a donné, à Rome, à *Jus Quiritium* et à *Jus civitatis*, n'a pas été le même dans tous les temps; dans les temps reculés, il n'y avait aucune différence entre l'un et l'autre. Il reste des traces nombreuses de cette confusion dans les écrits des jurisconsultes les plus exacts, tels qu'Ulpien et Gaius (2). On sait combien les jurisconsultes romains se sont montrés fidèles aux anciennes traditions. Ils ont poussé l'esprit de conservation, jusqu'à garder la belle latinité dans leurs écrits, en un temps, où la langue littéraire était généralement corrompue (3). Quoiqu'il en soit, cette confusion ancienne du *Jus Quiritium* et du *Jus civitatis*, a égaré beaucoup d'érudits, très-judicieux d'ailleurs, en les entraînant à conclure, d'une manière générale, qu'il n'y avait jamais eu aucune différence entre l'un et l'autre (4).

(1) Voy. les *Antiq. Rom.* d'Heineccius, édit. de Haubold. Francfort. 1822. pages 243 et suiv. et 925 et suiv. L'auteur et l'éditeur y ont réuni toutes les indications bibliographiques qu'on peut désirer sur cette matière.

(2) Gaius *loc. cit. lib.* 2. § 40, où *Jus Quiritium* est évidemment synonyme de *Jus civitatis*; et Ulpien, tit. 3. de ses *fragmens*, surtout au § 2. Les annotations de Schulting sur sur ce texte, sont peu satisfaisantes (*Jurisprud. vetus ante-Justin.* 1737. pag. 574.)

(3) Voyez mon *Hist. du Droit Romain*, pages 292 et suiv., et l'ouvrage de Duker déjà cité.

(4) Voyez Mylius, *Dissert. de jure quiritium*, insérée par

Mais on remarque dans les écrivains latins du second siècle une nuance tranchée entre le *Jus Quiritium* et le *Jus civitatis* (1); l'introduction de cette différence fut, sans doute, une conséquence de la graduation des droits de cité, accordés aux différentes espèces d'affranchis (2). Il est impossible de ne pas reconnaître cette démarcation positive dans deux textes précis de Pline le jeune (3). La différence paraît avoir consisté dans un complément de droit de cité, dont *Jus Quiritium* entraînait l'idée, au profit de ceux qui jouissaient déjà d'un premier degré de droit de cité, dont *Jus civitatis* était l'expression consacrée. Ainsi les *Latini*, dont parlent Pline l'ancien et Suétone (4), jouissaient du *Jus civitatis* et n'avaient pas le *Jus Quiritium*; ainsi des esclaves affranchis de Pline le jeune (5).

Reitz, dans le tome 2 de son édition de Théophile, (1751, pag. 1090 et suiv.;) — Conradi, *Comment. de jure quiritium a civitate romana non diverso*, Helmstadt, 1742. etc., etc.

(1) Principalement dans Pline l'ancien (*Hist. nat.*, *lib.* 5, *cap.* 5. Tome 1, pag. 250 : édit. Harduin. 1723), Pline le jeune, *Épist.*, *lib.* x, ép. 4 et 22, pages 715 et 731. Édit. Cortius, 1734; et Suetone, *Claud.*, § 19, tom. 2, page 107. Edit. Hase.

(2) Les Institutes de Justinien nous ont conservé des détails précieux et à peu près complets sur ces différentes classes d'affranchis. — Voyez *Inst.*, *lib.* 1er, tit. 5, (page 42 de la grande édition de Schrader. *ubi. not. édit.*)

(3) *Loc. cit. suprà.* Note 1.

(4) *Loc. cit.* Note 1. *suprà.*

(5) *Loc. cit.* Note 1. *suprà.*

Dans cette position, *Jus Quiritium* équivalait à l'*Optimum jus civium romanorum* (1); il comprenait le *Jus civitatis;* mais le *Jus civitatis* ne comprenait pas, à son tour, le *Jus Quiritium;* il n'en était, au contraire qu'un démembrement. En effet, le droit de cité romaine emportait la jouissance complète des *droits civils et politiques.* Or, tout ce qui était spécialement relatif à la jouissance et à la participation du droit privé, fut caractérisé par l'expression *Jus civitatis* (2); et lorsque l'isopolitie dut comprendre aussi la jouissance des droits politiques, on l'appela *Jus Quiritium.* Cette explication simple (3) semble

(1) Cette locution se rencontre souvent pour *Jus quiritium*, elle est fréquemment employée par Ciceron. Voyez Ernesti, *Clavis Ciceron.* pag. 375 et 376, édit. de Leclerc. Ce philologue a pourtant mal défini le *Jus quiritium :* JUS CIVILE, *quod proprium est iis civibus qui* JUS, CIVITATIS *habent* JURE OPTIMO. *Jus quiritium* donnait plus que des capacités civiles, telles que le *Connubium* et le *Commercium ;* il donnait aussi la capacité politique, le *Jus suffragii*, le *Jus honorum.* Quand on avait celle-ci, on avait toujours l'autre ; mais on pouvait avoir la première sans la seconde. Il en est ainsi chez plusieurs peuples modernes, par exemple en France et en Angleterre, où l'on admet plusieurs degrés de naturalisation.

(2) Heineccius, *Antiq. rom., loc. cit.;* Trekell, *Select. ant.* dans le Théophile de Reitz, *loc. cit.*; Cortius, *ad Plinii epist., loc. cit.*, et après eux M. Naudet, *des Changemens*, etc., t. 1, p. 44, ont adopté précisément le contre-pied de ma proposition. Selon eux, *Jus quiritium* se rapportait aux droits civils, et *Civitas* aux droits politiques. Les textes des deux Pline, de Suetone, d'Ulpien, condamnent complétement ce système.

(3) Reitz, *ad Theophil.*, page 1094, avait présenté cette

résoudre toutes les difficultésauxquelles peut donner lieu l'interprétation de différents textes des auteurs anciens (1).

Ainsi, le *Peregrinus* était exclu de la propriété romaine et privé du droit de la transmettre, de la revendiquer et de la défendre en justice. C'est le cas dans lequel l'adversaire de Cécina voulait placer ce dernier (2). Ciceron ne contestait pas le principe, mais il en éludait les effets, en attaquant la légalité ou l'application du décret de Sylla, et il plaçait subsidiairement son client, dans la condition des habitans des XII colonies, dont nous parlerons bientôt.

Le *Peregrinus* (et l'on sait que par ce mot on entendait non-seulement l'étranger véritable, mais encore les sujets de l'empire qui, privés par le droit de la conquête, de la liberté politique ou de la propriété des terres, n'avaient obtenu aucune communication du droit de cité, lequel renfermé pendant longtemps dans l'enceinte de Rome et puis de l'Italie, ne fut étendu à tout l'empire que sous Caracalla), le *Peregrinus* ne pouvait échapper à cette condition,

idée en quelques lignes, qui sont devenues un système développé sur la plume de M. de Savigny. Voyez Haubold., *Epichrisis ad antiq. rom. Heinecc.* page 925. Je regrette de n'avoir pu consulter les dissertations spéciales du vénérable professeur de Berlin; mais il me paraît qu'il n'a point indiqué les époques différentes de l'histoire du *Jus quiritium*.

(1) Ulpien, lui-même, reçoit une explication satisfaisante, au moyen de la théorie que je présente.

(2) *Pro Cœcina*, § 33 et suiv. édit. de Leclerc, et *ibid.* § 7 et suiv.

qu'autant que l'état auquel il appartenait, avait reçu le droit de cité, ou quelqu'un de ses démembremens, et entr'autres le *Commercium* (1).

Les états étrangers recevaient quelquefois le *Jus civitatis*; telle fut Marseille encore indépendante (2). Quant aux pays conquis, ils obtenaient souvent aussi cette faveur, mais avec différentes modifications. Aux uns on laissait la liberté politique, la propriété; telles furent la plupart des villes de Sicile (3); aux autre son accordait le *Commercium* seul, c'est-à-dire, le *Jus emendi vendendique* (4); ce qui leur donnait la communication du droit de propriété avec la municipalité Romaine. Quelquefois le *Commercium* n'emportait que le droit de transmission de propriété entre les vaincus eux-mêmes, sans communication avec les Romains; tel fut le cas de la Macédoine (5). Le *Commercium* entraînait la *Testamenti factio*, qui

(1) Ulpien, *fragm.*, tit. XIX, 4. — *ibi* Schulting, (*Jurisprud. vet. ante Justin.*, édit. 1737, page 621.

(2) Voyez Justin, *lib.* 43, *cap.* 4, (page 719, éd. Gronov., 1760.) — Gaius parle aussi dans ses *Institutes*, du droit de cité dont jouissait Marseille.

(3) Voyez *suprà*, pag. 159 et suiv., de l'*Ager publicus*.

(4) *Commercium est emendi vendendi quò invicem jus*. Ulpien, *loc. cit.*, § 5. — Voyez Schrader, *ad institut.*; édit. citée, page 360. — Et pour des exemples de suppression de *Commercium*, chez les vaincus, Tite-Live, VIII, 14. (Tom. 2, page 723, édit. Drakenb.)

(5) *Pronuntiavit deindè* (Paulus), NEQUE CONNUBIUM, NEQUE COMMERCIUM AGRORUM ÆDIFICIORUMQUE INTER SE PLACERE CUIQUAM EXTRA FINES REGIONIS SUÆ ESSE. Tite-Live, *lib.* 45, § 29. Tome 5, page 805. Édit. Drakenb.

conférait le droit de transmettre et d'hériter par testament de romain à étranger (1); et lorsque le *Connubium* y était joint (2), le droit de succession *ab intestat*, qui était un privilége de l'agnation Romaine, en était la conséquence.

§ II. *De la Mancipation.*

Il ne suffisait pas que la personne et le champ fussent *capables* de *Commercium*, il fallait encore que l'événement auquel l'appropriation devait son origine, fut susceptible de produire le droit de *propriété romaine*; c'est-à-dire, que tout moyen d'acquérir ne produisait pas le *Jus legitimi dominii*.

Je ne parlerai point des *moyens d'acquérir*, purement *naturels* ou *originaires*, comme on les nomme dans la langue du droit, tels que l'*occupation* et l'*accession naturelle;* ils ont produit de tout temps, à Rome, le *Legitimum dominium* (3). Je passe rapidement aux moyens dérivés du droit civil.

(1) Voyez Ulpien, tit. 22, § 2, et *ibi* Schulting, *edit. cit.*, page 633. — Et tit. II, § 16, *ibid.*, page 599.

(2) Voyez Ulpien, tit. 5, § 2, 3 et 4, et *ibid.* Schulting, page 577. — Ce fut probablement l'institution du *Commercium*, qui fit naître la doctrine du *Jus possidendi*, dont on trouve la tradition dans plusieurs fragments insérés dans le Digeste. Voyez Schulting et Smallemburg, *Notœ ad Pandectas*, t. 5, page 203, et surtout Jean de la Coste, qui y est cité, et dont les observations sont pleines de sagacité (*ad* § 4. *Inst. de Legatis*). Voy. aussi sur ce texte des *Instit.* le docte Schrader.

(3) Voyez Hugo, *Lehrb. der Geschichte des Romisches rechts.* IIe *Édit.* pag. 198 et suiv.

Deux textes importans nous ont transmis des notions précieuses à cet égard ; l'un est de Varron (1), l'autre est d'Ulpien (2). A la distance où ils ont vécu l'un de l'autre, il n'est pas étonnant qu'on remarque, dans leur récit, quelque différence. D'ailleurs le texte de Varron ne se rapporte qu'à l'acquisition des esclaves ; et celui d'Ulpien, quoique posé en thèse générale, n'a pour objet que les moyens d'acquérir, qu'on nomme *singuliers* : SINGULARUM RERUM (3), et il néglige les moyens *universels*, tels que l'*hérédité* et d'autres semblables. Les voici l'un et l'autre :

Varron : *In emtionibus dominum legitimum sex ferè res perficiunt : si hæreditatem justam adiit : si, ut debuit, mancipio ab eo accepit, à quo jure civili potuit : aut si in jure cessit, cui potuit cedere, et id ubi oportuit : aut si usu cepit : aut si e præda sub corona emit : tumve cum in bonis sectioneve cujus publice venit.*

Ulpien : *Singularum rerum dominia nobis acquiruntur, mancipatione, traditione, usucapione, in jure cessione, adjudicatione, lege.*

On voit, par ces deux textes, que Varron et

(1) *De Re Rusticâ, lib.* 2. *capit.* X. (V. les *rei rusticæ scriptores*, édit. Schneider, tom. 1. pag. 264. n° 4.)

(2) *Fragm. tit.* 19. § 2. (page 620. *édit. cit.* Schulting.)

(3) Voyez Hugo, *loc. cit.* pag. 198. — J'ai négligé, pour le moment, de faire usage d'un texte de Ciceron (*de Officiis, lib.* 1. § 7. tom. 3. pag. 132 d'Olivet) qui m'a paru être d'une application trop vague à la question actuelle, mais dont j'userai, plus tard, avec avantage.

Ulpien se rencontrent en trois points sur six. Sur le tout, leur énumération n'est pas complète, et nous y ferons quelques adjonctions. Le caractère général de ces moyens d'acquérir comporte une certaine publicité, l'intervention formelle ou tacite du pouvoir souverain et des signes certains et extérieurs d'aliénation, lesquels, à une époque reculée, où la preuve écrite manquait, en général, pour témoigner des conventions, remplaçaient les preuves que, dans notre droit, nous tirons de l'écriture. Aussi, l'esprit général du droit romain, est de donner la préférence à la preuve testimoniale sur la preuve écrite, tandis que dans le droit français, la preuve testimoniale est presque toujours sacrifiée à la preuve littérale.

Je m'arrête à la mancipation, et je renvoie à un autre lieu l'histoire des autres moyens d'acquérir.

La *mancipation* était le mode de transmission le plus anciennement connu à Rome (1). Elle était si intimement unie au droit de *propriété romaine*, que plusieurs jurisconsultes archéologues ont pensé qu'à elle seule il avait été donné de produire le *dominium legitimum* (2). Nous n'admettons pas l'exactitude de ce principe exclusif, mais il est certain que la

(1) Voy. Festus, v° *nuncupata pecunia*, p. 182, éd. Lindem. et *ibi* Dacier, p. 533. Ciceron, *de Orat.*, 1, 247. Nobbe.— Bocking, *de mancipii causis*, pages 10 et suiv. (Berlin, 1826, in-8°.)

(2) Heineccius, *Antiq. rom.*, édit. Haubold, page 369 et les auteurs cités par lui.

mancipation a été seule reçue, comme cause immédiate de la propriété légitime, dans les temps reculés de la république.

Le mot de *mancipation* dérivait de *mancipium* dont la principale acception dans la langue romaine, exprimait l'idée du droit de *propriété civile*. *Mancipium* a été, pendant plusieurs siècles l'expression consacrée pour manifester l'idée qui fut rendue plus tard par le mot *dominium* (1); quelquefois il désigna l'objet de la propriété lui-même, d'autres fois l'acte ou la convention qui avait pour objet de transférer la propriété, ce qui s'appelait aussi *lex mancipiorum* (2). *Mancipium* eut cela de commun avec *Nexus* (3);

(1) Sur la signification de *mancipium*, voyez les textes recueillis par Forcellini, *hoc* v°. (page 1146. Édit. Bailey,) et par Scheller, *Lexic. hoc* v°. Ernesti (*Clavis Ciceron.*, page 389, édit. de Leclerc,) n'a pas exprimé une idée précise à cet égard. Les deux premiers lexicographes ont beaucoup mieux saisi le sens et l'histoire du mot.

(2) Sur la *Lex mancipiorum*, voyez Varron, *de linguâ latinâ*, VI, 74, (page 103, édit. Muller.) — Ciceron, *de Orat.*, *lib.* 1, § 39, page 168 d'Olivet et *inf.* p. 228. n. 1.

(3) Voy. Varron, *de ling. latin.*, VII, § 105. (page 161, Muller.) — Forcellini, v° *nexus*, page 1263, édit. Bailey. — Sur la différence entre *Nexus* et *Mancipium*, voyez une lettre de J. F. Gronovius, à Saumaise, dans la *Syllog. Epistol.*, de Burmann, tom. 2, page 549 et Saumaise, *de Usuris*, p. 202 et suivantes, (édit. de 1638.) — Boëce confond le *Nexus* avec la mancipation. (*Scholiast. Ciceron.*, tome 1, p. 322, Orelli.)

mais l'idée de propriété parfaite, *optimo jure*, dominait tellement dans son application usuelle, que la tradition s'en était conservée jusqu'au moyen âge, où Sigebert de Gemblours l'a employé pour exprimer la condition des propriétés allodiales du duc Brunon (1).

De *mancipium*, propriété romaine, naquit la distinction et la qualification des *res mancipi* (pour *mancipii*) et des *res nec mancipi* (2); distinction très-ancienne à Rome (3), et qu'on trouve en pleine application, au temps où écrivait Ciceron (4).

La détermination précise du caractère de chacune de ces deux catégories de choses a vivement exercé la sagacité des jurisconsultes philologues, et l'on ne compte pas moins de neuf systèmes émis pour

(1) *Quidquid habuit jure mancipi, per testamentum ecclesiis....... delegato, mortuus est.* — Ad ann. 965. dans les *Script. rer. francic.*, de Dom. Bouquet, tome 8, pag. 315.

(2) *Mancipi* est évidemment la contraction de *Mancipii*. On trouve indifféremment l'un et l'autre dans les écrivains latins. Voy. les *Fragmenta Vaticana*, de l'abbé Mai, p. 210, édit. de Bucholtz. — Ciceron, *pro Cæcina*, § 26; — *de Haruspic. respons.* § 7. *Sic* Ernesti, Hugo, Forcellini, Bocking, et plusieurs autres. *genitivus per apocopem.* — Voy. en outre Heinecc. *Antiq. rom.*, page 367, Haubold.

(3) Il paraît qu'elle existait déjà à l'époque de la loi *Cincia*. (Voy. le texte des *Vat. Fragm.* cité *suprà*, note 2.

(4) Voyez un exemple saillant dans Ciceron, *pro Flacco*, § 32. (tom. 5. pag. 266. d'Oliv.) voy. aussi *pro Murena*, § 2. (*ibid.* page 204.) — *Topic*, v. *in fine*.

cette explication (1). Serait-il trop téméraire de proposer le dixième ?

Il est incontestable que beaucoup d'objets tant *meubles* qu'*immeubles* n'étaient pas susceptibles de propriété romaine. Pour les immeubles nous avons vu les *possessiones*, les *fundi provinciales*, exclus du *dominium legitimum* et réservés à un simple *usus* ou *possessio*, comme dit Gaius, que nous avons cité. Pour les meubles, il y en eut également beaucoup dont la transmission put s'opérer sans le secours des formules solennelles de la *mancipation*; leur peu d'importance (2), leur destination et la coutume durent être les élémens de la règle, à cet égard.

Cette distinction entre les différents objets de l'appropriation contribua, plus tard, à introduire dans la jurisprudence un droit de propriété *naturelle*, en face de la propriété *civile*; mais avant qu'elle eut produit cette révolution, laquelle exerça elle-même une influence marquée sur la distinction des *res mancipi* et *nec mancipi*, il paraît que le caractère positif de ces dernières (les *nec mancipi*) était de n'être pas susceptibles de propriété romaine. Cette explication semble répondre à toutes les difficultés de la question, et la résoudre.

En effet, 1° Ciceron (*pro Flacco*, *loc. cit.*) identifie évidemment les *mancipi* et les *censui censendo*. *Illud*

(1) On les trouvera clairement et brèvement exposés dans la *chrestomathie* de M. Blondeau, tome 1er, pages 196 et suiv.

(2) Voy. Hugo, *loc. cit.* page 518.

quæro, dit-il, *sintne ista prædia censui censendo : habeant jus civile* : SINT, NECNE SINT, MANCIPI ? L'interprétation que donne à ce texte M. Balhorn-Rosen (1), est invraisemblable et forcée (2); elle est complétement réfutée par un scholiaste ancien (3), dont nous devons la publication au savant abbé Mai.

2° Les *fundi italici* sont *mancipi*, parce qu'ils sont susceptibles *de propriété romaine*. *Mancipi res sunt prædia in italico solo..... mancipatio propria species alienationis est rerum mancipi* (4).

3° Les choses incorporelles, qui ne sont pas susceptibles de mancipation, sont également *nec*

(1) *Uber* DOMINIUM, Lemgo, 1822, in-8°, page 141. Ce savant écrivain veut que Cicéron ait voulu dire : *sint, nec ne sint in mancipio*.

(2) Deux textes de Denys d'Halic. et de Tite-Live, allégués par M. Blondeau, *loc. cit.*, page 198, me semblent étrangers à la question, et le : *Animalia omnis generis scribebantur* de Lactance, ne se rapporte qu'à un abus révoltant et tyrannique dont le chrétien accuse le persécuteur Galère. L'argument qu'on a tiré de ce texte, nous paraît donc mal fondé. (Voy. Lactance de *Mort. persecut.*, § XXIII, tome 2, page 214, éd. Paris, 1748).

(3) Voy. les *Scholia Bobiensia*, dans la collection d'Orelli, tom. 2, pag. 244. 10.

(4) Ulpien, *fragm.* XIX. § 1 et 3. J'admets dans ce dernier §, la correction de Cujas (*Opp.* tom. 1, pag. 328, édit. Neapol. 1722). L'*et* qu'on lit dans la Vulgate avant *rerum mancipi*, est évidemment superflu. Le corrélatif de cette proposition est dans le § 7 : *Traditio propria est alienatio rerum nec mancipi*.

mancipi; il n'y a d'exception que pour quelques servitudes rurales (1).

4° Les choses étrangères aux habitudes nationales des Romains sont également *nec mancipi;* ainsi que, 5° les choses de peu de valeur (2).

Cette distinction se rapporte donc à l'époque où le mot *mancipium* équivalait à *dominium legitimum*, et où la mancipation en était le mode usuel de transmission. Il n'est aucun objet qui nous soit connu pour avoir été anciennement susceptible de *mancipation*, qui ne soit *mancipi;* d'ailleurs le mot lui-même est ici le meilleur indice de la chose, et *res mancipi* étant *res manoipii*, n'est à nos yeux, que *chose de propriété romaine*. Plus tard, et après l'admission d'un *domaine naturel*, et la multiplication des moyens de transmission, *res mancipi* put équivaloir à chose de *mancipation* (3); mais le caractère originaire de cette classe de biens a dû être tiré plutôt de la nature des biens eux-mêmes et des effets de leur appropriation, que de la forme d'après laquelle ils étaient arrivés au détenteur (4).

(1) Fragm. XIX. § 1 et surtout Gaïus, *Institut. lib.* 2. § 17.

(2) Voy. Hugo, pag. 511 et 518, et *Civilist. Magaz.* tom. 2, pag. 72. — Gaïus, *Instit.* § 1. 192.

(3) Voy. Michelsen, *de Except. rei vend. et traditæ*, p. 14.

(4) Ainsi s'évanouit l'objection très-légère qu'on pourrait tirer de deux textes de Gaius (*Inst.* II. 196) et d'Ulpien (*Fragm.* 24. 7.) qui écrivaient dans un temps où la distinction des choses et des domaines avait changé de caractère. Je n'ai pas tenu compte des étymologies tirées de *manu capere*, par

Après cette digression nécessaire, je retourne à la mancipation.

Ses solennités consistaient, en ce qui touche la personne, en ce que les contractans devaient être citoyens romains, ou au moins avoir le *commercium* (1); en ce qui touche la chose mancipée, en ce qu'elle devait être *mancipi* (2), à peine de nullité de la *mancipation* (3).

Et, quant à l'acte lui-même de la mancipation, les contractants devaient être en présence l'un de l'autre; la chose, objet du contrat, devait être, sous leurs yeux, à moins qu'il n'y eût impossibilité, ce qui n'existait jamais pour les meubles (4). L'opé-

Varron, Festus, Nonius, Isidore, etc., etc. Elles n'ont qu'une influence éloignée sur la doctrine que je propose.

(1) *Mancipatio locum habet inter cives romanos, et romanos et latinos colonarios, latinos que Junianos, eosque peregrinos quibus commercium datum est.* Ulp. *fragm.* XIX. 4.

(2) *Mancipatio propria species alienationis est rerum mancipi.* Ulp. *loc. cit. suprà*, pag. 223. not. 4.

(3) *Finge*, dit Ciceron, *mancipio aliquem dedisse id, quod mancipio dari non potest : num idcircò id ejus factum est, qui accepit? aut num is, qui mancipio dedit, ob eam rem se ullâ re obligavit?* Topic., § 10 (t. 1. p. 492. d'Oliv.) L'abbé d'Olivet (pag. 650), n'a pas clairement entendu ce passage. Le texte de Plaute, qu'il cite, se rapporte à la *mancipatio rei furtivæ*, qui n'a aucun rapport avec la *res nec mancipi*.

(4) *Res mobiles, non nisi præsentes mancipari possunt; et non plures quam quæ manu capi possunt: immobiles autem, etiam plures simul, et quæ diversis locis sint, mancipari possunt.* — Ulpien, *fragm.* XIX. 6, page 621, éd. Schulting.

ration devait avoir lieu en présence de cinq témoins au moins, citoyens romains pubères, et, en outre, devant un autre citoyen, qui tenait une balance (1), et qu'on nommait *libripens* (2); ce *libripens* devait être autrefois un magistrat, ou un pontife (3), car

(1) Gaïus, *Institut. lib.* 1, § 119. — Ulpien, *fragm.* XIX. 3. Je ne cite pas Boëce (*Scholiast. Cicer.* éd Orell., tom. 1, pag. 322) parce qu'il a copié Gaïus, que nous possédons aujourd'hui en original.

(2) Gaïus et Ulpien, *loc. cit.* — » Populus romanus ne ar- » gento quidem signato, antè Pyrrhum regem devictum » usus est. Librales (undè etiam nunc libella dicitur et » dupondius) appendebantur asses. Quare æris gravis pœna » dicta. Et adhuc expensa in rationibus dicuntur; item im- » pendia et dependere. Quin et militum stipendia : hoc est » stipis pondera, dispensatores, *libripendes* dicuntur; quâ » consuetudine, in his emptionibus, quæ mancipii sunt, » etiam nunc libra interponitur. « Pline, *Hist. Nat. lib.* 33, *cap.* 3 (§ 13, tom. 2, pag. 610, éd. Harduin. 1723). — *a* PENDO *quoque compositum* LIBRIPENS. Priscien *apud* Putsch. Tom. 1, pag. 726 (*lib.* 6 *in fine*).

(3) Je trouve l'indice du caractère religieux dans Varron, *de Ling. Lat.* v. § 183, pag. 71. Muller; — dans Ciceron, *de Legibus*. 11. § 20 et 21, tom. 3, pag. 154, d'Olivet; — et dans Tertullien, *lib.* 2, *Advers. marcionem*, *cap.* 6. — Du caractère magistral, dans une inscription remarquable du Municipe de Nole, rapportée par Gruter, *Inscript. antiq.* tom. 2, pag. 1115, N° 1. — Dans Porphyrion, *Schol. in Horat. Epistol.* II. 2. v^{s} 158, tom. 2, pag. 462, édit. de Combe; — et dans quelques indications de Rasche, *Lexic. r. univ. numariæ*, tom. 1er, pag. 1529, V° *Bilanx*. — On pourrait voir une analogie entre l'emploi du *libripens* et celui des Lévites, chez les Juifs. M. Hugo, *loc. cit.*, trouve

il paraît que toutes les ventes se fesaient jadis, à Rome, en la forme de ventes publiques à l'enchère; et du signe de main que fesait l'acheteur pour enchérir, venait probablement le mot de *manceps*, racine de *mancipium* et de ses dérivés (1). La personne qui recevait en mancipation (*accipiens in mancipio*) appréhendait la chose, et prononçait en la tenant, ces paroles sacramentelles : *Hunc ego hominem* (ou *hanc ego rem*) *ex jure quiritium meum* (ou *meam*) *esse aio*, *isque* (ou *eaque*) *mihi emptus* (ou *empta*) *est hoc ære æneaque libra* (2). Après cela, le *mancipant* (*qui mancipio dabat*) prononçait ces paroles, en s'adressant à celui qui recevait *in mancipio* : *Rauduscul*o

une tradition du *libripens* dans ces magistrats du moyen âge *qui servabant publicam libram*. Je crois que ce respectable savant se trompe. Ces magistrats municipaux n'étaient que les successeurs des *æquatores monetæ*, dont il est question dans une inscription rapportée par Gruter (*loc. cit.*, tom. 1, page 583, n° 8), et dans une constitution de l'empereur Julien, qui est mutilée dans le Code de Justinien (*lib.* X, tit. 71, *de Ponderator.*), mais que l'on retrouve entière dans le XIIe liv., tit. 7 du Code Théodosien (tom. 4, page 599, éd. Ritter), et qu'il faut conférer avec la constitution de Constantin, qui précède. V. aussi Baluze *Capit.* t. 1, p. 404.

(1) *Manceps dicitur qui quid à populo emit conducitve, quia manu sublata significat se auctorem emptionis esse.* — Festus, v° *Manceps*, édit. Lindeman.

(2) Ulpien. *Fragm.* XIX. § 3 : *Certis verbis.* — Gaïus, *loc. cit.* et *ex eo* Bocco, *loc. cit.* — *Adde* Varron, *de L. Lat.* IX. § 83, page 225. Muller.

libram ferito(1). Ce dernier frappait aussitôt la balance avec le lingot d'airain et le donnait au mancipant, comme prix de l'objet cédé (2); et la transmission du droit était consommée.

Telles étaient les formes solennelles de la *mancipation*. Cela s'appelait : *ære et libra emere* (3), *mancupio dare* (4), *per æs et libram gerere* (5), etc., etc. L'accomplissement de ces formalités, en même temps qu'il donnait la preuve authentique de la transmission, opérait l'investiture du droit de propriété. dans les temps anciens, la preuve testimoniale (*testificatio*, comme dit Porphyrion) en était la seule justification ; plus tard on en dressa des *tables* (6).

Cette forme de transmission avait donc emprunté ses conditions solennelles à la loi politique et à la loi religieuse. L'autorité publique y était représentée pour indiquer que le droit de propriété était sous

(1) Cette formule ancienne était ignorée de Gaïus ; mais elle est rapportée par Varron, de *Ling. Lat.* V. § 163, pag. 64. Muller ; et par Festus, v° *rodus*, pag. 223. Lindem.

(2) Gaius, *loc. cit.*

(3) Voy. Horace, *Epist.*, *lib.* 2. 2, v* 158, tom. 2, pag. 336. Bothe. — Ovide, *Epist. ex ponto*, *lib.* 4. 15, v* 42, tom. 3, pag. 895, édit. Burmann, et *ibi viri doct.* Ciceron, *de Legib.*, *loc. cit. suprà*, pag. 226, note 3, etc.

(4) Voy. Plaute, *Curculio.* Act. IV, sc. 2, v. 8, tom. 2, pag. 46. Brunck, et *ibi* Gronov. *Lectiones Plautinæ*, pag. 89, édit. de 1740.

(5) Varron, *de Ling. Lat.* VII. § 105, pag. 161. Muller.

(6) Varron, *loc. cit.* sup. not. 1 : *Scriptum*. Pline, *Hist. Nat.* IX, sect. 58. Harduin.

sa tutelle, et que jusqu'à un certain point, il émanait d'elle, puisque c'était en leur qualité de Romains, *ex jure quiritium*, que les contractants pouvaient faire *commerce* de l'objet en question. Cette forme était tellement *romaine*, qu'elle s'appliquait à toutes les mutations, quelle que fut leur cause, *onéreuse* ou *lucrative*, comme disent les jurisconsultes; elle s'appliquait même au changement d'état des personnes (1), car *émancipation* venait de *mancipation* (2), et comportait un acte de *propriété romaine*. Les testaments, eux-mêmes, furent assujétis à cette solennité, lorsqu'ils cessèrent d'avoir la forme d'une loi *comitiale* (3); les affranchissements se fesaient de la même manière (4). Lorsque les siècles eurent usé ces respectables coutumes; lorsqu'on ne pesa plus, mais que l'on compta la monnaie; lorsque le père n'eut plus

(1) *Caium et Lucium adoptavit, domi per assem et libram emtos a patre Agrippa*. Sueton. *August.* § 64, tom. 1 p. 268, Hesc. Il faut voir sur ce texte duquel est dérivée peut-être, l'expression proverbiale: *Asse Caiano*, Casaubon, *Comment. in Suet. hoc loco*; (dans l'éd. de Wolf, tom. 3, pag. 390 1802); Turnebe, *advers.* XX. 32. Brisson, *Ant. Rom.* p. 13, édit. Trekell. *Coll.* cum Barth. *in Statium*, Sylv. IV. 9, v° 22.

(2) Festus, v° *Emancipati*, pag. 58, édit. Lindeman. — Théophile, tom. 1, pag. 130, éd. Reitz. — Tertull., *loc. cit. sup.* ADVERSUS MARCION., etc., etc.

(3) Ulpian., *fragm.* — *Gaius, Instit.* — *Instit. Justin. Passim.* — Cicer., *de legib.*, 11, § 20-21. *Sup. cit.*

(4) *Indè rem creditori palam populo solvit, librâ quê et ære liberatum emittit.* — Tite-Live, VI. 14. (Tome 2, page 315, Drabenb.)

le *commercium* de son propre fils, la fiction succéda à la pratique de la réalité, et la mancipation *imaginaire* demeura, pour attester l'antique usage et la vieille loi civile des Romains; c'est dans cette condition que la trouva Gaius, à la fin du règne d'Antonin le pieux (1).

§ III. *De la Distinction du Domaine* naturel *et du Domaine* civil (DOMINIUM BONITARIUM, DOMINIUM QUIRITARIUM).

Avant la découverte du Gaius de Vérone, le fait matériel de cette distinction, ne nous était connu que par des indications laconiques, fournies par *Ulpien* et *Théophile* (2).

(1) *Est autem mancipatio*, dit Gaius, *imaginaria quædam venditio : quod et ipsum jus proprium civium romanorum est. Instit., lib.* 1, § 119. — Boèce, *loc. cit.*, rapporte les mêmes expressions : *imaginaria quædam venditio.*

(2) Ulpien : » Qui tantum *in Bonis*, non etiam *ex jure* » *quiritium* servum habet, manumittendo latinum facit. *In* » *bonis* tantùm alicujus servus est, velut hoc modo : si civis » romanus à cive romano servum emerit, isque traditus ei » sit, neque tamen mancipatus ei, neque in jure cessus, » neque ab ipso anno possessus sit : nam quamdiu horum » quid fiat, is servus *in bonis* quidem emptoris est, *ex jure* » *quiritium* autem venditoris est. « Fragm. 1. 16, pag. 567, édit. Schulting.

Théophile : Εστιν οὖν ὡς εἶπον φυσικὴ δεσποτεία, καὶ ἔννομος δεσποτεία· καὶ ἡ μὲν φυσικὴ λεγεται in

Ce fait complétement isolé, jeté parmi les monumens épars et variés de la jurisprudence romaine, avait donné lieu à une foule de conjectures. Vico (1), et après lui, MM. Schrader et Niebuhr (l'influence de ses premières opinions a dominé ce dernier jusqu'à sa mort) y avaient vu la trace d'une propriété féodale ou patricienne, et d'une propriété subordonnée, c'est-à-dire, simplement plébeïenne; à l'ancienne distinction des races remontait, selon eux, l'origine de cette distinction de deux *propriétés*; l'une noble, l'autre roturière.

La découverte du Gaius de Vérone a renversé ces poétiques hypothèses et donné des notions nouvelles sur l'existence et l'organisation de ce double domaine. Autrefois, dit Gaius (2), il n'y avait qu'un droit de propriété admis à Rome; on était propriétaire, en vertu du droit politique, ou bien on ne l'était pas du tout: *Aut enim ex jure quiritium unusquisque dominus erat, aut non intelligebatur dominus.* Mais ensuite, poursuit Gaius, on dédoubla ce droit complet de propriété, tellement qu'une personne

bonis, καὶ ὁ δεσπότης βονιτάριος, ἡ δὲ ἔννομος λέγεται *ex jure quiritium* (selon la leçon de FABROT), τουτέστιν ἐκ τοῦ δικαίου τῶν Κουϊριτῶν (Ρωμαίων). *Lib.* 1, tit. 5, § 94 (p. 58, édit. Reitz).

(1) Vico, *Scienza Nuova*, *loc. cit. suprà.* Niebuhr, *Hist. Rom.*, *passim.* — Schrader, dans le tome 5 du *Civilist. magaz.* de M. Hugo, pag. 147-152.

(2) Gaius, *Instit.* II, § 40: Goeschen. 1824.

put avoir un droit de *propriété quiritaire* sur un fonds, et une autre personne avoir cependant ce même fonds en sa possession légitime, au titre simple de *in bonis. Sed posteà divisionem accepit dominium, ut alius possit esse* EX JURE QUIRITIUM *dominus, alius* IN BONIS *habere* (1).

On voit que Gaius, à l'exemple d'Ulpien, qualifie seulement ces deux domaines de *ex jure quiritium* et *in bonis.*

L'expression de *domaine bonitaire* appartient à Théophile, qui qualifie l'*ex jure quiritium* de domaine légitime, ce qui rappelle le *dominus legitimus* de Varron (2).

Gaius se hâte de donner un exemple qui fait clairement comprendre quel était l'effet de l'un et de l'autre domaine : *Si tibi*, dit-il, *rem mancipi neque mancipavero, neque in jure cessero, sed tantum tradidero,* IN BONIS *tuis ea res efficietur,* EX JURE QUIRITIUM *verò mea permanebit, donec tu eam possidendo usucapias; semel enim impletâ usucapione, proindè pleno jure incipit, id est, et in bonis, et ex jure quiritium tua res esse, ac si ea (tibi) mancipata vel in jure cessa (esset)* (3).

Ainsi donc, il n'y eut d'abord qu'une seule propriété à Rome, *ex jure quiritium.* Je l'ai constamment nommée *propriété romaine.*

(1) Instit., *loc. cit.*
(2) *De re rustic.*, liv. 2, chap. 10, *sup. cit.* pag. 218.
(3) Instit., *loc. cit.* §. 41.

On a beaucoup écrit pour expliquer ces mots de *domaine quiritaire*, qu'on ne trouve dans aucun auteur ancien; car *ex jure quiritium* est toujours l'expression consacrée soit par Ulpien, soit par Gaius, soit par Théophile, soit par Justinien lui-même, dans son Code, tit. *de nudo jure quiritium tollendo* (1).

Quoiqu'il en soit, Niebuhr après Vico, appelle ce domaine, le *domaine de la Lance* (2), de *Curis*, que l'on sait avoir été, dans l'ancienne langue des Sabins, synonyme de *Hastâ* (3). Cette conjecture, à notre avis, est inadmissible, car l'expression : *Dominus ex jure quiritium* n'a été introduite dans l'usage pratique, qu'à l'époque où l'on commença à distinguer la propriété civile ou politique de la propriété prétorienne ou naturelle, c'est-à-dire, vers le commencement de la période impériale ; on ne la trouve dans aucun auteur classique, excepté dans Ciceron. Tandis que l'ancienne expression consacrée pour exprimer la propriété romaine (*Nexus*

(1) Liv. 7, tit. 27.

(2) C'est sous l'influence de ces idées que j'ai écrit ces paroles : « Quant aux propriétés, la loi n'en reconnait qu'une » espèce, *la propriété romaine (dominium quiritarium)*; » quiconque n'a pas ce domaine civil, politique, *ce droit de* » *la Lance, cette propriété féodale*, n'a point d'action civile » pour revendiquer son bien, et ce domaine exclusivement » romain, et *peut-être patricien*, ne s'acquiert que par des » moyens civils et solennels « (*Hist. du Droit Rom.* p. 81).

(3) Voy. *Forcellini*, *Lexic. totius latinit.*, tom. 1er, p. 527 édit. Bailey.

ou *Mancipium*) se retrouve partout dans les monuments anciens de la littérature latine (1).

Ex jure quiritium ne signifie donc ici que : *en vertu de la loi politique des Romains*, car *Quirites* a été constamment employé comme une formule noble d'allocution adressée aux enfants de *Quirinus*, au peuple romain (2). C'est le sens que *ex jure quiritium* a dans tous les textes de Ciceron que nous venons d'indiquer; c'est le sens qui est donné à cette locution par une loi romaine elle-même (3). Et, à l'époque où *Dominium ex jure quiritium* a été la locution admise pour désigner la propriété éminemment romaine, cette locution ne signifiait guère autre chose que : propriété garantie par le droit civil pur et rigoureux, en vertu de l'accomplissement de certaines formes de transmission ou de publicité.

Dominus ex jure quiritium n'a donc été une expression généralement reçue qu'après l'admission du

(1) *Dominium* est un mot presque inconnu à la littérature classique. *Proprietas* a été emprunté par les jurisconsultes aux rhéteurs et grammairiens; il est employé pour la première fois dans le sens de droit réel de propriété, par Suetone, *Galba* 7; par Justin, II. 7; par Pline, *Ep.* 7. 5. Ciceron a très-rarement employé le mot : *Dominus*, dans le sens de *propriétaire*. Cependant on le trouve dans Varron, *loc. cit. de re rusticâ*, 2, 6 et 10. — Voyez Bocking, *de Mancipii causis*, p. 119-120. — *Ex jure quiritium esse*, est souvent employé par Ciceron. *Si paret, fundum ex jure quiritium, P. Servilii esse.. in Verrem*, 11. 2. 12. *Pro Murænâ*, 12. *De Rep.* 1. 17, etc.

(2) Voyez sur cette expression les textes cités *sup.* p. 49-50.

(3) Voyez la loi 1, § 2. Digeste, VI. 1.

domaine physique ou *naturel* appelé par Théophile, *domaine bonitaire*, l'*in bonis* de Gaius et d'Ulpien. Mais de quel âge est cette innovation? C'est ce que nous allons essayer d'éclaircir :

Toute propriété foncière, à Rome, provenait de la conquête. La possession de l'*Ager Romanus* primitif, lui-même, n'avait pas d'autre origine. Le droit de la guerre était donc la source première de toute propriété romaine. Mais ce droit de la guerre n'avait point investi immédiatement chacun des conquérants d'une part du territoire. La conquête avait été consommée par l'unité souveraine du *populus* et par conséquent au profit de cette unité même, c'est-à-dire, que tout territoire conquis avait été immédiatement réduit en *Ager publicus*, par l'événement seul de la conquête. Les partages coloniaux, les distributions gratuites, les ventes quæstoriennes qui du domaine public avaient fait des domaines privés, n'étaient donc qu'un événement secondaire dans l'histoire du droit de propriété de chaque Romain; mais quoique secondaire en réalité, cet événement était primitif et capital, relativement aux propriétaires, parce qu'il déterminait la nature de leur droit, et qu'il en fixait le caractère primitif.

Toute propriété, depuis la fondation de la ville, émanait donc de la puissance souveraine, et puisait sa garantie première dans cette origine éminemment nationale. La propriété privée n'était donc qu'une délégation de la propriété souveraine. Romulus,

Ier conquérant du sol, avait été le fondateur de cette propriété souveraine, qui progressivement fut augmentée de tant d'accessions de même nature. Cette propriété souveraine était la véritable propriété *quiritaire*, puisque le mot de *quirites* était consacré à désigner l'unité du *populus* (ἁπαντας, comme dit Denys); et le second roi de Rome, le fondateur de la propriété privée, ne fut que le départiteur du premier *Ager publicus*, et le distributeur de la propriété souveraine. D'où il advint que le champ que chacun posséda en sa qualité de *quirite*, fut pour lui propriété *quiritaire*, c'est-à-dire, propriété émanée du souverain et départie solennellement à un membre du souverain, selon les formes consacrées par le droit politique et le droit privé.

A ce caractère originaire de propriété souveraine, remontait donc toute propriété véritable possédée par un citoyen Romain; et à l'époque où vivait Ciceron, cette origine ne se perdait pas encore dans la nuit des temps; elle ne dépassait pas la puissance et la portée des traditions orales, même lorsqu'elles sont appliquées à l'histoire des familles; car on sait que, jusqu'au 4e siècle de son histoire, la domination romaine fut resserrée dans un orbe assez étroit. Or cette propriété d'origine souveraine fut la seule admise et reconnue, à Rome, pendant sept siècles environ; le témoignage de Gaius est formel à cet égard. Et voilà pourquoi tant de conditions et de solennités étaient exigées pour la validité des transmissions; voilà pourquoi surtout, l'intervention, active d'abord, fictive ensuite, de la puissance publique était nécessaire dans toutes les mutations, à peu près comme dans le droit féodal, l'investiture était nécessaire pour sanctionner, en faveur de chaque nouveau propriétaire, le démembrement roturier d'une propriété aliénée sous réserve de seigneurie Voilà pourquoi lorsque la nationalité de la propriété romaine était intimément liée au culte religieux, le *Libripens* devait être un pontife. Le ministère d'un prêtre, et plus tard d'un magistrat, conservait dans la solennité des transmissions le souvenir, et jusqu'à un certain point, les droits même du grand propriétaire primitif, le souverain ou Dieu.

Ce caractère original de la propriété romaine se conserva longtemps, grâce à l'influence éminemment conservatrice des institutions municipales qui gouvernèrent la république, même sous les rois, et qui ont laissé la trace profonde de leur puissance, dans tous les actes politiques des Romains, tant à l'extérieur qu'à l'intérieur. Le droit civil Romain lui-même, jusques sous les empereurs, garde l'empreinte d'un droit municipal; et ce caractère particulier a été à la fois une des causes de sa perfection et de sa durée, et un des plus grands résultats de l'organisation politique des peuples anciens de l'occident civilisé. Toutes les luttes et guerres intérieures de la Grèce ancienne ne sont que des querelles de municipalité Il en est de même des guerres italiques sous les Romains. Aussi, dans la Grèce, comme à Rome, trouvons-nous une propriété souveraine ou municipale, nationale ou *quiritaire*.

Cette haine de l'étranger, qui se produit dans l'organisation du droit de cité et du droit de propriété, est un effet de la constitution municipale des villes anciennes. On la retrouve partout où se produisent des institutions analogues. Et qu'on ne croie pas, à ce sujet, que la religion romaine avait ce caractère absolu de tolérance qu'on a voulu lui attribuer dans le dernier siècle (1). Les Romains étaien tau contraire très-jaloux de leur religion nationale. S'ils se sont montrés faciles pour les cultes helléniques, c'est que l'identité des races leur rendait commun, par affection du moins, ou par orgueil, tout dogme d'origine grecque ou troyenne; mais pour les cultes de race étrangère, ils se montrèrent peu tolérants. Sous la république, le sénatus-consulte des bacchanales; sous l'empire, l'extermination des druides, les persécutions des religions égyptienne, juive et chrétienne, prouvent l'intolérance municipale de la religion romaine (2). Il est vrai que dans les trois derniers cas que je viens d'alléguer on pourrait exciper d'un intérêt politique d'ordre supérieur; mais l'intolérance primitive perce toujours, et elle est inhérente aux religions de famille qui gouvernent la municipalité

(1) Voy. à la suite de la *grand. et décad. des Rom.*, la dissert. de Montesquieu, *sur la Politique des Romains dans la religion*.

(2) Voy. Suetone, *Auguste*, 31-93. *Tibère*, 36. *Claude*, 25. et *ibi* Pitiscus, Wolf et B. Crusius.

primitive. Dans cette organisation, tout est exclusif, la politique et le culte.

Au reste, l'importance politique de la propriété foncière, dans un état libre, où le droit de suffrage dépend de la possession d'une fortune déterminée, explique et justifie cette constitution politique et exclusive du droit de propriété. On comprend tout ce qu'elle avait d'utile et de conservateur dans un empire qui ne dépassait pas les limites connues du territoire romain, l'*Ager romanus*, (car toute la politique intérieure s'agitait dans cette enceinte étroite chez les Romains); mais on comprend également qu'une pareille organisation ait perdu de son importance à mesure que la nature municipale de l'état s'altérait par les accroissements de la conquête, ou par les événements de la politique, ou par l'influence des doctrines morales et philosophiques.

Une seule et unique forme de propriété privée, mais toute politique et complétement basée sur le droit public de l'Etat; telle était donc l'antique droit des Romains en matière de propriété foncière. Ce droit était logique et ses résultats conséquents : car la propriété souveraine et première résidait dans l'État, c'est-à-dire, dans la force créatrice et causale qui avait réduit la terre en appropriation Romaine; et son dernier résultat se manifestait dans le terrible droit de proscription en vertu duquel l'État recouvrait la propriété des biens que possédait l'individu rayé du nombre des membres de l'État. Le droit féodal n'était pas moins précis et logique, lorsque au sujet du haut seigneur souverain, il disait : *Tout fuit in luy, et vient de luy al commencement* (1); et le seigneur à son tour tenait la terre de Dieu même.

Mais après le premier démembrement que dut nécessiter la propriété mobilière, les Romains furent conduits par les progrès de leur civilisation ou de leur jurisprudence, à la connaissance d'autres formes de propriété imparfaite qui ne donnaient au possesseur qu'un droit provisoire ou révocable. Telles furent les *Possessiones* de l'*Ager publicus*. Telles furent les *possessiones* adjugées pendant procès, soit par *édit* (2), soit par *interdict* (3). Enfin lorsque les *possessiones* eurent pris un certain caractère de stabilité, on put leur assimiler toutes les *possessiones* prétoriennes, adjugées contrairement au droit civil rigoureux, en matière de succession testamentaire, ou *ab intestato*. Ces successions n'étaient point adjugées par l'État, comme le dit Niebuhr, dans un fragment que nous avons rapporté, mais par un magistrat qui, au nom de l'État, usait en faveur de la justice, d'un pouvoir arbitraire, confirmé par l'opinion et l'assentiment de la majorité des citoyens.

Les colonies portèrent ensuite sur tous les points

(1) Voy. dans Blackstone, tom. 2, pag. 384. Trad. fr.

(2) *Si ex edicto possedisti*. . . . Cicéron, *pro Quintio*, § 23. d'Olivet (tom. 4, pag. 45 et 529.)

(3) Je parlerai des *Interdicts possessoires* dans le tom. 2, où je traiterai de la propriété dans ses rapports avec le droit privé.

du monde romain la notion du domaine *quiritaire* et le mirent en présence d'une propriété moins parfaite, ou simplement provisoire, telle que celle des *Agri provinciales*, des *Subsicivi*, des *Occupatorii*.

D'un autre côté, la graduation des droits de cité accordés à différents peuples sujets, tributaires ou alliés de la république, modifia aussi, dans l'État, l'étendue du droit de propriété, lorsque des *peregrini* ou des alliés en étaient les dépositaires, ou lorsque de leurs mains, par l'usage du *commercium*, la propriété passait entre les mains des citoyens.

Et lorsque la constitution de l'État pencha vers sa décadence, les formes de la transmission solennelle et régulière furent attaquées par la causticité des novateurs, comme de vieilleries ridicules, ou bien leur accomplissement, difficile en lui-même, fut négligé ou imparfaitement consommé; sans que pourtant les aliénations de propriété, dépourvues de ces formes, fussent moins respectées par l'opinion.

Tels furent les divers événemens qui accoutumèrent les Romains à la pratique de deux jurisprudences, en matière de propriété, et qui contribuèrent à introduire dans leurs usages un domaine purement de fait, à côté d'un domaine purement de droit; une propriété d'équité en face d'une propriété civile. Ils procédèrent en ceci comme dans toutes leurs institutions; ils se contentèrent de créer, sans abattre; d'admettre la théorie nouvelle sans abolir l'ancienne: et de là cette coexistence surprenante de deux droits de propriété, comme des deux autorités du préteur et de la loi civile.

Mais cette révolution ne fut complétement consommée que par l'influence de la philosophie et surtout de celle du portique. Des idées inouïes jusqu'à cette époque, prirent alors le gouvernement de l'opinion. On rechercha la cause et la nature du droit de propriété, et l'on ne trouva point son origine et sa sanction dans la constitution politique seulement, mais encore dans un droit d'humanité complétement étranger jusqu'alors aux institutions qui avaient gouverné la république. Ciceron, nourri des grandes et profondes doctrines de l'académie attique et du stoïcisme, fit le premier entendre ces paroles qui durent paraître si étranges aux oreilles des vieux patriotes de la république : *Præclarè..... Chrysippus, cœtera nata esse hominum causâ et deorum : eos autem communitatis et societatis suæ : ut bestiis homines uti ad utilitatem suam possint sine injuriâ. Quoniamque ea natura esset hominis, ut ei cum genere humano quasi civile jus intercederet : qui id conservaret, eum justum : qui migraret, injustum fore. Sed quemadmodum, theatrum cum commune sit, rectè tamen dici potest, ejus esse eum locum, quem quisque occuparit, sic in urbe mundove communi non adversatur jus, quominus suum quidque cujusque sit* (1). Ainsi le droit civil ne sera plus exclusif de l'étranger, il va devenir un droit

(1) *De Finibus*, III. 20. D'Olivet (tom. 3, pag. 165).

de nature humaine ; et le droit de propriété n'émanera plus d'un droit jaloux et aristocratique : la terre et ses biens appartiennent à l'homme (1), et en cette qualité tout être humain participe au bienfait de la création ; le seul droit qui l'en écarte est celui de premier occupant.

Cette doctrine était complétement éversive du droit national ; mais Ciceron ne la renia jamais. Pressé de s'expliquer plus clairement sur les rapports du droit de *propriété romaine* avec le droit naturel philosophique, il s'en explique nettement : ce rapport, dit-il, entre l'homme et la terre n'est point dans la nature, car rien sur la terre ne signifie exclusion : la terre est ouverte à tous, et chacun a un droit égal à sa possession ; mais il y a des titres de propriété que tout le monde doit respecter. *Sunt autem privata nulla naturâ : sed aut veteri occupatione, ut qui quondam in vacua venerunt ; aut victoriâ, ut qui bello potiti sunt ; aut lege, pactione, conditione, sorte* (2). *Ex quo fit ut ager Arpinas, Arpinatum*

(1) *Placet stoicis, quæ in terris gignuntur, ad usum hominum omnia creari, homines autem hominum causa esse generatos, ut ipsi inter se, aliis alii prodesse possent.* Ciceron, *de Officiis*. I. 7. D'Olivet (tom. 3, pag. 183).

(2) Cette expression fugitive, *sorte*, qui a généralement échappé aux interprètes de Ciceron (*Sors* a été négligé par l'auteur de la traduction insérée par M. V. Leclerc, dans sa bonne édition de Ciceron, voyez tome 27, page 295 de l'édition in-8°), n'avait point échappé à la sagacité de Turnèbe (Turnèbe, *Adversaria*, XXVI. 32, et tom. 3,

dicatur : Tusculanus Tusculanorum. Similisque est privatarum possessionum descriptio. Ex quo, quia suum

pag. 533 du Ciceron d'Olivet). Voici comment ce savant philologue l'interprète : *Postremò* SORTE, *ut in coloniis deducendis , quum assignabantur agri, centuriæ singulæ certo militum numero, missis in urnam eorum nominibus. Nam quæ pars cuique evenerat , sortitio ejus censebatur.* Et, en effet, le mot : *sortes*, employé pour désigner l'assignation de la part obvenue à chacun dans les distributions coloniales, se trouve fréquemment employé dans les *Rei agrariæ scriptores* et dans le Code Théodosien (Voy. Frontin, pag. 40. Hygin, pag. 195, des *Rei agrariæ scriptores* de Goës. — Jacques Godefroi, *Gloss. Nomic. ad calcem Codic. Theodos.* Tom. 7, 2me partie, pag. 271-272, édit. de Ritter). Ce qui rappelle les *sortes* des barbares au commencement du moyen-âge (Voy. Ducange, *Gloss. med. et infim. latinit.* V°. *Sors*, page 609 du tome 6.

Ce mode d'acquérir était, pour ainsi dire, primitif à Rome. En effet, Rome avait dépouillé de leurs territoires, presque toutes les populations qu'elle avait réduites en sa puissance. Si cette spoliation ne fut pas consommée dès la conquête, elle le fut plus tard dans les guerres civiles. Telle fut notamment la condition de l'Italie (Voy. Frontin, *de Coloniis* (Goës). Siculus Flacus, *ibid.*, etc.). Les municipes eux-mêmes n'en furent pas affranchis ; souvent on leur adjoignit des colons, ou on les expulsa de leurs cités (Voy. Siculus Flacus, pag. 2. 21., etc., même édit.)

Hygin nous fournit un morceau curieux sur cette application du droit de la guerre, et sur les habitudes de l'administration romaine, dont, d'ailleurs, on trouve tant de traces dans Tite-Live, dans Suétone et dans les *Historiæ augustæ scriptores* : Nous avons rapporté ce texte *suprà*, page 164.

J'appelle seulement l'attention sur ce renseignement important, que le soldat *émerite* seul avait droit à la concession

cujusque fit, eorum, quæ naturâ fuerant communia,

d'un fonds de terre. *Terra pro emerito habebatur,* dit Hygin, et il ajoute : *multis legionibus contigit bellum feliciter transigere, et ad laboriosam agriculturæ requiem* PRIMO TIROCINII *gradu pervenire. Nam cum signis et aquilâ et primis ordinibus ac tribunis deducebantur. Modus agri proportione officii dabatur. Ferunt quidam indictum posteà modum belli, et expletâ centesimâ hostium congressione, ad colendarum reductos terrarum agros. Divus Julius vir acerrimus, et multarum gentium domitor, tam frequentibus bellis militem exercuit, ut dùm victorias numeraret, congressionum multitudines oblivisceretur. Nam milites ultrà stipendia emeritos detinuit : recusantes deindè veteranos dimisit. Mox eosdem ipsos veniam cum militiâ rogantes recepit, et post aliquot bella factâ jàm pace deduxit. Æque divus Augustus, in assignatâ orbi terrarum pace exercitus qui sub Antonio aut Lepido militaverant, pariter et suarum legionum milites colonos fecit, alios in Italiâ, alios in provinciis. His, quibusdam deletis hostium civitatibus, novas urbes constituit : quosdam veteribus oppidis deduxit et colonos nominavit. Illas quoque urbes, quæ deductæ regibus aut dictatoribus fuerant, quas bellorum civilium interventus exhauserat, dato iterum coloniæ nomine, numero civium ampliavit : quasdam et finibus : ideoque multis regionibus antiquæ mensuræ actus in diversum novis limitibus inciditur, etc.* (Hygin, page 159-60. Édit. Goës).

Ainsi, lorsqu'après une conquête, Rome avait résolu de s'approprier un territoire, en tout ou en partie, elle avait à choisir entre les moyens suivants : 1° ou de laisser occuper à chacun autant de terre qu'il voulait en prendre, moyennant ou sans redevance : c'était ce qu'on nommait *agri occupatorii,* lesquels se confondaient avec les *possessiones* dont nous avons parlé au chapitre 2me (Siculus Flaccus, pag. 3, Goës), ou bien de faire vendre par lots le territoire en question : c'était ce qu'on nommait *questorii agri* (Siculus Flaccus, *quod cuique obtigit, id quisque teneat : è quo si quis sibi appetet, violabit jus humanæ societatis* (1).

pag. 3, *ibid.*), 3° ou bien, de distribuer les terres à des citoyens pauvres ou à des vétérans qui formaient alors une colonie : c'était ce qu'on nommait *agri divisi* ou bien *agri assignati* (Siculus Flaccus, page 14, *ibid.* et *alibi*).

Ces deux derniers moyens conféraient au nouveau possesseur la propriété romaine ; car la transmission émanait avec des formes solennelles, de l'acte d'autorité qui décrétait l'établissement de la colonie ou la vente du territoire ; et cette autorité avait éminemment la propriété du territoire vendu ou distribué ; car l'acquisition par les armes était à Rome le titre le plus respectable de *dominium*. Voilà pourquoi dans les formes symboliques de la revendication, le poursuivant touchait d'une baguette l'objet en litige : *festuca utebantur*, dit Gaius, *quasi hastæ loco, signo quodam justi dominii; maximè enim sua esse credebant, quæ ex hostibus cepissent : undè in centumviralibus judiciis hasta præponitur* (Gaius, *Instit.* IV. § 16).

Lorsqu'un territoire conquis devait être réduit en colonie, une loi fixait les conditions de son établissement, et déterminait la surface de terre qui serait distribuée à chacun. La mesure n'était point uniforme (Exempl. dans Tite-Live, tome 5, page 339, édit. Drakenb. — et dans les *Rei agrariæ scriptores*, pages 17. 20. 152 et *alibi*). Ce qui restait en sus de la distribution officielle, était ce qu'on nommait *Agri subsicivi*, qui se confondaient encore souvent avec les *possessiones* (Voy. les *Rei agr. script.* Goez. pag. 17. 24, et *alibi*). Ces *Subsicivi* demeuraient la propriété publique du peuple Romain. D'autres fois, ils étaient abandonnés à titre de propriété communale aux colonies ou aux municipes (Voy. les *Rei agr. script.* Goez. pages 18. 23. 24. 42 et *alibi*).

(1) Ciceron *de Officiis*. I. 7. D'Olivet (tom. 3, p. 182).

Voilà certes les premiers germes de cette propriété naturelle que le droit naturel ou d'équité doit seul défendre, mais à laquelle cette garantie suffira pour paralyser un droit civil écrit qui n'est plus en harmonie avec la philosophie et les idées dominantes du siècle. Plus tard, Gaius et Ulpien, le jurisconsulte, le définiteur juridique, appelleront ce domaine de nature, *in bonis*, et Théophile, *propriété bonitaire*, mais avant d'être qualifié dans la formule du légiste, son existence est proclamée par Ciceron, et déjà le siècle d'Auguste le met en parallèle avec la propriété essentiellement Romaine.

On dirait, en effet, que Ciceron prévoyait cette révolution, et que le dogme des deux domaines était présent à sa pensée, lorsqu'il s'écriait : « Oh ! quel est le bonheur du mortel qui peut seul réclamer toute chose comme sa propriété, non par le droit des *quirites*, mais par le droit des sages ; non d'après le droit de propriété civile, mais d'après la loi commune de la nature : *Quam est hic fortunatus putandus, cui soli verè liceat omnia, non* QUIRITIUM, *sed* SAPIENTIUM *jure, pro suis vindicare, nec* CIVILI NEXO, *sed* COMMUNI LEGE NATURÆ *quæ vetat ullam rem esse cujusquam nisi ejus, qui tractare et uti sciat* (1). »

Ces principes philosophiques, loin de suivre la décadence de la littérature romaine, acquirent au contraire de nouveaux développements que le temps et le pouvoir consacrèrent de leur autorité ; le

(1) Ciceron, *de Republicâ*. I. 17. Creuzer (p. 74-75).

renversement progressif de l'ancienne constitution romaine, servit même puissamment cette révolution, à laquelle le stoïcisme contribua de toute son influence. Entre toutes choses, cette illustre école de philosophie proclamait la légitimité du gouvernement des sages (1), la fraternité des hommes et le droit égal de tous aux biens de la terre (2). Ces

(1) D'après ce principe, les stoïciens fesaient de l'ambition un devoir. *Cum autem*, dit Ciceron, *ad tuendos conservandos que homines hominem natum esse videamus; consentaneum est huic naturæ ut sapiens velit gerere et administrare rempublicam. De Finibus*. III. 20. D'Olivet (tom. 2. pag. 165).

(2) Ces doctrines du stoïcisme se lient à celles du platonisme et à celles du christianisme. De là vient le dogme de la communauté de biens que nous avons fait remarquer dans le disciple de Socrate, et dans les pratiques des premiers chrétiens. Aussi la philosophie platonique et stoïque fut un objet de respect pour les premiers pères de l'église, à la différence de l'esprit de réaction que lon saisit chez les pères du 4me siècle, et qui s'explique par la violence de la lutte qu'engagea le paganisme expirant avec la religion du Christ. On a remarqué ce dernier événement; mais le premier n'a pas eu de Chateaubriand. Pourtant Saint-Clément d'Alexandrie a écrit ces paroles : « Dieu a fait avec les hommes, » en quelque sorte trois alliances : l'une avec les gentils, » l'autre avec les juifs, et la troisième avec les chrétiens. » Il a été servi et honoré par les uns et par les autres, chacun en sa manière. Il a donné aux gentils la philosophie, » et la loi aux juifs; et de ces deux peuples il a composé son » église. . . . Les philosophes sont comme les prophètes des » gentils. » *Stromat*. Liv. I. VI, et *alibi*, pag. 282. 637, et *alibi*, édit. Paris, 1629.

dernières maximes sont écrites à chaque page, dans le livre admirable de Marc-Aurèle (1) et dans les *Dissertations* d'Épictète (2). Ajoutez à l'action de ces doctrines, l'influence de la concession du droit de cité à tous les sujets de l'empire, et les effets de la tolérance philosophique de tous les cultes, et vous aurez la clef de la théorie exposée par Gaius, d'après laquelle, l'ancienne propriété romaine dénaturée, était réduite aux proportions d'une propriété acquise avec certaines formes de publicité qui donnaient une confirmation accessoire à sa valeur première. En effet, la théorie du domaine *quiritaire*, telle qu'elle est posée par Gaius, trouve une certaine analogie dans notre droit français avec la vente transcrite, armée de la possession décennale.

La distinction précise et l'organisation régulière de la théorie juridique des deux domaines peuvent donc être rapportées à l'influence du stoïcisme sur les doctrines des jurisconsultes romains. Gaius était contemporain de Marc-Aurèle, c'est-à-dire, du siècle le plus florissant de la doctrine stoïque. Les jurisconsultes romains avaient embrassé avec ardeur les principes de cette secte philosophique. Les compilations et les monuments du droit romain, en conservent des traces nombreuses (3).

(1) Marc. Anton. εἰς Εαυτόν. βιβ. Γ. § ιϛ'. Δ, § γ'. et *alibi*. (pag. 39-40. Moro. 1775).

(2) Voy. Arrien, Επικτήτου Διατριβαι, Liv. 2. c. 8. (pag. 200. Schweigh.).

(3) Voy. mon *Hist. du droit romain*, pag. 180.

Gaius était lui-même zélé stoïcien, et ses ouvrages portent une empreinte profonde de ses opinions philosophiques. Le stoïcisme d'Ulpien est un fait acquis aussi, et constaté par l'histoire du droit romain (1). Or, il est à remarquer que Gaius est le plus ancien jurisconsulte, à nous connu, qui ait traité d'un domaine naturel (*in bonis*), et que le seul autre jurisconsulte romain, dont les écrits soient parvenus jusqu'à nous et qui ait reproduit la même doctrine est Ulpien, qui paraît avoir servi de guide à Théophile, puisque c'est à l'occasion de la même matière que l'un et l'autre ont parlé de l'*in bonis*. Ce qui est certain, c'est que l'expression légale : *in bonis*, était inconnue à Cicéron et à Varron, qui n'employaient cette expression sacramentelle, que dans un sens tout différent (2).

Ainsi donc en résumé, le *dominium bonitarium* existait de fait avant d'exister de droit; car la distinction des *mancipia*, *prædia* et des *possessiones*; des *mancipi* et des *nec mancipi*, laissait hors du droit civil pur et rigoureux, une foule d'objets d'appropriation, sur lesquels on avait, comme dit Gaius, plutôt un usufruit qu'un *dominium*; cet

(1) Voy. Galvani, *de Usufructu*, pag. 360 et 386. Édit. Genev. 1676.

(2) Varron, *de Re rusticâ*, *loc. cit.* — Cicéron, *ad Div.* XIII. 30. Voy. surtout un texte curieux d'Asconius Pedianus sur les mots : *in bonis*, que l'on rencontre dans la Verrine *de Præturâ urbanâ* (*Asc. Ped.* pag. 104. Éd. 1644; pag. 190-96. Orelli).

usus était protégé par le préteur avant d'avoir une organisation régulière ; et cette organisation reçut son complément, pendant l'époque la plus florissante de la jurisprudence romaine, dans la période qui s'écoule depuis Auguste jusqu'à Alexandre-Sévère.

Ce phénomène de l'existence d'un double ou même triple *dominium* (1), est un des caractères originaux du droit romain classique ; il prouve avec quel soin les jurisconsultes s'étaient occupés de la philosophie du droit, en même temps que de son utilité pratique, pendant cette grande période où les lumières de la littérature et de la philosophie grecque jetèrent un si vif éclat sur la culture de la jurisprudence.

Ainsi, tout en conservant leurs anciennes traditions nationales sur la propriété, les Romains adoptèrent une idée nouvelle qui conciliait tous les intérêts ; une institution qui donnait à chaque nuance du droit de propriété, une existence individuelle et la force judiciaire qui lui était due ; qui élevait au rang de propriété véritable, le domaine d'équité, dont la seule garantie pendant tant de siècles avait

(1) Telle est, en effet, la doctrine adoptée par M. Haubold, et par M. Zimmern. Ils distinguent : 1° le *plenum dominium*, composé du *bonitarium* et du *quiritarium* réunis ; 2° le *quiritarium* seul et isolé ; 3° le *bonitarium* seul et isolé. — Cette doctrine a été combattue, et avec raison, je pense, par MM. Unterholzner et Mayer (Voy. au n° 4 des *Pièces justificatives*, une théorie du double *dominium* considéré sous le rapport purement civil).

été une opinion publique quelquefois incertaine et l'arbitraire des magistrats, souvent inefficace pour lutter contre l'organisation puissante du domaine *ex jure quiritium* et des actions civiles qui étaient son boulevard de défense. Je n'hésite pas à attribuer aux préteurs la bonne part de cette innovation. Grâce à leurs édits, à leurs programmes d'administration de la justice, le droit devint plus compliqué, plus savant, mais aussi plus équitable, plus prévoyant et plus conforme à la raison philosophique et naturelle.

Ainsi le *domaine quiritaire* n'était point un domaine féodal. Son caractère primitif de propriété nationale lui fut conservé jusques sous les empereurs, et les *Agrimensores* en fournissent plus d'une preuve. Le *jus metallorum* (1) en était, je crois, un souvenir. Dans l'Europe moderne la propriété régalienne des mines dérive évidemment aussi de l'antique suzeraineté féodale, bien qu'après l'abolition de la grande féodalité un principe d'utilité publique ait été généralement substitué à la souveraineté territoriale et primordiale du haut seigneur. On disait donc *dominus ex jure quiritium*, comme on disait dans d'autres matières juridiques : *ex jure quiritium legitimo tutelarum* (2). C'est ainsi que *quiritare* signifiait haranguer

(1) Voyez Suetone, *Tibère*, § 49 (tom. 1, page 468, édit. de Pitiscus de 1714) et Horn, *de reg. metall. jure*, 1740.

(2) Voyez Cicéron, *pro domo suâ*, § 13, d'Olivet (tom. 5, page 355). On disait aussi : *ex jure quiritium legitimo hereditatum*.

le peuple (1). Le mot *prædium* paraît avoir été consacré anciennement à désigner un objet immobilier de propriété romaine et privée (2), et *bona* était synonyme de *possessiones* (3).

Il est donc impossible de prouver que le *domaine bonitaire* ait été dans l'origine une sorte de propriété subordonnée. Le phénomène que Muller a signalé chez les Doriens et les Étrusques, je veux parler de la condition *serve* d'une partie de la population, ne s'est jamais manifesté chez les Romains. Aucun texte ancien n'autorise cette hypothèse, et plusieurs la repoussent évidemment. Les Romains nous ont laissé sur la signification du mot *client* des notions positives qui ne permettent pas de penser que cette dénomination ait jamais désigné chez eux une condition personnelle analogue à celle des Cylliriens de Syracuse, ou des Ilotes de Sparte. Au contraire, Ciceron nous indique constamment la condition de client comme une condition honorable et libre. La clientelle engendrait des rapports de patronage et de reconnaissance; il y avait entre le client et le patron une sorte de foi jurée, et voilà pourquoi celui qui la faussait était dévoué aux dieux infernaux.

(1) Voyez Lucilius, *Fragm.* pag. 306, éd. Douza, 1743. Nonnius et Varron ont noté ce mot, qui était déjà oublié.

(2) *Prædia dicta item ut prædes, a præstando, quod ea pignore data publice mancupes fidem præstent.* Varron, *de Ling. Lat.* V. § 4. Pag. 40. Spengel.

(3) Voyez Asconius sur les mots : *bona fortunasque* de Ciceron, *loc. cit.* pag. 190, Orelli; p. 99, 1644.

Le culte de la foi jurée était, à Rome, un des principes premiers de la civilisation, comme nous le verrons, en traitant des contrats, et de là venait la rigueur inouie avec laquelle on observait les promesses de la parole et les conventions privées. L'institution du culte de la *foi* est contemporaine de celle du dieu Terme (1). La foi promise, voilà quel était le premier rapport qui naissait de la *clientelle;* ce rapport était tout de patronage; et il s'explique par l'état politique de municipalité qui était l'élément de la constitution romaine. C'est ainsi que des familles puissantes avaient des villes dans leur clientelle. Marseille était la *cliente* des Scipion (2). Il lui importait d'avoir des protecteurs puissants dans l'enceinte d'une ville où se discutaient les intérêts du monde. La formation de la société romaine est même exclusive de l'idée d'une classe subordonnée sous le rapport de la propriété et de la liberté. Les Étrusques, les Doriens avaient conquis le sol et ceux qui l'habitaient. Rome ne s'est agrandie au contraire que par des accessions successives, après avoir commencé par une association conventionnelle et de race mêlée, au milieu de peuples plus civilisés qu'elle. Aussi voyons-nous, dès l'origine, des pactes de combourgeoisie unir Rome à des villes latines ou étrusques; et lorsque la conquête est devenue nécessaire, la terre conquise a été confisquée

(1) Voy. Denys d'Halic., liv. 2. § 75. (pag. 399. Reiske).
(2) Ciceron, *de Re publ.* I. § 27 (page 114. Creuzer).

et la population transférée à Rome avec droit de cité ou bien réduite en esclavage. Plus tard l'état de municipes ou d'alliées avec départition de certains degrès d'isopolitie, a été la condition générale des villes italiennes soumises à la puissance romaine. Tout cela est exclusif d'une existence pareille à celle des *Penestes*. Il y a plus, dans l'antiquité grecque et étrusque, la classe des *Serfs* se produit à l'état de *campagnards* : la classe supérieure habite les villes et y exerce le gouvernement. A Rome, au contraire, les tribus de la campagne sont en la plus grande estime, et nous voyons même dans Pline (1) que, d'après les traditions nationales les plus authentiques, les tribus campagnardes avaient été jadis les plus honorées; la noblesse romaine ne dédaignait point de cultiver elle-même ses terres; et cette habitude dura pendant plusieurs siècles, c'est-à-dire, jusqu'à une époque où l'émancipation de la classe plébéienne ne permet plus de supposer pour elle une condition politique, qui ne soit pas le droit de cité. Les Romains n'ont recruté la population esclave que par la guerre extérieure, et il est rare qu'ils aient réduit les Italiens à cette condition.

§ IV. — *Du Testament Romain.*

La faculté de disposer par testament, remonte à Rome, à la plus haute antiquité (2). A toutes les

(1) *Hist. Nat.*, *lib.* 18. § 3. pag. 16. tom. 6. Franz.

(2) Plutarque, *Romulus*, *Coriolan*. *Quest. Rom.* 35. — Macrobe, *Saturnal.* I. 10 (éd. 1670).

époques, la forme de cet acte de la dernière volonté de l'homme a été entourée de grandes solennités.

Dans les premiers siècles, deux formes différentes étaient consacrées, l'une éminemment adaptée à la vie paisible de la cité, l'autre à l'état exceptionnel de l'homme de guerre. L'une exigeait le concours de la puissance publique et religieuse ; l'autre était dégagée de toute procédure et ne contenait que l'expression simple d'une volonté individuelle. Les principes généraux qui régissaient cette matière sont connus, et ils gouvernent encore la législation des testaments chez tous les peuples modernes.

Le testament *calatis comitiis* et le testament *in procinctu* étaient ces deux formes consacrées dont nous venons de parler.

Les auteurs anciens qui nous ont conservé les renseignemens les plus précis sur le testament *calatis comitiis*, sont *Gaius*, *Aulu-Gelle* et surtout *Théophile*.

Selon Gaius, on convoquait les comices deux fois l'an, pour la confection des testaments : *Quæ comitia bis in anno testamentis faciendis destinata erant* (1).

Selon Aulu-Gelle (2), les testaments *calatis comitiis*, se liaient à certains actes publics du culte romain (3) ; on en déposait les tables dans le temple des Ves-

(1) Gaius, *Instit. lib.* 2. § 101. Goeschen.

(2) *Noct. attic.* XV. 27. — *Calata* venait de καλέω *vocare*.

(3) *Calata comitia esse quæ pro collegio pontificum habentur aut regis aut flaminum inaugurandorum causâ.... iisdem comitiis et sacrorum detestatio et testamenta fieri solebant.* Aulu-Gelle, *loc. cit.*

tales (1). Enfin, selon Théophile, cette espèce de testament se fesait en une forme qu'il décrit avec soin (2) : Τὸ παλαιὸν δύο γένη ἦν διαθηκῶν, καὶ τὸ μὲν ἐλέγετο *calatis comitiis*, τὸ δὲ *procinctum*. Καὶ τὸ μὲν *calatis comitiis* ἐγίνετο καιρῷ εἰρήνης, δὶς τοῦ ἐνιαυτοῦ, τοῦτον τὸν τρόπον· ὁ κῆρυξ ἅπασαν περιῄει τὴν πόλιν συγκαλῶν, καὶ πᾶς ὁ δῆμος συνέτρεχε, καὶ ὁ βουλόμενος ὑπὸ μάρτυρι διετίθετο, τῷ δήμῳ· Εἴρηται δὲ *calatis comitiis* ἐντεῦθεν· *calare* γάρ ἐστι τὸ καλεῖν, *comitia* δὲ ἡ σύνοδος· ἐπειδὴ οὖν καλούμενοι συνῄεσαν, ἐκλήθη *calatis comitiis*.

Théophile dit donc, comme Gaius, que ces comices se tenaient deux fois l'an. Ce témoignage, naguère attaqué par Bouchaud (3), est aujourd'hui confirmé par le texte original de Gaius, retrouvé à Vérone.

Il s'ensuit qu'on observait dans le testament *calatis comitiis* les mêmes solennités que lorsqu'il s'agissait de faire une loi. Le testament était-il donc une loi véritable en ce qui touche la *disposition* elle-même ? Je ne le pense pas. Aucun texte ancien ne prouve qu'il y ait eu pour le testament comme pour l'adrogation, la nécessité d'une *rogation* solennelle. Tous les historiens du droit romain ont cependant pensé autrement (4).

(1) Voy. Arntzein, *Miscellanea*, pag. 134 et suiv. (1765).

(2) *Lib.* 2, tit. 10, § 1, pag. 329. Édit. Reitz.

(3) *Mém. de l'Acad. des Inscript. et Bell. Lett.* Tom. 37, page 268.

(4) Voy. Bouchaud, *loc. cit.* — Heinecc., *Antiq. Rom.*, page 433, édit. Haubold.

Mais je ne crois pas qu'une décision positive du *populus* fut la base de la transmission testamentaire, comme elle était nécessaire pour changer l'état de famille d'un *pater familias*. Dans cette supposition, c'eût été le peuple lui-même qui eut disposé de la propriété du testateur, à la requête de ce dernier; mais il me semble que cette intervention des comices n'était exigée que pour la double garantie de la moralité des dispositions du testateur et de leur publicité; Gaius et Théophile ne parlent que du *témoignage* des comices et non de leur participation par un vote qui eut été, au reste, un acte solennel de cette propriété *nationale* et *éminente* que nous venons de définir dans le § précédent. La puissance publique n'intervenait donc que comme une forme solennelle de sanction ou de publicité.

Le testament *in procinctu*, fut ainsi nommé, comme nous l'apprenons de Festus (1), de ce qu'il était fait par les hommes de guerre qui marchaient à l'ennemi, *in cinctu Gabino*. Il consistait simplement en la désignation d'un héritier en présence de trois ou quatre témoins. Il est probable que lorsque le testateur survivait à la guerre pendant laquelle il avait testé, le testament était caduc.

Le testament *in procinctu* fut usité même après la

(1) Festus, V° *endoprocinctu*, pag. 130, édit. Dacier. — Voy. aussi le *Virgilii Maronis interpres* publié par l'abbé Mai (*Mediol.* 1818, pag. 67 et 68). On y trouve quelques notions nouvelles sur le testament *in procinctu*.

loi des douze tables; mais le testament *calatis comitiis* se perdit dans cette révolution législative.

Ce testament contenait-il nécessairement une adoption de l'héritier? C'est ce qu'ont pensé plusieurs historiens du droit : Heineccius et Bouchaud (1), par des motifs tirés d'une analogie entre les formes requises pour ce testament, et celles exigées pour l'adrogation; et, de nos jours, un jurisconsulte d'un mérite éminent, M. Ganz (2), par des motifs tirés de la vraisemblance et d'une analogie avec le testament attique. Nous ne pouvons partager cette opinion savante quoiqu'elle séduise au premier abord.

Nous admettons bien, qu'en général, la succession légale a dévancé la succession testamentaire, dans l'histoire du droit de succession. Le principe des successions fut exclusivement rattaché, dans les temps reculés, au lien de consanguinité. Les peuples germaniques ne connaissaient pas la disposition par testament (3). Mais nous n'admettons pas qu'il en fut de même, à Rome, dans le temps où le testament se faisait *calatis comitiis*. Aucun témoignage de l'antiquité n'autorise à affirmer que dans ces premiers temps, l'héritier institué, dut être nécessairement un héritier présomptif. Si la politique patricienne eût trouvé dans cette disposition, un moyen naturel de conserver les biens dans les familles,

(1) *Ouvrages cités.*

(2) C. Ganz, *das Erbrecht.* 2me chap.

(3) Tacite, *Germania.*

l'absence de cette institution était bien compensée dans l'équilibre politique de la cité romaine par l'organisation politique de la *puissance paternelle*.

L'argument tiré de la formule de l'adrogation est complétement impuissant pour la conclusion qu'on veut en tirer. Si, dans l'adrogation, on avait recours aux comices, c'est que la loi le voulait expressément : *De capite civis nisi per maximum comitiatum ne ferunto* (Cicéron, *de Legibus*, III. 4); et quant à la formule de l'adrogation, elle est exclusivement spéciale à cet acte solennel, et elle ne porte rien avec elle qui puisse faire penser qu'elle était aussi applicable au testament.

Arrivons aux argumens de M. Ganz.

Le principe des successions était tout différent à Athènes et à Rome.

A Rome, toute succession dérivait de la *puissance* du chef de famille. Si, dans la succession *ab intestat*, le fils était considéré comme ayant été copropriétaire du patrimoine, c'était moins en sa qualité d'enfant, qu'en sa qualité de *res patris*. Il était héritier *nécessaire*, et ce ne fut que par le bienfait du temps et d'une législation plus humaine, qu'il pût s'affranchir de cette dévolution de droits si souvent onéreuse. Mais, dans les temps anciens, le principe religieux (1) concourait avec le principe de la *puissance* paternelle, pour asservir le fils à la loi de succession.

(1) *Sacra privata perpetua manento*. Ciceron, *de Leg*. II. 22.

A Athènes, au contraire, la famille était organisée sur un principe opposé. Jamais la puissance paternelle n'y eut la dureté de la *puissance romaine*, tant à l'égard de la personne, qu'à l'égard des biens. La législation semblait y avoir été organisée dans l'intérêt seul des enfants. L'intérêt du sang avait étouffé l'intérêt politique. Avant Solon, il n'était pas permis de disposer de ses biens par testament (1), et ils étaient nécessairement dévolus à la famille. La raison de cette loi se trouve dans Platon (2). La fortune n'était qu'un dépôt; il appartenait à toute la famille à venir, comme il avait appartenu à la famille passée.

Si Solon remplaça cette indisponibilité des biens par une liberté de disposer plus analogue à l'esprit général de ses institutions, voyez comme il en est blâmé par Platon (3): Μαλθακοί ἐμοίγ', ὦ Κλεινία, δοκοῦσιν οἱ πάλαι νομοθετοῦντες. . . . τὸν νόμον ἐπίθεσαν τὸν ἐξεῖναι τὰ ἑαυτοῦ διατίθεσθαι ἁπλῶς ὅπως ἄν τις ἐθέλῃ τὸ παράπαν.

Et cependant la liberté de tester demeura bien restreinte même après Solon; car, à vrai dire, elle n'existait qu'au préjudice des collatéraux. A l'égard des descendants, l'ancienne indisponibilité fut main-

(1) Voyez Plutarque, *Solon*, § 21 (pag. 358, tom. 1, *Opp.* Edit. Reiske).

(2) Ἐγωγ' οὖν νομοθέτης ὢν οὔθ' ὑμᾶς ὑμῶν αὐτῶν εἶναι τίθημι οὔτε τὴν οὐσίαν ταύτην, ξύμπαντος δὲ τοῦ γένους ὑμῶν τοῦ τε ἔμπροσθεν καὶ τοῦ ἔπειτα ἐσομένου, καὶ ἔτι μᾶλλον τῆς πόλεως εἶναι τό τε γένος πᾶν καὶ τὴν οὐσίαν. ΝΟΜΟΙ; ΙΑ, § 6. tom. 8, édit. Bekker. Lond.

(3) *Loc. cit.*, page 542.

tenue (1). Indépendamment du témoignage de Plutarque, nous avons encore, sur ce point, l'affirmation positive de Démosthène (2), et d'Isée (3), appuyée de la citation textuelle de la loi grecque. Il y avait exception dans le cas d'exhérédation motivée, selon deux rhéteurs grecs, cités par Meursius (4).

Et dans le cas même où le testateur recevait de la loi la pleine disposition de sa fortune, le principe ancien de la conservation des biens dans la famille, fut respecté et gardé, en ce sens que, pour autoriser l'institution d'un héritier qui n'était pas l'héritier du sang, la loi voulut que cette institution fût la conséquence d'une adoption; ainsi le testament athénien contenait nécessairement une adoption, quand il n'avait pas pour objet le partage de la fortune entre les enfans du testateur. Ce principe est posé comme incontestable dans le discours d'Isée, que nous avons déjà cité, et surtout dans un autre qui est fort important pour le sujet actuel : *περι τοῦ Αρισταρχοῦ κληροῦ* (5). Platon approuve cette disposition de la loi de son pays; car dans toute

(1) Plut., *loc. cit.*

(2) Demosth. κατὰ Στεφανοῦ ψευδομ. B. § θ'. *Apud Oratt. Attic.* Dobson, tom. 8, pag. 142-143.

(3) Περι τοῦ Φιλοκτήμονος κληροῦ § β'. *Oratt. Attic.* Dobson, tom. 4, pag. 115.

(4) Meursius, *Themis Attica*, page 93. Éd. 1685.

(5) Voyez le § δ'. *Oratt. Attic.* Dobson, tom. 4, pag. 186. — Meursius n'a pas saisi cette condition essentielle de la loi grecque.

cette matière, Platon, en traitant de la meilleure théorie successorale, ne fait que blâmer ou approuver, sans les nommer, les lois de Solon.

Le testament grec-athénien avait donc, en général, pour fondement, une adoption. C'était cette adoption qui le recommandait au respect de la société et de la famille. L'adoption pouvait dériver d'une autre cause que d'un testament; mais toute disposition de biens en faveur d'un étranger par le sang, même d'un gendre (1), devait avoir le caractère d'une adoption et en portait le nom.

A Rome, le principe de la puissance et de la volonté paternelle a dominé l'économie de la société, dès les temps les plus anciens. Qui ne connaît la sévérité de l'ancien droit à cet égard, et la dureté barbare qui présida souvent à l'exercice de cette redoutable autorité du père de famille? Aussi un des jurisconsultes les mieux instruits des antiquités romaines, nous donne-t-il cette puissance comme un élément essentiellement distinctif de la constitution de sa patrie: *Quod jus proprium civium romanorum est*, dit Gaius (2). *Ferè enim nulli alii sunt homines, qui talem in filios suos habent potestatem, qualem nos habemus.*

La loi des douze tables proclama le principe de cette autorité illimitée de la volonté paternelle, tant à l'égard de la personne du fils, qu'à l'égard des biens du père.

(1) Platon, *loc. cit.*, page 545 (pages 923-24, édit. de Henri Etienne, tome 2).

(2) Gaius, *Instit.* I. § 55.

Cette loi avait-elle établi en cela un droit nouveau? Non certes, car il est admis et connu que cette loi fameuse ne fut à cet égard que la rédaction de l'ancien droit; le témoignage de Denys est précis (1). En général, la loi des douze tables fit cesser un état de choses dans lequel le droit était *in latenti*, mais elle n'établit point une législation nouvelle, sur des points capitaux: elle ôta l'administration arbitraire d'une justice mystérieuse, aux patriciens; elle fit connaître par la publicité, les droits et les obligations de chacun; ce fut une garantie obtenue sur la base du passé, mais non pas une constitution nouvelle. L'ancien testament romain ne nous paraît donc pas intimément lié à une adoption réelle, ni avoir jamais exigé qu'un membre de la famille du testateur fut l'héritier institué.

Tels ont été les principes comparés des deux législations attique et romaine. Le savant et profond historien du *droit de succession* n'a-t-il pas trop accordé à l'induction philosophique dans son assimilation des institutions grecques et des institutions romaines? La doctrine de M. Gans est séduisante, elle nous a jadis entraîné; un examen plus réfléchi nous en éloigne maintenant. Honneur pourtant, éternel honneur au créateur de la plus belle monographie qui ait jamais été composée dans l'intérêt de l'histoire du droit!..

(1) Denys d'Halic. *Antiq. Rom.*, *lib.* 2, § 26 et 27, édit. Reiske (§72-73, édit. Leipsig. 1691).

Le principe de la liberté illimitée de disposer, étant admis par la fameuse loi : *Pater familias uti legassit super familiæ pecuniæ tutelæve suæ rei, ità jus esto*, et la forme du testament *Calatis comitiis*, étant tombée en désuétude, il resta une autre forme jadis exceptionnelle (1), mais éminemment adaptée aux mœurs romaines, en ce qu'elle appliquait à cette *mutation* les formes habituelles de la transmission de propriété; aussi fut-elle pratiquée, à Rome, depuis les temps antérieurs à la loi des douze tables, jusqu'au 2me siècle de la période impériale; car elle était en pleine vigueur encore, au temps de Gaius et d'Ulpien (2) : je veux parler du testament *per æs et libram*.

On peut en voir la formule longuement et clairement exposée dans les institutes de Gaius.

Mais cette forme de tester finit par disparaître elle-même. La jurisprudence prétorienne lui avait déjà porté coup, en admettant comme suffisante une forme beaucoup plus simple (3), que la jurisprudence impériale organisa en l'entourant de solennités qui conciliaient les avantages introduits par le droit prétorien, et les garanties que toute bonne législation doit exiger dans un acte aussi important. Désormais, il suffit que le testament fut écrit d'un seul contexte et signé du testateur et de sept témoins (4).

(1) Gaius, *Instit.* II. § 102.

(2) Gaius, *loc. cit.* Ulpien, tit 20. *Fragm.*

(3) Voy. *Instit.* § 1. *De Testam. ordinandis.*

(4) Voy. au Code Théodosien, tome 1, page 354, édit. Ritter. — Heinecc. *Antiq. Roman.*, pag. 440, édit. Haubold.

Je ne parle point du testament militaire qui fut aussi réduit, sous les empereurs, à une forme beaucoup plus simple. Quelle que fut son expression, elle fut admise.

Il nous reste beaucoup de testaments anciens, originaux, mais peu cependant qui remontent à une haute antiquité. J'en rapporterai ici deux ; l'un parce qu'il est admirable de simplicité et l'autre parce qu'il est le monument le plus ancien de ce genre que nous connaissions. Il est peu connu, n'étant découvert que depuis 1820 ; et il présente cette circonstance remarquable que le Jc. Proculus, Pline et Tacite y sont institués au nombre des légataires.

I.

FRAGMENTUM TESTAMENTI Q. LÆLII (1).

VALE CONJUX, VALETE NATI, VALEAT TIBUR PATRIA. ULTIMA Q. LÆLII MORIENTIS DECRETA HÆC SUNT, UT TIBURTINÆ DOMUS, SUBURBANI FUNDI ET PRÆDII NOMENTANI MOENIA TANGENT. TITA MARCELLINA CONJUX ET QUINTUS FILIUS DULCISSIMUS COHEREDES SINT......

(1) Tiré de Gruter, *Corpus Inscript. Antiq.*, pag. 879. n° 4. —Et de Spangenberg, *Juris Romani tabulæ negotiorum solemnium*, pag. 61.

Le testament de Dasumius, qui suit, a été découvert en 1820, sur la voie *Appia*; il fut publié, à cette époque, dans le *Diario di Roma*, par M. Fea, et il reçut d'abord le nom de testament de *Proculus*. Niebuhr fixa son attention sur ce monument curieux, et remarqua le premier que Tacite et Pline y étaient nommés. La publication de ses observations, à ce sujet, fut traversée par différents obstacles; mais on retrouvera une partie de ses notes dans le commentaire qui accompagne notre édition. Nous sommes loin de vouloir nous faire honneur des restitutions et remarques qui composent ce commentaire; elles appartiennent à M. le professeur Puggé, qui les a publiées, il y a peu d'années, dans le 1er volume du *Rheinisches Museum fur Jurisprudenz*, d'où nous les avons tirées. Nous avons pensé qu'elles seraient reçues avec satisfaction, en France, où le testament de Dasumius est, à peu près, inconnu. Le marbre sur lequel il est gravé, a été mutilé. Il est maintenant divisé en deux parties d'égale hauteur (4 palmes 1/2). Le commencement et la fin de chaque ligne sont perdus. C'est en ces deux endroits que sont les principales fractures et dégradations. Puisse le hazard en faire retrouver les fragments! La gravure des lettres passe pour un chef-d'œuvre.

II.

TESTAMENTVM · · · · · · · · · · DASVMII (1)

(2) RECTVM·PRAEST
(3) AMICVS·RARISSIM*VS* · · · · · · · · · · · (4) · · · · · · · · · · · *HERES·ESTO·SI·SE*
NOMEN·MEVM·LATVRVM·*PROMISERIT* · *MEARVM*
*FORTV*NARVM·EX·VNCIA·*HERES·ESTO·CERNITOQVE·IN·DIEBVS·CENTVM* (5)
PROXIMIS·QVIBVS·SCIES.*POTERISQUE·QVODNI·ITA·CREVERIS*·
(6) ENTISSIMA·MIHI·*HERES·ESTO*
LIA·SERVIANI (7) EX · · · · *MIHI·HEREDES·SVNTO*
NEPOS·MEVS·MIHI·HERES·*ESTO*
MIHI·HEREDES·SVNTO·
MIHI·HERES·ESTO·SI·DAS*VMIVS*
*SVN*TO·IIQVE·CERNVNTO
NON·CREVERIT·TVNC·SY*CHE·NVTRIX*
(8) INFRA·SCRIPTIS·QV

BINAS·AVRI·(9)P·LIBRAS·IVLIO
NO·VOLVSIO·IVLIANO
(10) *PLINIO*·SECVNDO·CORNELIO·*TACITO*
*A*VSPICATO·SINGVLIS
(11) *MI*NICIO·IVSTO·FABVLI
(12) IVNIO·AVITO·PONT·LAELIANO
(13) *SEM*PRONIO·CRESCENTI·IANVARIO
LICINIO·NEPOTI·TVLLIO·VARRONI·SAT*RIO*·*RVFO* (14)
(15) *MINICIO*·*A*NNIANO.APPVLEIO·NEPOTI·RE*MMIO*·*MARTIALI*
(16) VSTIO·ACANTHO·FABIO·RVSTICO
(17) COA·CHRISPHOEBO·ET·SERVATO
*VA*LERIO·HERMETI·OTACILIO·OR · (18) *SEM*
PRONIO·*PRO*CVLO·IVRISCONSVLTO·ATEIO·M
NO·CORNELIO·SENI·IVLIS·THREI
ORO·ADFINI·MEO·X·–·$\overline{CXXV}$·CO
(19) *FIDEIQVE*·EIVS·EORVMQVE·COMITTO·VT
ER·CONSECRENT·CORDVBAE·IT*EM* · (20) *SVB*·*IN*
*SCRIP*TIONE·NOMINIS·MEI·CONSEC*RENT* ·

OPERA·SVPRA·SCRIPTA(21)·FIANT·EI*VS·EORVMQVE·ARBITRATV*
*FIDEI*QVE·EIVS·EORVMQVE·COMMIT*TO·VT*
·EST·DASVMIAE·SYCHE·NVTRIC*I* (22)
(23) VENVGVMAREVM·PISCATORI
ELEGERIT·PRAETER·QVAM· X.-C
CARI·ET·POTOR · · · · · · · ·
VE·PHILVRAM·CALCVLATOREAM (24)
ET·SABINVM·NOTARIVM·ET·MY
(25) *RATI*ONIBVS·REDDITIS·CVM·CONT*VBERNALIBVS·LIBEROS·ESSE·VOLO*
M·COCVM·ET · · · MICVM·C
ET·DIADVMENVM·NOTARIVM
(26) OMN. VMTVARIVM·RATION*E·REDDITA*
*IN·MA*TRIM*O*NIO·HABEAT·FIDELEM
*LATER*CVLIS·PVSILLIS COMPOSITV*M*
COLONO·LIB·X.-(X)-DASVMIAE·SY*CHE*
-) X X) HELIODAIDI·LIB·-X-. (X) CA
·SINGVLIS·-X-(X)·EVROTAE·LIB·-X-
SI·EROS·VESTIARIVS·RATIONEM·*REDDIDERIT·LIBER·ESTO*

*PAEDA*GOGVS·RATIONE·REDDITA·PHO
*SI·QVE*M·EX·HIS·ALIO·SCRIPTO·LIBERVM *ESSE·IVSSI·*
QVE·VICENSIMAE·NOMINE·EI
*OMN*ES·QVOS·LIBEROS·ESSE·IVSSI·EO·
*IN·FID*EM·EORVM·COMMITTO·-X·-QVIS
(27) RVANT·CONCEDANT·SINE·VLLA·*CONTROVERSIA*
. . . . -X.-V·ETHOC·AMPLIV*S·DARI·VOLO* (28)
M·MANVMISSA
CVM·ORNATO

(1) TESTAMENTUM. . . . . *Dasumii*. Le nom du testateur est effacé; son nom de famille (*gentile*) était probablement *Dasumius*, car à la ligne 34 une affranchie du testateur, est appelée *Dasumia Syche*; c'était une affranchie, parce que c'était une nourrice. On sait que les nourrices étaient prises parmi les esclaves et que d'ordinaire on les affranchissait plus tard. Effectivement, *Syche* est nommée parmi les affranchis, ligne 46.

(2) Le commencement du testament ne peut être rétabli d'une manière certaine. Il paraît que le testateur ne commençait point par les institutions d'héritier, mais qu'il les fesait précéder d'un préambule dans le genre, peut-être, des exemples que nous avons dans Suétone (*Tibère*, *cap.* 23), et dans la loi *ult.* Dig. *de Heredibus instituendis*; peut-être y avait-il quelque chose d'approchant de ceci : *cùm sit* RECTUM PRÆSTARE *amicis officia post fata, super re meâ ita lego.*

(3) De la ligne 2 à 12 suit la série des institutions et des substitutions.

(4) Après *amicus rarissimus*, était le nom de l'héritier avec le titre de *vir clarissimus* ou un autre de ceux que les lettres de Pline nous indiquent avoir été en usage dès ce temps là. *Heres esto si se nomen meum laturum promiserit*; c'est la seule formule d'institution d'héritier, *sub conditione nominis ferendi*, qui nous soit connue jusqu'à présent. Je pense avec M. Hugo (Hist. du Droit romain, 10me édition, pag. 448, note 2.) que l'institution d'héritier avec cette condition, était différente de l'*adoptio per testamentum*. V. Dion Cassius, 44. 35. A la fin de la lig. 3, il y avait, sans doute, *micarum*.

(2) A moins qu'il n'y eut entre les mots *ex uncia* et *imis quibus*, une seconde institution d'héritier (ce qui me paraît

très-invraisemblable), la restitution de M. Puggé est des plus sûres, et ce qu'il y a d'important, c'est qu'elle nous donne la mesure de la largeur de la table. Sur cette formule, voy. Gaius, *Instit. lib.* 11. § 165.

(6) ENTISSIMA. On pourrait compléter ce mot par PIE*ntissima* ou avec non moins de vraisemblance PUD*entissima*. Après *heres esto*, l'espace indique qu'il devait y avoir le nom d'un autre héritier institué conjointement avec.... *lia serviani* : c'est pourquoi, à la ligne 7, il faut restituer... *lia serviani ex......... mihi heredes sunto.*

(7) *Serviani.* Sans doute c'est ce même *Servianus*, qui fut trois fois consul, deux fois sous le règne de Trajan et une fois avec Suranus. Hadrien fit mourir Servianus dans la crainte qu'il ne lui survécut et ne parvint à l'empire (Spart. *in vit. Had., cap.* 15). C'est aussi le même auquel sont adressées deux lettres de Pline (*Lib.* 3, *ep.* 17; *lib.* 6, *ep.* 26. Schæfer). Les lettres qui manquent avant *lia*, devaient compléter un nom, et c'était celui de la femme de *Servianus*, car cette addition du génitif (*Serviani*) désigne l'épouse : si c'était la fille de Servianus, il y aurait : *lia Serviani filia*. Pourtant nous savons par Spartien, que la femme de *Servianus*, sœur d'Hadrien, se nommait *Paulina*; elle put être ainsi appelée du nom de sa mère ; mais son véritable nom devait être *Ælia Paulina*.

(8) De la ligne 13 à 29 suit une série de legs, qui paraissent faits dans la forme du *legatum per damnationem*.

(9) Avant *auri* devait être la désignation de la somme; peut-être *Binas*.

(10) *Plinio Secundo Cornelio Tacito.* En voyant Pline et Tacite nommés à côté l'un de l'autre, on se rappelle ce passage des lettres du premier (lib. 9, ép. 23): « *Narrabat (Tacitus) sedisse secum circensibus proximis equitem romanum : » hunc post varios eruditosque sermones requisisse,* ITALICUS » ES AN PROVINCIALIS ? *Se respondisse.* NOSTI ME ET QUIDEM » EX STUDIIS. *Ad hoc illum*, TACITUS ES AN PLINIUS? »

(11) MINICIO JUSTO. La leçon ordinaire dans les lettres de Pline (*lib.* 7, *ep.* 11), est *minucius fuscus*. Cortius lit (*ex mediceo libro*) : *Minicius justus*; leçon qui quoique repoussée par Gesner et Schæfer, et en partie par Gierig, est démontrée véritable par le monument que nous reproduisons.

(12) JUNIO AVITO. Pline, dans une lettre à Marcellinus (*lib.* 8, *ep.* 23), déplore la mort de *Junius Avitus*, et donne une rapide notice de sa vie. Si nous savions l'époque de la mort de Junius Avitus, nous pourrions préciser davantage celle de la confection du testament de Dasumius.

PONTIO LAELIANO. On trouve dans Gruter, *Corp. inscript.*, pag. 457, 2, une inscription en l'honneur d'un descendant de Pontius Lælianus; au lieu de *L. Aetiano*, il y faut lire *Laeliano*. Conférez Marini, *atti e monumenti de' fratelli Arvali*. P. 11, pag. 792, not. 17. Il est parlé du même Pontius Lælianus dans Fronton (*Front. epistulæ curæ angelo Maio*. Rom. 1821, p. 183). Plusieurs lettres de Pline (*lib.* 5, *ep.* 15, *lib.* 6, *ep.* 28), sont adressées à notre Pontius. Le fragment 40. Dig. *de jure dotium* rapporte un rescript de Sévère *Pontio Lucriano*; ce qui peut bien être une corruption de *Pontio Lœliano*. Voy. aussi le fr. 7. § 5. dig. 48. 2 et *ibi* la note 35 de Gebauer.

(13) *Sempronio* CRESCENTI. Conf. Gruter. *corp. inscript.* pag. 707, 7, où un Sempronius Crescens se trouve nommé.

(14) TULLIO VARRONI, Conf. Gruter. *corp. inscr.*, p. 437. 4.

Satrio rufo. Sans doute il y avait ici un legs pour Satrius Rufus, orateur contemporain de Pline.

O NEPOTI. On propose *Licinio Nepoti*. C'est le nom d'un préteur, *acer et fortis vir*, indiqué deux fois dans les lettres de Pline, 4. 79 et 6. 5.

(15) *Minicio appuleio*. Sur cette restitution, voy. Gruter. *corp. inscr.*, p. 1097, 4.

Remmio martiali. On peut restituer ces mots avec certitude, car bien peu de noms de famille commencent par *Re*, et

Remmius Martialis était Préteur, l'an 111. de J. C. Conf. Gruter, *corp. inscr.*, p. 128. 5.

(16) USTIO ACANTHO, peut-être *Apustio* ou *Venustio. Fabio rustico.* Conf. Gruter, *corp. inscr.*, p. 437. 4.

(17) COA CHRISPHOEBO. Ce lieu est corrompu; il faut séparer ainsi les mots : *co Achrisphoebo. co*, est peut-être, le reste de *Prisco. Achris* doit renfermer une corruption dans les premières lettres. Ce devait être un seul et même nom de famille pour *Phœbus* et *Servatus*, comme à la lig. 27 : *Juliis.*

(18) *Sempronio* PROCULO. Il est certain que *oculo* doit être complété ainsi : *Proculo*. Je pense d'après la loi 47. Dig. *de Legatis* 2°, que le célèbre Proculus se nommait *Sempronius*. Zimmern (Hist. du Droit rom. Tom. 1er, pag. 316), veut que le nom de ce jurisconsulte ait été *Licinius*, et il considère, dans cette loi, Sempron. Procul. comme le consultant, lequel aurait été l'aïeul du jurisconsulte. Mais il n'est pas possible, avec cette interprétation, de rendre raison du mot *Quæris*. Il est plus naturel d'expliquer ainsi cette loi : Sempronius Proculus à *Nepos* (peut-être le Licinius Nepos dont il était question tout à l'heure).... et ce jurisconsulte répète ensuite le cas et la question posée, et donne après sa réponse.

(19) De la ligne 29 jusqu'à la fin, suit la série des fidéicommis et des affranchissements d'esclaves.

(20) *Sub inscrip*TIONE NOM. Restitution qui ne peut souffrir de doute.

(21) FIANT *ejus eorumque arbitratu*. Cette restitution est basée sur une conjecture très-vraisemblable.

(22) Les mots perdus étaient peut-être la désignation de ce qui devait être donné à Dasumia Syche; par exemple, *pecuniam quæ in arca* EST.

Syche est à la place de *Hesyche*.

(23) VENUGUMARKUM. Ce mot est probablement mal écrit. Tous les efforts ne peuvent arriver à une restitution vraisemblable du texte. On peut conjecturer qu'il y avait *piscatorem* ou *piscatores* au lieu de *piscatori* et alors *Venu-*

gumareum serait un nom propre ou deux, altérés à la vérité, mais auxquels se rapporterait l'*elegerit* qui suit.

(24) PHILURAM CALCULATOREAM. *Philura* ou *Philyra* était certainement tiré du grec φίλυρα, et employé dans le sens de table, livre. Dans ce sens *philura calcutatorea* serait un livre de compte , tenu par le *calcutator*. Ces mots se trouveraient liés au reste de la phrase de la manière dont est employé celui de *ratio* dans la loi 21, Dig. *de statu liberis* (*si rationes diligenter tractasse videbitur*). Voy. *hic* Orelli, *Corpus inscrip.* tome 2, pag. 276. La mutilation de notre testament a empêché M. Orelli de lui donner place dans sa collection.

(25) *Rati*ONIBUS REDDITIS CUM CO*ntubernalibus liberos esse volo*. Sur la formule que reproduit cette restitution , Voy. la loi 41 , § *ult.* Dig. *de fideicom. libert.*

(26) OMNEM SUMTUARIUM. Sur l'emploi de *Sumtuarius* comme substantif, conferez Gruter, *corp. inscr.*, p. 331. 2. — p. 333. 5.

(27) RUANT. peut-être, *extruant*.

SINE ULLA *controversia*. Sur cette restitution , conf. la loi 41 , § 11 , Dig. *de fideicom. libert.* et la loi 40, § 2. Dig. *de statu liberis*.

(28) HOC AMPLIUS *dari volo*. Conf. la loi 30. Dig. *de legatis* 3°.

Il est à remarquer que dans cette inscription tous les legs de somme d'argent sont exprimés, non plus en sesterces, mais en deniers.

§ V. — *De la Propriété Romaine hors du Territoire Romain.*

Indépendamment des conditions de capacité personnelle, il y avait encore des conditions inhérentes au sol, dont la réalisation était nécessaire pour l'attribution du droit de propriété romaine, et dont l'absence était un obstacle à son acquisition.

Ainsi d'abord une condition réelle et indispensable, pour qu'il put y avoir application de propriété, était que le fonds, dont il s'agissait, fut *in commercio*. Il y avait deux espèces de *res non in commercio*. Les unes l'étaient d'une manière absolue, les autres ne l'étaient que relativement à certaines personnes.

Tout le monde sait que les choses *divini juris* et *publici juris* étaient, à Rome, insusceptibles de propriété privée (1); je ne m'arrêterai point à ces détails familiers à tous ceux qui ont une connaissance, même superficielle, du droit romain (2).

On sait encore qu'il y avait des territoires dont l'appropriation était interdite à une certaine classe de personnes jouissant d'ailleurs de la plénitude des droits civils. Ainsi, par exemple, il était défendu aux administrateurs des provinces, de rien recevoir ou

(1) Voy. *Instit.* de Justinien, *lib.* 2. *tit.* 1. § 2. *et seq. et tit.* 20 §. 4. et *ibi* Schrader. V. aussi Cic. *de har. resp.* 14.

(2) Voy. Muhlenbruck, *Doctrina Pandectarum*, tome 1. pag. 158 et *seq.* Édit. 1827.

acquérir dans toute l'étendue de leur juridiction (1). Je n'insisterai pas davantage sur ce point.

Le *commercium* s'appliquait autant aux aptitudes personnelles des individus qu'à la nature des biens eux-mêmes (2).

Il y avait ensuite d'autres parties du territoire soumis à la puissance romaine qui, par d'autres motifs, n'étaient point susceptibles de *propriété civile ;* car Rome ne communiquait pas la participation de son droit civil aux territoires conquis par le fait seul de la réunion. Au contraire, ces pays conquis étaient, personnes et biens, sous la disposition arbitraire du gouvernement romain. Tel était, alors, le droit de la guerre. Ce caractère municipal et exclusif du gouvernement romain, ne s'est effacé que peu à peu, sous l'empire. Rome accordait, comme une grâce, différents degrés de participation à son droit civil, aux peuples soumis qu'elle voulait favoriser. Quelques-uns furent même exclus de tout bienfait de ce genre, jusqu'au temps où le droit de cité fut accordé à tout l'empire.

Dans le principe, la *propriété romaine*, avec son organisation nationale et exclusive, dut être seulement applicable à l'*Ager romanus*. Mais bientôt la conquête agrandissant les limites de la puissance et de la domination romaine, le droit de propriété

(1) Voyez Jan. a Costa, *ad Inst. Just. lib.* 2. *tit.* 20. § 4.

(2) Voyez un excellent ouvrage de M. Van-Doorn intitulé : *De jure commercii roman.* Leide, 1803, in-8°.

devint applicable à une plus grande surface. D'un côté, l'administration ne pouvait pas garder tous les territoires subjugués, en état d'*Ager publicus*; d'un autre côté, tous les pays soumis ne l'étaient point avec les mêmes conditions.

I.

La première exception au principe qui plaçait hors du commerce civil tout fonds de terres qui n'était pas sur le territoire romain, proprement dit, dut être faite en faveur des *colonies*.

Deux textes anciens nous font parfaitement connaître la condition civile des *colonies romaines*: le premier est d'Aulu-Gelle, le second est de Servius.

Non veniunt (COLONIÆ), dit Aulu-Gelle (1), *extrinsecùs in civitatem, nec suis radicibus nituntur; sed ex civitate quasi propagatæ sunt: et jura institutaque omnia populi romani, non sui arbitrii habent...... propter amplitudinem majestatemque populi romani, cujus istæ coloniæ quasi effigies parvæ, simulacraque esse quædam videntur*.

Ainsi, les Romains ne perdaient pas, sur le sol pérégrin, les droits dont ils jouissaient dans la métropole; ils communiquaient même au sol régulièrement constitué en colonie, les capacités personnelles dont ils étaient revêtus. Les colonies romaines devenaient

(1) *Noct. Att. lib.* 16. *cap.* 13. (pag. 737-38. ed. Gronov. 1706).

l'image de la mère-patrie; toutes les pratiques romaines y étaient conservées ou reproduites : Religion, Sénat, Consuls, Tribuns, Division des ordres, Juges, Régime municipal, Spectacles. Si elles retenaient le droit de suffrage à Rome, et le *jus honorum*, c'est une question qui excède les limites de notre sujet et que nous n'examinerons pas ; nous la résoudrions pour la négative, avec un texte de Dion Cassius (1), qui nous paraît précis. Mais si elles n'avaient pas le *jus quiritium*, elles avaient incontestablement toutes les capacités civiles qui constituaient le *jus civitatis*. Elles suivaient le droit privé de la métropole, et jouissaient de toutes ses capacités : *Jus connubii*, *patria potestas*, *jus commercii*, *jus nexi*. Elles avaient donc la propriété romaine (*Dominium Quiritarium*), pleine et entière (2).

Voici le texte de Servius : *Sane veteres colonias ita definiunt : Colonia est cœtus eorum hominum qui universi deducti sunt in locum certum ædificiis munitum*, QUEM CERTO JURE OBTINERENT. *Alii : Colonia est quæ Græce παροικία vocatur* (ou plutôt ἀποικια ?) : *dicta autem est a colendo ; est autem pars civium aut sociorum*

(1) XLIII. 39. *in fine*, tome 1. page. 368. Éd. Reimar.

(2) On les voit souvent appeler *cives* et *censi* dans les auteurs anciens. — Voy. Tit. Liv., VIII. 14. et 21. — XIX. 37. — XXXIV. 42. — Voy. Heyne, *de vet. colon. jure, ejusque caussis*, dans ses *Opusc.* tome 1. pages 290-329, et t. 3. pages 79-92.

missa, ubi rempublicam habeant ex consensu suæ civitatis, etc., etc. (1).

En effet, les colonies étaient quelquefois composées de *citoyens romains* militaires ou non, quelquefois de *Latins* (2), plus tard d'*Italiens*, de *provinciaux*; et, dans ces différents cas, les colons communiquaient au sol les aptitudes personnelles dont leur métropole jouissait, à défaut de collation de privilége nouveau; et lorsque des citoyens romains s'enrolaient dans ces colonies de condition inférieure, ils perdaient le privilége de leur qualité primitive, et ne jouissaient que des droits départis à la colonie (3).

II.

La seconde exception qui fut admise, paraît avoir été en faveur du *Latium*. La première condition des villes de la confédération latine, dans leurs rapports

(1) Voy. Servius, ad *Æneid.*, 1, 12. (*Opp. Virg.* édit. Burmann. Tome 2, pag. 14). La correction d'αποικιά se trouve déjà dans Gronovius, *ad Gellium* XVI. 13. page 737, édit. de 1706.

(2) *Illud agitabant*, dit Tite-Live, *uti colonia Aquileiam deduceretur, nec satis constabat, utrum* LATINAM, *an* CIVIUM ROMANORUM *deduci placeret; postremò latinam potius*, etc., XXXIX. 55. (T. 5, pag. 421, Drakenb.)

(3) Voy. Ciceron, *pro Cæcina*. § 33. Leclerc. — Boëce, *Comment. in Cicer. Topica. Lib.* 2, *cap.* IV, § 18. (pag. 302, tom. 1er. *Scholiast. Ciceron.* édit. Orell.)

avec Rome, a dû être l'isopolitie complète (1), peut-être avec l'isonomie (2). Mais il est certain que, dès l'an 261, Rome ayant acquis une puissance complétement indépendante, les peuples latins furent réduits à la qualité d'*alliés* (3), et par conséquent, à une condition qui approchait de la *pérégrinité*.

Mais cette condition ne satisfit plus les *Latins*, à une époque où ils crurent pouvoir exiger un partage égal de puissance, en Italie; ils suscitèrent à Rome une guerre qui fut terminée par l'occupation de toutes les communes latines, et par leur complet assujettissement (an 416 de Rome?). Ce fut probablement alors que les Romains départirent aux Latins, la mesure exacte des droits de bourgeoisie qu'ils entendaient leur accorder.

Parmi ces droits se trouvait le *commercium*. Était-ce là une capacité purement personnelle? ou bien ce privilége avait-il un caractère de *réalité foncière*? On peut répondre *oui* sur les deux questions, en distinguant les circonstances dans lesquelles le *jus latii* était accordé.

Lorsque la qualité de *Latin* ne fut considérée que comme une condition de la personne, et ne fut donnée que comme une faveur individuelle (le cas

(1) Cf. Cicéron, *de re publicâ*, *lib.* 2, § 33, avec Tite-Live. 2. 33. — Beaufort, *républ. rom.* Tome 2, page 190, édit. in-4°.

(2) Voy. Wachsmuth, *die altere geschichte des römisch. staates*, page 345. (1819.)

(3) Voy. Beaufort, *ibid.* page 193.

a dû rarement se présenter avant la loi *Junia Norbana*), elle n'entraîna aucune capacité territoriale. Mais à l'époque où le *jus latii* était un privilége restreint au territoire latin, le *commercium* s'étendait non-seulement aux individus, mais encore aux fonds de terre; c'était le droit commun. Quand Rome voulut le contraire, elle eut soin de l'exprimer; ainsi fit-elle pour la Macédoine (1). Anciennement, donc, le droit de *latinité* emportait le *commercium* pour le sol, comme pour la personne, sauf les restrictions inhérentes à cette même condition; restrictions qu'il était facultatif à ces peuples de soulever en devenant *fundi*, comme nous le verrons bientôt (2). La *Latinité* emportait donc alors le *jus legitimi dominii* pour le sol, comme pour l'individu, et constituait une

(1) Voy. *suprà*, pag. 78. note 1. — J'ai toujours parlé des *Latins en général*, mais il est certain que, dès les temps les plus anciens, il y avait eu différentes conditions dans leurs rapports civils avec Rome. Beaufort a assez bien signalé ces nuances.

(2) L'aptitude des communes latines à devenir *fundi*, et à échanger ainsi leur autonomie contre l'isonomie complète ou partielle, est parfaitement démontrée par le § 8 du discours de Ciceron *pro Balbo; Si id adscivissent. . . . Latini. . . . tum. . . . aut jure eo quod a nobis esset constitutum, aut aliquo commodo, aut beneficio uterentur. — Innumerabiles aliæ leges de civili jure sunt latæ. Quas latini voluerunt, adsciverunt* (Ciceron, d'Olivet, tom. 6, pag. 130-31). Cette faculté était commune aux municipes, aux villes latines et même aux *civitates fœderatæ* extra-italiennes; mais sa réalisation n'emportait pas toujours de plein droit l'isopolitie.

capacité *territoriale*, en même temps que personnelle (1). Telle avait été la condition des *Cærites*, qu'on pourrait, à la vérité, rapporter plutôt à l'état de *Municipes* qu'à l'état de *Latins* (2), mais qui présente cependant quelque analogie avec l'état de ces derniers, analogie qu'on n'a pas remarquée.

Le droit de *latinité* est indiqué nommément pour la première fois dans la loi *Junia Norbana*, de l'an 771 ou 772 (3). Par une disposition connue de cette loi, la manumission non solennelle ne donna plus à l'affranchi que le droit de *latinité*, au lieu du droit de cité qu'il recevait auparavant (4). Et même les plus importants avantages de la *latinité* ancienne furent enlevés à cet affranchi, ce qui le fit nommer

(1) Voilà pourquoi Denys d'Halicarnasse les appelle μετέχοντας τῆς ἰσοπολιτείας (*antiq. rom.*, VIII. 77. Reiske). — Ulpien, *fragm.* XIX. 4. *fragm. Dositheàn. inf. cit.*, note 3, etc.

(2) Voy. Aulu-Gelle, XVI. 13. édit. cit. de Gronovius. 1708. — Et conférez Freret (*Mém. de l'Acad. des Inscrip.*, t. 18. pages III et suiv.), avec Muller, *die Etrusker*, t. 1er, p. 361 et suiv., Breslau, 1828. La traduction de ce morceau de Muller se trouve dans nos *pièces justificatives*, pag. 4 et suiv. Voyez aussi Roth, *de re municipali roman.* Stuttgard. 1801, in-8°.

(3) Sur la loi *J. Norbana*, voy. le *fragm. vet. juris consulti* connu sous le nom de *fragm. dositheanum*, dans le *jus civile ante Justinian.* de Berlin, 1815. tom. 1, pag. 253, § 6 et suiv. — Voy. aussi les *Institutes* de Justinien, liv. 1, tit. 5, § 3 et *ibi* Schradér, édit. cit.

(4) *Una* QUIRITEM *vertigo facit.* Perse, *sat.* V. 75. et *ibi* Plum., page 409 (*A Persii Flacii, satiræ*, édid. Plum, *Hauniæ* 1827, in-8°). Voy. aussi Casaubon *hic* (éd. 1605.)

Latinus Junianus (1), pour le distinguer des autres *Latins*. Ses enfants seuls acquéraient, en naissant, la pleine *latinité*. Ainsi la loi *Junia Norbana* n'a point créé le droit de *latinité*; elle le suppose établi; elle a créé seulement une modification spéciale.

En remontant plus haut, nous trouvons une condition identique avec l'état de latinité, tel que l'établit Ulpien, dans un texte remarquable de Ciceron (2). C'est encore dans le discours pour Cæcina. Celui-ci possédait la propriété en litige en vertu d'un testament par lequel il avait été institué héritier. On soutenait que Cæcina était incapable de recueillir cette hérédité, parce qu'il était de Volaterre, ville privée par Sylla du droit de cité. A cet argument, Ciceron répond : d'abord que cette question n'est point celle qui est à juger ; et ensuite que : *Sylla ipse ita tulit de civitate, ut non sustulerit horum nexa* (3), *atque hereditates* (c'est-à-dire, *testamenti factionem*), *jubet enim eodem jure esse, quo fuerint Ariminenses : quos quis ignorat duodecim coloniarum fuisse, et a civibus romanis hereditates capere potuisse* (4).

Il y avait donc un droit connu des 12 colonies,

(1) Gaius, Instit., *lib.* 1, § 22, édit. Berol, 1824 : et *ibi viri docti.*

(2) *Pro cæcina*; § 35. Leclerc.

(3) *Nexum* est ici synonyme de *commercium*.

(4) J'ai suivi le texte de Leclerc, lequel a adopté une leçon qui, quoique indiquée depuis longtemps comme meilleure, (voyez le Ciceron de Verburg, tome 1er, page 418, note 12,) n'avait point été reçue par les anciens éditeurs de l'orateur romain. D'Olivet a même négligé cette variante importante,

parmi lesquelles était Rimini (1); droit qui, sans être le droit de cité, comprenait : 1° le *nexum* ou *commercium*, qu'Ulpien présente comme le caractère fondamental de la *latinité*; et 2° la capacité de recevoir par testament (2), *testamenti factio* qu'Ulpien donne encore comme un caractère de *latinité*.

C'est dans ce droit des 12 colonies qu'il faut chercher l'origine de la *latinité* moderne décrite par Ulpien; de cet état intermédiaire entre le citoyen et l'étranger. Mais quelles étaient ces 12 colonies? Paul Manuce, suivi par plusieurs annotateurs de Ciceron (3), a

légitimée par de bons manuscrits (*A civibus romanis* pour *a populo romano*).

(1) Paul Manuce (copié en cela par Clément, dont M. Leclerc a recueilli la note, tome 9, page 532, note 54,) a fait erreur en affirmant (voyez le Ciceron de Verburg, *loc. cit.*, note 11) que Rimini ne faisait pas partie des douze colonies. Le texte de Ciceron est formel. Tite-Live y joindra bientôt son autorité, et nous verrons sur quelle hypothèse était fondée l'opinion de Manuce à cet égard.

(2) La généralité du terme *hereditas* pourrait faire croire qu'il s'agit de succession *légitime* ou *ab intestat*. Mais comme elle dérive de l'agnation et l'agnation du *connubium* (que les Latins n'avaient pas de plein de droit, mais seulement par privilége personnel. Ulpien, *fragm.*, tit. 5, § 4. p. 577. Schulting); il est impossible de l'attribuer aux 12 colonies, qui n'auraient différé en rien des *citoyens romains*. D'ailleurs, dans la cause de Cæcina il s'agissait d'un testament.

(3) Voy. Paul Manuce, *ad loc. cit. Ciceronis*, édit. de Venise, chez Alde, 1540-1541. — Voy. aussi dans l'édit. de d'Olivet, la note de Ferratius, qui a copié Manuce; et dans l'édit. de Leclerc, *Cit. loc.*, la note 54 de Clément qui a copié les deux annotateurs précédents.

cru que ces colonies étaient celles qui furent établies en exécution d'une loi *Livia*, de l'an 632 (1), au temps des querelles *agraires* suscitées par les Gracques. Mais il n'y a pas de preuve que ces colonies *décrétées* aient jamais été *fondées* réellement ; et comme la colonie de Rimini a une date certaine, qui remonte à l'an 484 (2), la conjecture de Paul Manuce est inadmissible. Une autre explication paraît plus vraisemblable ; elle est fondée sur deux textes de Tite-Live (3).

Dans la guerre d'Annibal, sur 30 colonies latines, douze trahirent Rome et la mirent en péril, et dix-huit demeurèrent fidèles. Tite-Live (4) parle de la punition qui fut infligée aux douze colonies rebelles, et nullement de la récompense qui dut être accordée aux dix-huit fidèles. Ne pourrait-on pas admettre que leur récompense fut ce premier degré de droit de cité, qui consiste dans le *commercium?* avec d'autant plus de raison, qu'on en avait agi, à peu

(1) Voy. Appien, *de bell. civ.*, *lib.* 1, § 23 (*Opp.* Tom. 2, page 35, édit. Schweigh.). Il paraît que cette loi ne fut qu'une satisfaction jetée au peuple, pour le calmer, et qu'elle ne reçut aucune exécution.

(2) Drakenborch, *ad Livium*, tome 4, page 33, fixe cette époque à l'an 483, d'après Sigonius et les témoignages de Tite-Live et de Polybe. — *Add.* Velleius Paterc. *lib.* 1, *cap.* 15. § 7. Ruhnken. — Et Scaliger *Animadv. ad Euseb. chronic.* Page 122, édition de 1606.

(3) *Lib.* 27, *cap.* 7 et 10. Drakenb.

(4) *Loc. cit.*, et *lib.* 29, *cap.* 15 et 37.

près, ainsi envers une ville alliée, envers Marseille, dans une occasion semblable (1). Nous aurions alors l'origine de la *latinité*, dont parle Ulpien, et le texte de Ciceron serait clairement expliqué.

Une difficulté peut arrêter: c'est que Ciceron parle de douze colonies et Tite-Live de dix-huit. Il faudrait corriger le texte de Ciceron et lire *duodeviginti*, au lieu de *duodecim*. On pourrait supposer facilement une erreur de copiste dans le chiffre XIIX.

Deux raisons militent en faveur de cette leçon; 1° Rimini, que Ciceron place parmi les 12 colonies, est expressément nommée dans les 18 de Tite-Live (2); 2° l'événement rapporté par Tite-Live, était assez important pour donner naissance à une faveur telle que le *commercium*. Il a dû se fixer assez dans la mémoire du peuple pour que Ciceron n'eut besoin que de le rappeler comme chose parfaitement connue.

De semblables erreurs de copiste se rencontrent fréquemment dans les textes des anciens écrivains. On connaît celle qui a été signalée dans le chapitre 16, livre 43 de Tite-Live, et qui, comme dans notre passage de Ciceron, pour XIIX, a accrédité la leçon vulgaire: XII (3).

(1) Voyez *suprà* page 216, note 2, et Niebuhr, *Hist. rom.*, tome 4, page 364 et *alibi*.

(2) *Lib.* 27, *cap.* 10, (tome 4, page 36. Edit. Drakenb. et *ibi* Glareanus.)

(3) Voy. *ibi* la note de Drakenborch, tome 5, pag, 723 (1743); et conferez Hermann, *opuscul.* T. 3, p. 63 (1828).

Cette origine de la Latinité coloniaire étant admise, il y eut dès lors, à Rome, trois États civils : 1° la *civitas ;* 2° les colonies ayant le *commercium ;* 3° la pérégrinité c'est-à-dire, l'état des autres Italiens, qu'ils fussent Latins ou non, privés du *commercium.* Telle était l'échelle des capacités relativement au droit de propriété.

La guerre *sociale* opéra une première révolution dans cette classification. La loi *Julia*, de l'an 664 (1), donna conditionnellement le droit de cité aux *Latins*, et les autres alliés l'obtinrent bientôt après (en 665). D'un autre côté, les privilèges des anciennes colonies latines furent étendus, par la suite, à maintes provinces, d'abord à une partie des Gaules, puis à la Sicile, sous le nom *Jus Latii* ou *Latinitas* (2).

Voici comment un scholiaste ancien de Cicéron explique ce *jus Latii* : *Pompeius..... veteribus incolis manentibus jus dedit Latii, ut possent habere jus quod cæteræ latinæ coloniæ, id est, ut gerendo magistratus civitatem romanam adipiscerentur* (3). Ce fut ainsi que le mot *Latium* fut pris dans un sens très-

(1) Voyez Heyne, *de belli romanorum socialis caussis*, dans ses *Opuscul.* Tom. 3, page 144—61.

(2) Voy. mon *Hist. du Droit Romain*, pag. 97.

(3) Asconius Ped. *in Pison.* (*apud Scholiast. Ciceron.* Édit. Orell. tom. 2. pag. 3). — A ce texte, il faut joindre le suivant d'Appien, qui n'est pas moins important (*de bello civil.*, *lib.* 2. § 26. tom. 2. pag. 208. Schweigh.) : Πόλιν δὲ Νεόκωμον ὁ Καῖσαρ ἐς Λατίου δίκαιον ἐπὶ τῶν Ἄλπεων ᾠκίκει· ὧν ὅσοι κατ' ἔτος ἦρχον, ἐγίγνοντο Ῥωμαίων πολῖται· τόδε γὰρ ἰσχύει τὸ Λατίον.

étendu pour toute l'ancienne Italie alliée. Et comme les *alliés* avaient joui du droit de constitution indépendante, ce privilége dut aussi être compris dans le *jus Latii* donné aux provinces. De sorte qu'alors le *jus Latii* dut comprendre : 1° le *commercium*; 2° l'indépendance politique ; 3° le droit d'acquérir la cité romaine, par l'exercice des magistratures locales.

Le droit des 18 colonies ne concernait donc que la capacité civile des individus et du sol ; c'était le *vetus Latium*, dont parlent quelques auteurs (1). Et les priviléges nouveaux ajoutés à cet ancien état, se rapportèrent à l'état politique des cités, des provinces, et à la capacité politique des individus. Tel était le rapport qui existait entre ces nouvelles concessions et le *Latium vetus*.

On démembra même ce nouveau droit de latinité. Il était complet lorsqu'il était accordé à des villes, à des provinces ; telle fut la Sicile. Mais lorsqu'il était l'objet d'une grâce personnelle en faveur d'un individu seul, il ne comprenait que le droit des 12 ou 18 colonies, car les priviléges politiques étaient inapplicables à un individu isolé. C'est pourquoi la loi *Julia Norbana*, réglant l'état civil de certains individus, put leur donner le nom de *Latins*, sans qu'il y eut à craindre de l'ambiguïté, parce que cette latinité se bornait naturellement, sans

(1) Pline l'Ancien, *Hist. nat.*, *lib.* 3. *passim.*

qu'il fut besoin de le dire, aux effets concernant l'état des personnes.

Cet état de choses durait encore lorsqu'Ulpien écrivit ses *fragments ;* car on lit en un endroit (1) le nom de *Latini colonarii.* Mais comme, sous les empereurs, les droits politiques étaient devenus moins importants ; le premier privilége de la latinité, le *commercium*, devint le seul avantage à considérer dans cet état.

Après la constitution de Caracalla (2), qui donna le droit de cité à tous les sujets de l'empire, il n'y eut plus désormais de *Latins* que les affranchis *Latins Juniens* et leurs enfants, et pour eux la latinité n'emportait que le *commercium.* Tout de même, il n'y eut plus alors de *peregrini*, dans l'empire, que les affranchis *dedititii* (3).

Justinien abolit ce dernier reste de l'ancien droit de latinité, et ne laissa plus de distinction qu'entre les sujets de l'empereur et leurs esclaves (4), (de 530 à 539).

(1) Tit. 19, § 4. *Fragm.* — Page 621. Edit. Schulting.

(2) Voy. Dion Cassius, liv. 77, *cap.* 9 (page 1295, édit. Reimar. *Ubi* Valois et Reimar.) — Et Haubold, *Instit.*, *Hist. dogmat.*, page 65.

(3) Gaius, *Instit.*, *lib.* 1er, § 13 et 14. Et Justinien, *Instit.*, *lib.* 1er, tit. 5, § 3. *ubi* Schrader, *édit. cit.*

(4) *Instit. Justin.*, *loc. cit.* — *Leg.* 1, Cod. *de annali except. toll.* — *Lege unic.*, Cod. *de dedititia libert. toll.* — *Leg. unic.* Cod. *de latin. lib. toll.* — *Leg. unic.*, Cod. *de nudo jure quirit. toll.* — *Lege unic.*, Cod. *de usucap. transform.* — Novell. 78, *cap.* 1.

Ainsi les rapports politiques des Latins avec les Romains ont eu plusieurs époques et ont été divers selon les temps. Après avoir commencé par une communion de culte (1), qui engendra probablement une communion politique, ils furent réduits à la participation du *commercium*, et à certaines aptitudes personnelles, soit pour les charges, soit pour le droit de cité ; mais l'exclusion du *connubium* a fait ranger ces *Latini veteres* au nombre des *peregrini* (2). Lorsqu'il n'y eut plus que des *Latini colonarii* ou des *Latini Juniani*, leur condition fut un état intermédiaire entre la *cité* et la *pérégrinité ;* et c'est uniquement de cette condition de latinité que se sont occupés les écrivains jurisconsultes. Quant au droit de *latinité* accordé comme faveur à des provinces ou des villes, depuis la période impériale ou peu avant, il diffère essentiellement de la condition dont nous venons de parler, en ce qu'au lieu d'être une condition personnelle comme celle-ci, il indiquait une condition territoriale analogue à celle des habitants du *Latium vetus*, avant l'événement qui leur conféra la plénitude du droit

(1) Le lien de la confédération latine se rattachait au culte de Jupiter *Latialis*. Voyez Creuzer-Guignaut, *Religions de l'antiquité*, tome 2, pag. 588.

(2) *Ad alios latinos, qui proprios populos proprias que civitates habebant et erant peregrinorum numero*. . . . Gaius, *Instit.* I. 79. Goeschen.

de cité, c'est-à-dire, avant la loi *Julia*. Le témoignage de Pline est formel à cet égard (1).

Ces *Latini veteres* sont désignés dans les écrivains classiques, sous le nom de *nomen latinum* (2), et quelquefois sous le nom de *cives ex Latio* (3). Mais la latinité, dont parle Suetone en deux endroits (4), ne se rapporte plus qu'à la condition purement personnelle des *Latini Colonarii* et des *Latini Juniani*.

III.

Après cette exception en faveur du sol latin, vint une troisième exception en faveur du sol italien

(1) *Hist. Nat.* III. 4. *Ab utraque latinitate*, dit Haubold, *differt* JUS LATII, *interdum provinciis quibusdam, velut Hispaniæ, concessum, quippe quo integræ provinciæ videntur exæquatæ civitatibus latinorum veterum, quarum sub ejusdem capitis initium* (cit.), *Plinius disertis verbis meminerat, et quales in ipsa Italia, ex quo hæc finito bello sociali ad civitatem pedetentim pervenerat, non amplius supererant.* Epichr. *ad Ant. Rom.* Heinecc. Page 928.

(2) *Homines* NOMINIS *Latini et socii Italici.* Salluste, *Jugurtha.* § 44. Cortius. *Per socios* NOMEN *que latinum. Ibid.* § 46. *Socii*, NOMEN*que Latinum. Ibid.* § 47. — *Concitatis sociis et* NOMINE *latino.* Ciceron, *de Re publ.* I. § 19 (page 89. Creuzer). — *Sociorum* NOMINIS*que latini jura. Ibid.* III. 29.

(3) *Civis ex latio erat*, dit Salluste (*loc. cit.* § 71), en parlant d'un individu que sa condition inférieure à celle de citoyen romain, avait exposé à être battu de verges.

(4) Suetone, *Julius.* § 28, *in fine*, et *Vespasianus.* § 3. — Voyez au surplus deux dissertat. connues de M. de Savigny, l'une imprimée en 1816, in-4° ; et l'autre dans le tom. 5, du *Zeitschrift* de ce savant respectable.

(*fundus italicus*), laquelle absorba la première ; c'est-à-dire, qu'après que l'état de latinité fut devenu un état purement personnel, une province *latine* ne put être susceptible de propriété romaine, qu'autant qu'elle était en même temps *italique*. Ceci a besoin d'être expliqué.

Les Romains ne donnaient le nom d'*Italie* qu'à la portion de cette contrée comprise entre la Méditerranée jusqu'à l'Arno, et l'Adriatique jusqu'au Rubicon. Le reste de notre Italie moderne formait alors une province que l'on nommait la Gaule cisalpine. Les peuples qui habitent l'*Italie* proprement dite, eurent avec les Romains des guerres longues et souvent acharnées ; ils furent soumis les uns après les autres. Chacun d'eux fit son traité particulier ; les conditions purement politiques en furent plus ou moins avantageuses, mais en général, elles leur laissèrent une existence plus indépendante que celle qui fut destinée aux provinces étrangères à l'Italie ; leur condition civile fut aussi meilleure, surtout par rapport au droit de propriété. Rome tirait ses recrutements de l'Italie ; elle avait intérêt à en ménager les populations. D'ailleurs les propriétés foncières de la plus grande partie de ses citoyens étaient situées en Italie. Rome se fût blessée elle-même en leur refusant le *commercium*. C'est à ces priviléges qu'on a donné le nom de *droit italique* (*jus italicum*,) dont l'origine précise est inconnue, mais qui précéda l'époque où le droit de cité fut accordé à toute l'Italie, après la guerre sociale.

Les textes anciens dans lesquels il est parlé du *jus italicum*, sont les suivants :

1° Pline, l'Ancien, *Hist. Nat.*, *lib.* 3, chap. 3, (§ IV, n° 3, tome 1er, page 143, édit. Hardouin, 1723) et liv. 3, chap. 21, (§ 25. tome 1, p. 178, même édit.)

2° Le titre des Pandectes, *de censibus*. (Liv. 50 tit. 15).

3° La constitution unique du tit. 13, liv. 14 du Code théodosien, (tome 5, pages 245 et suiv., éd. Ritter. — J. Godefroy y allègue un texte d'Asconius, que nous verrons tout à l'heure être supposé ou altéré.)

4° La constitution d'Honorius et Théodose, au Code Justinien, liv. XI, tit. 20.

5° Nous pouvons y joindre Ulpien, (*fragm*, XIX, § 1, page 619, édit. Schulting, 1737.)

Sigonius, suivi par Heineccius (1), et tous les modernes qui les ont pris pour guides, ont rapporté le *Jus Italicum* à l'état des personnes seulement, et en ont fait un intermédiaire entre l'état des *Latins* et celui des *Peregrini*.

Cette opinion nous paraît erronée ; car dans tous les textes que nous venons de citer, le *Jus Italicum* est présenté comme appartenant à des villes, ou aux fonds de terre, et jamais aux individus ; tandis que le

(1) Sigonius, *De Antiq. jure Italico, lib.* 1, *cap.* 21, page 156 et suiv. édit. de Wechel. 1609. — *Heinecc. Antiq. Rom.* édit. Haubold, p. 310 et suiv.

contraire se voit souvent pour la *Latinité*; et Ulpien, qui, dans le titre cité des Pandectes, parle beaucoup du *Jus Italicum*, enseigne positivement dans ses *fragments* (1), qu'il n'y a que trois conditions ou *états* des personnes : *Cives*, *Latini*, *Peregrini*.

Le *Jus Italicum*, comme état des personnes, n'aurait pu en aucun cas, coexister avec la Latinité ou le droit de cité; et cependant, le *Jus Italicum* est souvent présenté comme uni à l'un et à l'autre. Pline, en rapportant que Vespasien donna à toute l'Espagne la *Latinité*, remarque cependant que deux villes espagnoles avaient le *Jus Italicum*. Ce droit se rencontre encore après que Caracalla eut donné à toutes les villes de l'empire le droit de cité. Il se rencontre encore dans les collections de Justinien, comme le privilége de plusieurs villes, alors que la Latinité n'existait plus. Ce droit pouvait donc appartenir, comme droit spécial, à certaines villes qui, du reste, avaient le droit de cité.

L'analogie des mots (*Civis*, *Latinus*, *Italicus*,) et un texte d'Asconius Pedianus, ont trompé Sigonius. Mais ce texte a été altéré par les premiers éditeurs de ce scholiaste; et là où on lisait : *duo porrò genera earum coloniarum quæ à populo romano deductæ sunt, fuerunt; erant enim aliæ quibus jus itialiæ dabatur, aliæ item quæ Latinorum essent* (2); il est prouvé

(1) *Ulpian. Fragm.* Tit. 1er III et *alibi*.

(2) Voy. pag. 121 de l'édit. d'Asconius, Lyon. 1551, et

qu'il faut lire, ainsi que l'ont démontré MM. de Savigny et Orelli (1) : *duo...... fuerunt, ut quiritium aliæ, aliæ latinorum essent* (2) : ou bien, selon la leçon de Manuce et de Sigonius : *ut aliæ latinorum essent, aliæ civium romanorum*. Les mots *Jus Italiæ* ont été intercalés par Hotoman.

Voici, je crois, ce qu'on peut considérer comme constituant le *Jus Italicum* : 1° la liberté politique de la cité; 2° l'indemnité d'impôts; 3° la capacité de *propriété romaine* pour le sol.

De ces trois élémens du *Jus Italicum*, le dernier lui est seul exclusivement propre; car les deux premiers étaient quelquefois l'apanage de villes qui n'avaient pas le *Jus Italicum*; mais une ville qui ne les avait pas, les obtenait de plein-droit par le *Jus Italicum*.

La preuve que les villes *Italiques* jouissaient du droit de libre constitution, résulte de la compa-

page 170, où Hotoman avoue que les mots : *Jus Italiæ dabatur*, manquaient dans le manuscrit, et que, par conséquent, il les a suppléés, *ex ingenio suo*.

(1) Voyez M. de Savigny, *Ueber jus Italicum*, dans le tome 5, du *Zeitschrift für geschichtliche rechtswiss.* et *ibidem*, tome 6me. La lacune constatée par Hotoman, a été de nouveau reconnue par M. de Savigny dans deux Mss. de Vienne et de Gotha. — Orelli, *Scholiast. Ciceron.* Tome 2, page 4, a fixé son texte d'après la leçon proposée par Ant. Augustin, dès 1558, d'après celle proposée par M. de Savigny, et d'après l'indication de l'édition *princeps* d'Asconius. Voyez dans la *Republica Rom.* de Panvin, page 694 de l'édition de 1558, Venise, la lettre d'Antoine Augustin sur cette correction.

(2) Voyez Orelli, *loc. cit.*, note 2.

raison de leurs médailles, avec un texte important de Servius. Sur ces médailles, on voit un Silène debout avec la main levée (1). Et deux textes de Servius (2), nous apprennent que ce signe, que l'on sait être identique avec celui de Marsyas, était l'emblême des villes libres (3) : *Libertatis indicium est, qui erectà manu testatur, nihil urbi deesse.*

Et Ulpien (4) appelle du nom de *République*, une de ces colonies italiques : *Italicæ coloniæ rempublicam*..... Quand, dans les inscriptions d'une ville provinciale, on trouve le titre d'une magistrature italique, du Décemvirat par exemple, on peut regarder cette circonstance comme une trace certaine du *Jus Italicum*. Ces cités favorisées sont les seules où l'on voit, jusques dans les derniers temps, des magistrats ayant une juridiction.

Quant à l'exemption d'impôts, les habitants des provinces, possesseurs d'immeubles, étaient soumis à un impôt foncier, et les non possesseurs à un impôt personnel. Les uns formaient une classe à part, sous le nom de *possessores;* les autres s'appelaient *tributarii.*

(1) Voyez Eckhel, *Doctrin. num. vet.*, tome 4, pages 493 à 496.

(2) Servius, *ad Æneid.* III. 20 et IV. 58 (*Virgil. opp.* édit. Burmann, tome 2, page 335, n° 20, et p. 475, n° 58).

(3) Eckhel a très-bien établi cette identité; mais il a fait erreur en appliquant à l'immunité d'impôt, l'emblême de liberté, dont il s'agit.

(4) Leg. 1 § 2. Digest. *de Censibus*, et *ibi* Schulting et Smallemburg, *op. cit.*

Ces deux expressions servaient à distinguer les débiteurs de l'un et de l'autre de ces impôts. Or, l'exemption de tout impôt était le droit commun des cités italiennes. Le *Jus Italicum* emportait pour les villes de province la même immunité (1). C'est ce qui explique pourquoi, sous Justinien, lorsque l'indépendance politique des villes n'existe plus, même en apparence, lorsque la *propriété romaine* (*dominium quiritarium*) est abolie, il est encore question de villes qui ont le *Jus Italicum*. Cette immunité est le dernier privilége qui en reste. Voilà pourquoi il est traité du *Jus Italicum*, dans le titre du Digeste *de censibus*. Si Pline et ce titre du Digeste distinguent les colonies *immunes* de celles qui ont le *Jus Italicum*, c'est que l'immunité n'était que l'un des trois priviléges dont la réunion formait le *Jus italicum*, lequel, comme le droit de cité, était souvent démembré.

Le troisième de ces priviléges consistait en ce que le sol *italique* était susceptible de propriété romaine. Pour bien apprécier ce privilége il faut connaître qu'elle était la condition civile du sol des *provinces*.

L'état de province était exclusivement réservé aux régions extra-italiennes : c'est dans le sens seulement d'*arrondissement*, qu'il est question quelquefois de *provinces* en Italie. C'était la pire condition des sujets de la république, que celle des peuples vaincus et réduits en province ; ils perdaient

(1) Leg, 8, § 7. Digest. *de Censibus*, et *ibi* Schulting et Smallemburg, *op. cit.*

la propriété de leur territoire; on leur accordait quelquefois l'usufruit d'une partie, moyennant une redevance, et le reste était vendu ou rangé parmi les domaines de l'état (*ager publicus*). Ils perdaient leurs lois, leurs franchises, leurs magistrats; et recevaient la loi discrétionnaire du vainqueur; les proconsuls avaient, à peu près, sur eux, un pouvoir arbitraire.

Le caractère juridique que cette qualité donnait aux personnes, réjaillissait jusques sur le territoire. Les lois territoriales, les moyens d'acquérir, les procédures, même entre citoyens romains, n'étaient pas les mêmes en province, qu'à Rome. Ainsi, Gaius nous apprend que le droit de *propriété romaine* n'était point admis, relativement aux fonds de terre située en province. Ils pouvaient être aliénés sans autre forme que celle exigée pour les choses *nec mancipi*. L'établissement des servitudes n'y était soumis à aucune forme protectrice, ainsi que l'usufruit. L'inaliénabilité du fonds dotal n'était point obligatoire pour les biens de province. Un champ de province ne pouvait devenir *religieux*, comme un champ d'*Italie*, par le dépôt d'une sépulture. Le principe de toutes ces dispositions était que le peuple romain avait seul le *domaine*, la propriété *optimo jure* du sol provincial; et que les détenteurs de ses différentes parties n'en étaient considérés que comme des possesseurs précaires et révocables; et ce principe ne changea point lorsqu'on eut partagé les provinces en *provinces de l'empereur* et *provinces du sénat*. *In eo solo (provinciali)*, dit Gaius, *dominium populi romani est, vel Cæsaris, nos autem possessionem tantum et usumfructum habere videmus* (1).

Le privilége des fonds de terre *italiques* était, au contraire, d'être susceptibles de *propriété romaine*, dans toute sa plénitude, autant par rapport à l'acquisition du domaine, que par rapport à sa défense et à ses moyens de conservation. Le *fundus italicus* est susceptible de *vente romaine (mancipatio)*; il est *res mancipi*, le *fundus provincialis* ne l'est pas (2). L'usucapion ne s'appliquait qu'aux fonds *italiques*; ceux de province n'en étaient pas susceptibles (3). Le fonds dotal italique était inaliénable (4).

Enfin l'*exceptio annalis italici contractus* n'était proposable que sur le sol *italique* (5). Justinien abolit toutes ces différences entre le sol *italique* et le sol *provincial*, en même temps qu'il abolit les derniers vestiges de la vieille *propriété romaine*. Toutes ces révolutions ont une intime liaison.

(1) Gaïus, *Instit.*, lib. 2, § 6. 21 et *alibi passim*. *Lib.* 1. § 120-121. — Édit. Berlin. 1824.

(2) Ulpien, *Fragm.* XIX. § 1. *Edit. cit.* — Gaïus, *lib.* 1. § 120. — Ciceron, *pro Flacco.* § 32.

(3) Gaïus, *lib.* 2. § 46. — *Instit.* Justin. *De Usucapion*, prœm. — *Leg. unic.* Cod., *de Usucap. transform.*

(4) Princ. *Instit.* Justin. *Quibus alienare licet.* — *Leg. unic.* § 15. Cod. *De rei uxor. act.*

(5) *Leg. unic.* Cod. *de Annali exceptione*, etc. — *Leg. unic.* Cod. *de Usucap. transform.*

Une observation curieuse se présente au sujet du *droit italique* ; c'est que le moyen âge et les docteurs du 16e siècle y avaient rattaché l'origine du Franc-Aleu de nos provinces méridionales ; tradition qui a été accueillie par tous nos juristes (1) :

(1) Voici le texte de Salvaing, *Usage des Fiefs*, chap. 52. « Je me suis engagé, dit-il, d'expliquer ce que c'est que le *Droit Italique* dont jouissait la province viennoise (Dauphiné). (Paul. Fragm. 8, ff. *de Censibus*)....

« Cujas en ses observations, liv. 10, chap. 35, dit que c'est un allégement de l'imposition des tributs, pareil à celui dont jouissaient les colonies d'Italie. *Jus Italicum levatio tantum Censione est, puta ut idem in Censitionis jus experiantur, quod Italicæ Coloniæ.* Ou comme l'explique Marcellus Donatus en ses Dilucidations sur Suétone, une exemption et immunité des tributs accordées aux colonies. A quoi j'ajoute que ce droit emportait la franchise tant des fonds que des personnes, suivant la remarque d'Adrian Turnèbe, l'un des grands hommes de son siècle. *Adversar. lib.* 4, *cap.* 15, en ces termes : *posteaquam Italiæ solum immune factum est, Provinciale autem Tributarium, multæ Civitates jus Italicum Provinciis impetravere, ut coloniæ, quæ Juris erant Italici, quas plurimas Jurisconsulti commemorant in titulis de censibus. Itaque jus Italicum nihil aliud est, quam immunitas d tributis. Tributorum autem duo genera erant, unum agri impositum, alterum capitibus. Sed quibus esset ab Imperatore remissum tributum capitis, etiam immune Solum esse factum Imperator Titus interpretatus est.*

« Ce qui se recueille évidemment des anciens auteurs : car Dion Cassius écrit au 37me livre de son Histoire, que durant le consulat de Lucius Afranius, et de Q. Cæcilius Metellus Celer, environ l'an de la fondation de Rome 693, le Préteur Q. Cæcilius Metellus Nepos proposa une loi qui fut généra-

Salvaing pour le Dauphiné, notre Gensollen pour la

lement agréée des trois ordres du peuple, à ce que de-là en avant nul à Rome, ni dans tout le reste de l'Italie, ne paya aucun tribut.

« En effet, le jurisconsulte au commencement de la loi dernière aux Digestes *de Censibus*, exprime par le mot d'immunité à l'égard de ceux de Barcelonne, la même chose qu'il avait auparavant exprimée par les termes de Droit Italique à l'égard de ceux de Badachos, de Médine en Portugal, et de Valence en Espagne.

« Et même ce que Suetone au chapitre 25 de la vie de Claudius, et Tacite en ses Annales, liv. 12, chapitre 28, racontent de la Troade, celui-là que cet Empereur *Iliensibus tributa in perpetuum remisit*, celui-ci qu'il avait impétré du Senat *ut Ilienses omni publico munere solverentur*, et Callistratus *l.* 17, § 1. *D. de excusation. tutor.* que *Iliensibus et S. C. et constitutionibus principum plenissima immunitas tributa est*, Cajus en la loi 7, et Paulus au § 9 de la loi dernière aux Digestes *de Censibus*, ne le représentent point autrement, qu'en disant que *Troas est juris Italici*.

« Enfin lorsqu'il est dit au § 7 de la même loi dernière, que l'empereur Vespasien ayant octroyé à ceux de Césarée, le droit des Colonies romaines, et leur ayant remis les tributs personnels sans ajouter expressément qu'ils seraient *Juris Italici*, l'empereur Titus interpréta favorablement ce privilége de la franchise des fonds. Ce qui justifie que la franchise des fonds est comprise sous le Droit Italique. Ainsi, Justinian au § 40 *per traditionem* aux Institutes *de rerum divisione*, oppose nommément les fonds stipendiaires et tributaires aux fonds Italiques.

« Il est vrai que Justinian déclare au même endroit qu'il avait aboli la différence qu'il avait rencontrée entre les uns et les autres; mais il s'induit de l'endroit même, et de la loi unique *C. de usucapione transformanda*, que ce ne fut pas

Provence (1), d'autres auteurs pour l'Aquitaine et le Languedoc, mais en ce dernier point il y avait contestation (2). Quoiqu'il en soit, cette tradition qui ne satisfit point la raison de Furgole mérite qu'on la remarque, surtout si l'on se souvient que le moyen âge avait nommé *mancipium*, la propriété

à dessein d'asservir les fonds Italiques, ni d'affranchir les fonds tributaires et stipendiaires, mais seulement à l'effet de rendre ceux-ci aussi bien patrimoniaux que ceux-là, et les uns et les autres susceptibles de la même forme d'aliénation et de prescription, au lieu qu'auparavant les fonds stipendiaires et tributaires étaient censés appartenir à l'empire, et que les particuliers n'en étaient presque que simples Usufruitiers, ou tout au plus possesseurs en son nom. Ce qu'Accurse a bien reconnu sur la loi dernière *C. sine censu vel reliquis fundum comparari non posse*, et sur la loi 3, *C. de Episcopis et Clericis*, et sur la loi 1, *D. de Censibus*.

« De sorte qu'il doit être tenu pour constant, que les fonds de la province Viennoise sont présumés absolument libres, non seulement en conséquence du droit naturel, et de ce qui est traité par les docteurs sur la loi *Altius C. de servitutibus*; mais aussi en conséquence de l'immunité que donnait le droit Italique, d'où est procédé le Franc-Aleu de Dauphiné, qu'Humbert, dernier de nos anciens Dauphins, lui a voulu conserver par le transport qu'il a fait de ses États à nos Rois avecque la clause de garder *à perpétuité toutes les Libertés, Franchises, Privilèges, bons Us et bonnes Coutumes de Dauphiné.* Par conséquent, c'est à ceux qui prétendent quelque droit de Cense ou d'Hommage, d'en établir la preuve comme je ferai voir à la suite. »

(1) *Franc-Aleu de Provence*, Aix, 1732, in-4° (Voy. p. 119).

(2) Furgole, *Traité de la seigneurie féodale*. Paris 1767 in-12 (voy. p. 94 et suiv.).

libre et noble, l'Aleu (1). Probablement ces deux traditions se rattachent à la même idée et se confondent avec la notion primitive du *dominium ex jure quiritium*, de la propriété *optimo jure* (2), qui fut la conséquence de la concession du *Jus Italicum* accordé aux provinces de la Gaule méridionale; et cette explication a échappé aux jurisconsultes que j'ai cités, comme à Cujas, comme à Turnèbe, qui ne voyaient dans le privilége italique qu'une exemption d'impôt; et l'on conçoit que, sur une donnée aussi peu satisfaisante, Furgole ait soutenu qu'on ne pouvait tirer aucun argument, ni pour ni contre le Franc-Aleu, du point de fait de la concession du privilége italique à l'Aquitaine et au Languedoc.

Les villes italiques anciennes ont certainement joui de la faculté de devenir *fundi* à l'égal des villes latines. Le même texte de Ciceron, que nous avons indiqué pour ces dernières, joint à l'indication des Latins les *socii populi*, et les villes d'Heraclée et de Naples (3). Mais il paraît que cette identification parut généralement, dans l'antiquité, plus onéreuse que l'autonomie, quelle que fut la mesure d'isopolitie qui fut attachée

(1) Voy. *suprà*, pag. 221, not. 1.

(2) La définition suivante donnée par Ciceron, convient parfaitement au Franc-Aleu : *Optimo enim jure ea sunt profecto prædia, quæ optima conditione sunt.* LIBERA, MELIORE JURE SUNT QUAM SERVA; . . . . *soluta*. . . . . *quam obligata*; . . . . . *immunia*. . . . . *quam illa quæ pensitant. De lege agr. III* § 2, d'Olivet.

(3) Ciceron, *pro balbo*. § 8, d'Olivet, *loc. cit. sup. p.* 283.

à celle-ci, car l'isonomie fut refusée par beaucoup de cités.

Ceci me conduit à relever une erreur qui a été commise généralement et traditionnellement par tous les archæologues. En effet, on trouve écrit partout : qu'après la guerre sociale, la loi *Julia* accorda le droit de cité à toute l'Italie, et que cette concession fut en quelque sorte le prix de la paix. Cette affirmation prise dans un sens absolu renferme une erreur. La loi *Julia* ne conféra pas, purement et simplement, le droit de cité à l'Italie, mais elle lui donna seulement la faculté de l'acquérir par l'adoption officielle que chacune de ses communes libres ferait du droit civil romain. Le droit de cité ne fut donné qu'à cette condition qui parut dure et rigoureuse.

Le témoignage de Ciceron est formel à ce sujet : *Ipsa denique Julia*, dit-il, *qua lege civitas est sociis et latinis data, qui fundi populi facti non essent civitatem non haberent* (1). Ce n'est donc pas le plein droit de cité qui fut accordé par cette loi, mais l'option entre l'autonomie et le droit de cité romaine ; et beaucoup de villes préférèrent la première. Le même Ciceron nous l'apprend : *cum magna pars in iis civitatibus fæderis sui libertatem civitati anteferret* (2). L'Italie, après la loi *Julia*, ne fut donc pas complétement isopolite ; il y resta un nombre considérable de municipes et de cités alliées qui continuèrent à vivre dans leur ancienne indépendance, avec une participation plus ou moins

(1) Ciceron, *loc. cit.*

(2) Ciceron, *loc. cit.*

étendue au droit civil romain, selon les traités particuliers conclus avec chacune d'elles, ou selon l'adoption partielle qu'elles avaient fait du droit romain. La loi *Furia* sur les testaments, la loi *Voconia* sur la capacité de succéder des femmes (1), furent adoptées par quelques-unes de ces cités, sans que cette résolution eut d'autre effet que de les rendre partiellement *fundi*. Ainsi fut-il de beaucoup d'autres lois civiles.

La question des peuples *fundi* avait été réellement embrouillée par Sigonius, Rigault, Bouillaud et Valois. Les tentatives de ces trois derniers (2) pour l'éclaircir, n'avaient fait que l'obscurcir davantage; c'était un nœud de subtilités dans lequel l'esprit se perdait. Grævius (3) et après lui Heineccius (4) ont réduit la difficulté en une proposition simple, claire et précise. La qualité de *fundus* ne constituait pas une condition civile, un état personnel, qui par lui-même eut une place marquée dans le droit romain. Il n'en résultait qu'une aptitude générale et préliminaire

(1) Ciceron, *loc. cit.*

(2) Voyez leurs trois dissertations réunies, dans les *Emendationes* de Valois, publiées par Burmann, Amsterd. 1740, in-4° (page 189-215). Elles avaient été déjà imprimées à Dijon en 1656, et insérées dans le tome 2 du *Thes. ant. rom.* de Grævius. H. Valois s'était beaucoup rapproché de la vérité. Il a le premier posé le principe que la *Fundanité* était un fait et non une condition civile et personnelle.

(3) Dans son commentaire sur le *pro balbo* de Ciceron. On peut le voir, en partie, dans l'édit. de d'Olivet.

(4) *Antiq. Rom. lib.* 1, *append.* § 88, édit. Haubold, pag. 303.

au droit de cité ; et son essence consistait dans l'adoption totale ou partielle, que le peuple en question fesait du droit romain pour le régir comme loi municipale. C'était à la fois un hommage rendu à la grandeur romaine, un acte de courtoisie et un acheminement à l'identification ; il en indiquait le désir et l'aptitude morale. Il emportait l'abnégation du droit national ancien ; mais cette adoption de la législation romaine ne conférait, par elle-même, aucun privilége civil ou politique (1), ni aucune capacité romaine. La capacité pouvait appartenir au *fundus*, par un autre motif, mais jamais par son titre seul et isolé de *fundus*. Rome en fesait la condition préalable de la collation de l'isopolitie, à cause de la *souscription* (2) honorifique et de la

(4) Ciceron, *pro balbo*, § 8, explique clairement la chose: *Totum hoc*, dit-il, *in ea fuit positum semper ratione atque sententia, ut quum jussisset populus romanus aliquid, si id adscivissent socii populi, ac latini, et si ea lex, quam nos haberemus, eadem in populo aliquo, tanquam in* FUNDO *resedisset, ut tum lege eadem is populus teneretur ;* NON UT DE NOSTRO JURE ALIQUID MINUERETUR *: sed ut illi populi aut jure eo quod à nobis esset constitutum, aut aliquo commodo, aut beneficio uterentur..... Ut statuant ipsi non de nostris sed de suis rebus.*

(5) *Fundus* est synonyme d'*auctor*, *subscriptor*. Voyez Ciceron, *loc. cit.* Aulu-Gelle XIX, 8 : *Hujus sententiæ* FUNDUS SUBSCRIPTORQUE. Festus : FUNDUS *dicitur populus esse rei, quam alienat, hoc est* AUCTOR. pag. 67 et 420. Lindeman. Plaute, *trinum*. Act. V. Sc. 1. V. 7 (Ernesti), emploie le mot *fundus* dans le même sens.

soumission qu'indiquait la qualité de *fundus* (1), et l'on conçoit que beaucoup de villes, après la loi *Julia*, aient préféré leur ancienne autonomie, à une isopolitie qui était basée sur une isonomie imposée par la force, et contraire à leurs mœurs et à leurs habitudes; mais on conçoit également que, jalouse de son droit civil et politique, Rome n'en ait pas livré la participation à un acte simple de la volonté de cités *peregrines;* elle voulut avec raison se réserver le droit de conférer cette participation, et elle ne consentit à remettre son isopolitie à l'option libre des Italiens, avec la condition préalable de la *fundanité* (2), qu'après la guerre sociale, et par la transac-

(1) *Verbi causâ*, dit Heineccius, *Latini* (l'exemple est mal choisi) *tunc inter se poterant testari secundum leges romanas, id enim licebat populis fundis. Sed non ideo quidquam testamento civis romani capiebant. . . . Multo minus hæc legum romanarum receptio ad jus publicum pertinebat. Undè Cicero (ibid.)*: DE NOSTRA VERO RE PUBLICA, DE NOSTRO IMPERIO, DE NOSTRIS BELLIS, DE VICTORIA, DE SALUTE, FUNDOS POPULOS FIERI NOLUERUNT.

(2) Il ne faut pas confondre ce que je dis ici des peuples *fundi* avec la question des *municipia fundana* ou des *municipes fundani*, condition indiquée dans la table d'Héraclée, et à l'occasion de laquelle Mazocchi (*Comment. in tab. Herac.* P. 11, page 477-488), M. Marezoll (*ad fragm. legis rom. in aversa tab. Heracl. part.* Gotting. 1816, in-8°, p. 78-81), et M. Dirksen (*Observat. ad tab. Heracl. part. alteram*, etc. Berlin, 1817. in-8°, pages 203-212), ont émis des systèmes différents qu'il serait trop long et trop hors de propos de discuter ici.

tion qui fut consacrée par la loi *Julia*. Elle considéra même toujours comme une faveur, la liberté qu'elle accorda aux cités ou aux peuples alliés de renoncer à leurs lois anciennes, pour vivre *municipalement* sous l'empire adoptif des lois romaines (1).

La constitution de Caracalla qui donnait le droit de cité à tous les sujets de l'empire avait-elle un objet purement personnel, ou bien s'étendait-elle aussi aux *immeubles ?* Ceux-ci, dans tout l'empire, devinrent-ils susceptibles de *dominium quiritarium*, ou bien fallut-il, comme auparavant, que le sol sur lequel ils reposaient eût aussi le *jus italicum ?* L'affirmative de cette dernière question me paraît évidente (2). Le *jus italicum* acquit donc avec le temps une plus grande importance que le *jus latii*.

Telle est la doctrine qui me paraît résulter relativement au *jus italicum* de la collation consciencieuse des écrivains anciens qui en ont traité. Cependant un savant d'un mérite éminent, et dont j'honore le caractère, a, dans une lecture récente à l'Académie des sciences morales (3), attaqué le système que nous venons d'exposer, et d'appuyer, ce semble, de preuves irrécusables. Nous répondrions

(1) Ciceron dit orgueilleusement : *Postremò hæc vis est istius et juris et verbi, ut fundi populi, beneficio nostro, non suo jure, fiant. Cum aliquid populus romanus jussit, id si est ejusmodi, ut quibusdam populis, sive fœderatis, sive liberis, permittendum esse videatur*, etc., *loc. cit.*

(2) Schulting, *Opusc. Academ.* 2. 197.

(3) Le 24 mars 1838.

mal à l'exquise politesse de M. Dureau de la Malle, si nous cherchions, même indirectement, à réfuter une doctrine dont nous devons la connaissance à une communication dont la bienveillance nous a vivement touché. Nous laissons donc intact le système de M. de la Malle, en émettant le vœu qu'il soit livré bientôt à la publicité, pour que les savants puissent juger en connaissance de cause; nous craignons seulement que M. de la Malle n'ait appliqué à des temps antérieurs à la guerre sociale, une doctrine qui n'est faite que pour les temps postérieurs et plus modernes; car, la doctrine de M. de Savigny est évidemment la doctrine d'Ulpien qui vivait sous Alexandre Sévère.

En effet, si Ulpien parle du *jus italicum*, ce n'est qu'à l'occasion du *fonds italique* et de sa capacité de mancipation. S'il parle des personnes, il n'y a, dit-il, que trois classes d'habitants libres de l'empire romain : *cives*, *latini* et *peregrini*; chacune d'elles diffère de l'autre par la répartition ou le refus du *jus civitatis*. *Civis* est celui qui jouit du droit de cité, et, par conséquent de l'exercice complet des droits civils. Le *peregrinus* est, au contraire, incapable de tout droit proprement romain, c'est-à-dire du *connubium* et du *commercium*. Le *latinus* enfin, forme un état intermédiaire. Si le *connubium* lui est refusé, comme au *peregrinus*, le *commercium* lui est accordé, comme au *civis*; et comme le testament se fait par le *nexum* (la vente romaine) et que le *nexum* tient au *commercium*, le latin a, comme le citoyen, la *testamenti factio*. Enfin, par exception à la règle générale, un latin ou un étranger peuvent obtenir, par dispenses spéciales, une capacité dont leur état les prive; ils peuvent aussi, par punition spéciale, être privés de leur capacité naturelle. Telle est la théorie d'Ulpien (1), et nulle part il est question des *Italiens* comme formant une condition personnelle intermédiaire entre le *civis* et le *peregrinus*.

Je ne puis terminer mon exposé du droit italique sans exprimer le désir que mon savant maître et honorable ami, le respectable Warnkoenig, y trouve la preuve que j'ai profité de la critique qu'il a fait de mon précédent travail sur la même matière, dans un ouvrage (2) où il a daigné me faire connaître à l'Allemagne savante, sous des rapports trop flatteurs pour que je puisse en accepter les conséquences et la responsabilité. Noble et généreuse Allemagne! Vénérable Savigny! Grâces vous soient rendues du bienveillant accueil que j'ai reçu de vous!

IV.

Il reste à examiner une condition territoriale qui était très commune dans l'empire romain, celle des *municipes*.

(1) Ce système est le résultat de la combinaison des textes suivants des *Fragments* d'Ulpien : Titre 5. § 4. — Titre 11. § 16. — Titre 19. § 4.

(2) *Das studium des romischen rechts in Frankreich*. Freiburg, 1837 in-8° (Extrait du *Zeitschrift* que publie le savant professeur).

La condition des *municipes* est ainsi résumée par Aulu-Gelle, à la suite d'une discussion dont on peut accuser la clarté : *Municipes ergò sunt cives romani ex municipiis, legibus suis et suo jure utentes, muneris tantum cum populo romano honorarii participes, a quo munere capessendo appellari videntur, nullis aliis necessitatibus, neque ulla populi romani lege adstricti, nisi, inquam, populus eorum fundus factus est* (1).

D'un autre côté, voici les notions que Festus nous a conservées sur cet objet (2) : *Municipium id genus hominum dicitur, qui quum Romam venissent, neque cives romani essent, participes tamen fuerunt omnium rerum ad munus fungendum unà cum romanis civibus, præterquam de suffragio ferendo, aut magistratu capiendo, sicut fuerunt Fundani, Formiani, Cumani, Acerrani, Lanuvini, Tusculani, qui post aliquot annos cives romani effecti sunt* (3). *Alio modo, quum id genus hominum definitur, quorum civitas universa in civitatem romanam venit, ut Aricini, Cerites, Anagnini* (4). *Tertio, quum id genus hominum definitur, qui ad civitatem romanam ita venerunt, uti municipia*

(1) *Noct. att.* XVI. 13. (p. 736, éd. Gronov. 1706).

(2) Festus, V° *Municipium*, page 105, édit. Lindemann, et page 260, édit. Dacier. 1692. — Ajoutez le même auteur, *Paulo suprà*, V° *Municeps*.

(3) Voyez sur tous ces municipes, Tite-Live, *lib.* VIII, § 14. 17 et *lib.* XXXVIII. § 36.

(4) Voy. *suprà*, p. 284.

essent sua cujusque civitatis et coloniæ, ut Tiburtes Prænestini, etc. (1).

Je ne veux point fournir sur ces deux textes, une discussion philologique, comme Niebuhr (2); ni examiner, avec Spanheim (3), quelle était la mesure exacte des droits politiques des *municipes ;* ni, enfin, rechercher quel était le régime intérieur et administratif de ces cités favorisées, en suivant les traces de M. Roth et de M. Guizot (4). Je veux seulement déterminer quelle était la condition territoriale des *municipes*, par rapport à la *propriété romaine*.

On pourrait croire que les textes d'Aulu-Gelle et de Festus ne donnent aux municipes qu'une capacité personnelle, dont l'exercice ne pouvait se réaliser qu'à Rome, et que la condition du sol était restée étrangère à ces prérogatives. Cependant il en était autrement. Les habitants et le sol avaient le *commercium ;* voici dans quelles circonstances la vérité de cette proposition me paraît démontrée :

(1) *Vid. hic*, P. Manuce, *de civitate romana*, dans le *Thes. antiq. rom.* de Grævius, tome 1er, pag. 30. *seq.* — Je crois que Manuce se trompe quand il confond les *Colonies Romaines*, les *Civitates fœderatæ* et les *Municipia*.

(2) Hist. rom., tom. 3, page 75 et suiv. (traduction française). — M. Lindemann a recueilli dans ses notes sur Festus (page 518), quelques passages de Niebuhr. On y retrouve le caractère hypothétique qui distingue ce savant écrivain.

(3) *Orbis romanus. Exercit.* 1, *cap.* 12. §70 (éd. 1706).

(4) Roth, *loc. cit.* — Guizot, *Essais sur l'Hist. de France*, pag. 9 et suiv.

On ne peut douter que les habitants des *municipes* aient joui du *commercium*. Ils avaient à Rome tout ou partie des droits politiques ; comment supposer qu'ils n'eussent pas les droits civils ? Ils avaient, certes, la plénitude des droits civils, car Aulu-Gelle les appelle *cives romani*, et Festus, qui les place au-dessous de cette condition, dit qu'ils étaient cependant *participes..... omnium rerum*. Tite-Live, en parlant de l'élévation des *Acerrani* à la qualité de municipes, dit qu'ils furent *romani facti* (1). Nulle part on voit que leur droit à la jouissance des droits civils, ait reçu la moindre atteinte ou quelque restriction. Ils ont deux patries, dit Ciceron (2) : la patrie de la

(1) *Lib.* VIII. § 17 (tome 2, page 735. Drakenb).

(2) *De Legibus*, *lib.* 2, § 2 (tome 3. page 137, d'Olivet) : *Omnibus municipibus duas esse censeo patrias : unam naturæ, alteram civitatis : ut ille Cato, cum esset Tusculi natus, in populi romani civitatem susceptus est. Itaque, cum ortu Tusculanus esset, civitate romanus, habuit alteram loci patriam, alteram juris*, etc. Ce principe de fiction qui donnait deux patries aux citoyens des municipes, se conciliait avec un principe fondamental de l'ancien droit public romain, qui était que nul ne pouvait avoir deux patries. Ce principe est souvent rappelé par Ciceron, notamment *pro balbo*, 11 (*duarum civitatum civis esse nostro jure civili nemo potest : non esse hujus civitatis civis, qui se alii civitati dicarit, potest.*) ; et *pro cæcina*, 34 (*quum ex nostro jure duarum civitatum nemo esse possit, tum amittitur hæc civitas denique, quum is, qui profugit, receptus est in exsilium, hoc est, in aliam civitatem*). Sous les empereurs il en fut autrement, et souvent il fut permis à des citoyens romains d'accepter la collation des droits de cité qui leur était offerte par des villes étrangères.

nature et la patrie de la cité. Ils avaient, relativement à la liberté individuelle, tous les droits de citoyen romain, témoin l'éloquente exclamation de Ciceron, au sujet d'un municipe battu de verges par Verrès (1) : *cædebatur in foro messanæ civis romanus..... ô nomen dulce libertatis! ô jus eximium nostræ civitatis! ô lex Porcia, leges que Semproniæ!....* (2) Ils avaient le *connubium ;* les plus illustres familles de Rome prenaient des alliances dans les municipes. Les familles les plus distinguées étaient même originaires des municipes, les *Curii*, les *Coruncanii*, les *Porcii*, les *Pompeii*, les *Marii*, les *Tullii*, etc., etc.

Ils avaient donc aussi le *commercium* personnel, car le *connubium* le suppose, à cause des droits

On en a un exemple dans Dion Chrysostôme, qui nous apprend que son ayeul (ἅμα τῆς ρωμαίων πολιτείας καὶ (Απαμείων) ἔτυχεν) avait obtenu tout à la fois le titre de citoyen à Rome et a Apamée. *Orat.* 41, p. 181, et *ibi* Reiske. Cette innovation fut probablement due à l'influence du droit public grec, d'après lequel on pouvait cumuler plusieurs patries adoptives. Voy. Ciceron, *pro archia*, 5, et Spanheim, *Orb. Rom.* 1. 5. p. 25.

(1) *In Verrem*, Action. 2, *lib.* V. § 62 et 63 (tome 4, page 469, d'Olivet).

(2) La liberté individuelle et son inviolabilité avaient à Rome un caractère religieux. Voyez Ciceron, *pro domo suâ*, § 42 (tome 5, page 380. D'Olivet). Il en était de même du domicile privé, du toit domestique. *Quid est sanctius*, dit encore Ciceron, *quid omni religione munitius, quam domus uniuscujusque civium? Hic aræ sunt, hic foci, hic dii penates, ... hoc perfugium est ita sanctum omnibus, ut indè abripi neminem fas est.* (*ibid.* § 41).

d'agnation; l'acquéreur du champ dont il s'agit dans l'*oratio pro cœcina* (1) était un municipe; et quoiqu'on eut contesté le droit de cité à Cœcina, on n'imagina point de contester le *commercium* à Fulcinius. Ils avaient la succession de leurs affranchis, et le droit d'hériter à l'égal des Romains (2); et leurs affranchissements donnaient aux esclaves la liberté romaine (3). Ils avaient donc la plénitude des droits civils, le *jus emendi vendendique*, le *jus hereditatis* complet.

Quant au *commercium* du sol, il se démontre facilement.

D'abord Tite-Live nous apprend que les Municipes de *Formies* et de *Fundi* avaient été *censi* par les *censeurs* (4). Or, le cens était le signe le plus solennel de la propriété romaine; il était même un moyen de l'*acquérir*, comme nous le verrons plus tard. Il y avait une union intime entre le *cens* et le *dominium legitimum*. Le premier était toujours la preuve du second. Les biens des municipes étaient donc *censui censendo*. *Censui censendo*, dit Festus, *agri propriè appellabantur, qui et emi et venire jure civili possunt* (5).

(1) *Pro Cœcina*. § 4.

(2) Voyez le *Fragm.* 26, du jurisconsulte Paul, au Digeste, *lib.* 36, tit. 1er et *ibi* Schulting et Smallenburg; et le fragm. d'Ulpien qui compose le tit. 3 du liv. 38 du Digeste. Ce fragment est très important pour la question.

(3) Voyez Pitiscus, *Lex antiq. roman.*, tome 2, p. 73. V° *Lex Vectibulicia*.

(4) *Lib.* XXXVIII. 36., et *ibi Viri doct.* (tom. 5, pag. 227. Drakenb).

(5) Festus, pag. 44, édit. Lindeman. Scaliger (*ibid.*, page

Le fond de terre, dont il s'agit dans l'oraison pour Cœcina, est sur le territoire du municipe de Tarquinies (1), et sa capacité d'être l'objet de la propriété romaine, n'est pas contestée. Le patrimoine des principales familles romaines était situé dans les municipes, et loin de s'affliger de cette position, on s'énorgueillissait de cette patrie (2).

Il ne faut donc pas douter que la communication du droit de cité aux municipes ne fut complète pour ce qui regarde les droits civils, et que le *commercium* n'y fut le privilège du sol comme des personnes. Pour ce qui touche les droits politiques, la question est en dehors de notre sujet. La translation du domicile à Rome dut en être souvent la condition décisive, et alors le municipe d'origine était un citoyen complet. Ainsi Caton était Tusculan d'origine et Romain par la cité. Je ne renierai jamais

384) a noté ce qui suit sur ce fragment : *Prædia censui censendo dicebantur ea, quæ essent mancupi, quæ habebant jus civile, quæ subsignari apud ærarium, apud censorem possent, ut auctor est Cicero in ea pro Cœcina*: NEQUE POSSESSIONES, ID EST AGRI, QUI NON MANCIPATIONE, SED USU TENEBANTUR, CENSUI CENSENDO DICI POTERANT, NEQUE HOC NOMINE IN CENSUM DICARI. (je n'ai pu retrouver ces paroles de Ciceron. Scaliger aurait-il cité de mémoire, et sa mémoire l'aurait-elle trompé ?) — Dacier a cité plus juste quand il a dit : *qui proprio jure civili, id est romano. . . . emi vendique possunt. Cicero pro Flacco* (§ 32, t. 5, p. 266, d'Olivet).

(1) *Pro Cœcina*, § 4.

(2) Ciceron, *de Legibus*, *lib.* 2, § 1. *Hic sacra, hic genus, hic majorum vestigia* (tome 3, p. 136, d'Olivet).

Arpinum, s'écrie Cicéron. Les citoyens des municipes pouvaient même cumuler des fonctions publiques à Rome (lorsqu'ils étaient en condition d'y être admis) et dans leurs villes natales. Milon était dictateur à *Lanuvium*, en même temps qu'il postulait le consulat à Rome (1).

Telle était évidemment la condition personnelle et territoriale des municipes romains, au temps de la littérature classique. Mais je pense que leur origine *italique* avait eu une grande influence sur l'attribution de ces droits (2). Pendant longtemps, en effet, il n'y eut de municipes que ceux qui jouissaient du *jus italicum*. Mais lorsqu'il y eut des municipes hors de l'Italie, il n'en fut plus ainsi ; et quand on voulut élever un municipe à la condition de ceux dont nous avons parlé, on lui conféra de plus le *jus italicum*. Cette collation ne peut être motivée que par l'explication que nous offrons. Ainsi Utique avait obtenu de Sévère et de Caracalla le *jus italicum* (3), et cette ville était aussi un municipe (4). Stobi, en Macédoine,

(1) Ciceron, *pro Milone*. § 10. Il y a une foule d'exemples de ce genre.

(2) Voyez *hic*, Heinecc. *Antiq. rom.* p. 332, éd. Haubold ; et Roth, *loc. cit.*

(3) Voyez Eckhel, *Doctrina num. vett.*, tome 4, p. 145. — Aulu-Gelle, *lib.* 16, *cap.* 13, et surtout Vaillant, *de Coloniis*, etc. p. 86, t. 1er.

(4) Voy. loi 8. § 2. Digeste, *de Censibus*.

était encore un municipe (1), et cette ville avait aussi le *jus italicum* (2), etc., etc.

Nous avons toujours parlé des *municipes*, en général, mais il est certain, d'après le texte de Festus, qu'il y en avait plusieurs classes, et que, par conséquent, la distribution des éléments constitutifs du droit de cité, devait être inégale entr'eux. Nous renvoyons pour les détails à Spanheim et à la dissertation de M. Roth, et aux ouvrages de Mazochi, Marezoll et Dirksen que nous avons déjà cités (3).

Avant de terminer ce qui est relatif aux *municipes*, nous ne devons pas oublier de faire remarquer que l'histoire de leur régime intérieur et de leur condition publique, pendant les premiers siècles de la période impériale, reçoit un nouveau jour d'une lettre de Fronton, inconnue avant la découverte de Mai (4), mais malheureusement un peu mutilée. Elle offre, pour nous, d'autant plus d'intérêt qu'il s'agit du municipe de Cirta, notre Constantine moderne.

(1) Voyez Eckhel, tome 2, page 77. Vaillant *loc. cit.* t. 1er, p. 132, *et alibi* et t. 2.

(2) Voy. *dict. leg.* 8. § 8 Digeste, *de Censibus*.

(3) Voy. *Suprà* pag. 309.

(4) *M. Cornelii Frontonis et M. Aurelii imperatoris Epistulæ*, etc., *cur. Maio. Rom.* 1823. 2 vol. in-8° (*lib.* 2, *ep.* 10, pag. 309-311). Je regrette de n'avoir pu me procurer l'édition de Berlin et d'avoir été privé, par conséquent, de consulter le commentaire de Niebuhr sur cette lettre remarquable.

Fronton y répond à une lettre, par laquelle les Décurions le priaient de prendre le municipe sous son patronage (1). On sait que Fronton était né à Constantine (2). Ce même municipe est nommé deux fois dans un rescrit de Sévère, conservé par un fragment de Paul, inséré dans le Digeste (3). Les colons qui y avaient été envoyés, étaient sous la protection spéciale des hommes d'affaires (*forenses*),

(1) « Multoque malim, *dit Fronton*, patriæ nostræ tutelam » auctam, quam meam gratiam. Quare suadeo vobis patro- » nos creare et decreta in eam rem mittere ad eos qui nunc » fori principem locum occupant, Aufidium Victorinum, » quem in numero municipum habetis, si dî consilia mea » juverint: nam filiam meam despondi ei : . . . . Servilium » quoque Silanum optimum et facundissimum virum jure » municipis patronum habebitis, cum sit vicina et amica » civitate Hippone regio. Postumium Festum et morum et » eloquentiæ nomine rectè patronum vobis feceritis, et ipsum » nostræ provinciæ et civitatis non longinquæ. . . Coloniam » nostram forensium et juniorum præsidiis esse fundatam.... » Virum popularem habeamus et virum consularem jus pu- » blicum respondentem. . . . Alii quoque plurimi sunt in » senatu Cirtenses clarissimi viri. Postremus est honor maxi- » mus, tres vestri cives » . . . . . (*Le reste est mutilé*).

(2) Voyez la vie de Fronton dans la préface de Mái, pag. XVIII. On y trouvera des renseignements curieux sur Cirta. Voyez aussi les documents importants que présente, sur le même sujet, une note savante de Cuper, insérée dans l'édition de Lactance de 1743 (Paris. 2 vol. in-4°, *Curante* Long. du Fresnoy), tome 2, page 497 et suiv.

(3) Fragm. 9, liv. 22. tit. 6.

ce qui rappelle le mot de Juvenal : *nutricula causidicorum Africa* (1). Cirta avait produit beaucoup d'hommes éminents à cette époque.

§ VI. — *De l'Influence de la fortune sur la capacité politique.*

La distribution ancienne du peuple romain en tribus et en curies, consacrait en apparence un principe d'égalité politique, en faveur de tous les citoyens, puisque le pouvoir législatif résidait dans l'assemblée des curies, où le suffrage du riche n'avait pas plus de poids que le suffrage du pauvre. Mais l'organisation religieuse des curies les plaçait pourtant sous l'influence de l'aristocratie romaine. En effet, on pourrait comparer les curies romaines à nos paroisses; chacune avait son temple, ses sacrifices, ses fêtes, son prêtre ou curion (*magister curiæ*) subordonné au *curio maximus* qui administrait le service du culte à l'universalité des curies, présidait leurs réunions, leurs sacrifices communs. Chaque curie avait elle-même des repas communs, analogues à ceux que chaque famille célébrait tous les ans au mois de février (2); cette réunion s'appelait *dies curiæ* (3).

(1) Juvenal, *Sat.* VII. V. 148. Ruporti (Glasgow 1825, tome 1, page 114, et tome 2, page 339).

(2) Ovide. *Fast. lib.* II. 617. Burmann. — Valère Maxime *lib.* II. C. 1, n° 8. Hase.

(3) La signification précise des mots *dies curiæ* est contestée; mais je crois décisive l'autorité d'un texte de Ciceron, *de Oratore* I. 7. d'Olivet.

Les curies ne pouvaient délibérer sur les affaires publiques, qu'après avoir pris les auspices; et comme les charges sacerdotales étaient alors exclusivement possédées par la noblesse, c'était à elle qu'appartenait l'interprétation de la volonté des dieux, et par conséquent la direction des comices. Ajoutez que les curies ne pouvaient délibérer sur la politique, qu'en vertu d'un sénatus-consulte, et que le sénat s'était même réservé le droit de sanction ou de *veto*. Ainsi l'égalité politique n'était qu'apparente. Au fond la souveraineté résidait dans le sénat.

Il en fut autrement dans l'organisation des comices par *centuries*. L'influence sacerdotale et patricienne y fût effacée pour faire place à l'influence de la fortune, sans égard à la noblesse du sang. Ce fut une institution timocratique mais différente pourtant de celles de la Grèce. Cette organisation fut à la fois politique et militaire; elle assura le pouvoir à l'aristocratie de fortune, et les Romains lui attribuaient la plus haute influence sur le développement de la grandeur romaine (1).

Sans nous arrêter à l'examen des savantes conjectures de Muller sur l'origine de cette institution des *centuries* (2), remarquons seulement que la propriété

(1) Voyez dans la *République* de Ciceron, les magnifiques éloges qui sont donnés à la constitution de Servius. Tite-Live n'est pas moins enthousiaste que Ciceron. Liv. 1, chap. 42. Drakenborch.

(2) Voyez aux *Pièces justificatives*, pag. 27 et suiv.

ou la fortune, en général, prit à Rome une importance politique qu'elle n'a pas dans nos états modernes, et qui se concilie mal avec les idées vulgaires qui sont répandues sur la liberté républicaine de ces anciens temps. En effet, dans la distribution du peuple en *classés* et *centuries*, la cité avait été considérée comme une société de commerce, où les voix délibératives sont distribuées en raison de l'intérêt des sociétaires. Celui qui a deux, trois, quatre actions, a plus de suffrages que l'individu qui n'a qu'une action (1). Le suffrage des comices par centuries fut par la suite affranchi de la sanction du sénat, mais il n'était régulier qu'autant qu'il avait été précédé d'un sénatus-consulte qui déterminait les matières qui seraient soumises à la délibération.

Tout ce qui est relatif aux comices et au *cens* est parfaitement connu. Le *cens* était, à Rome, non-seulement une révision morale et physique des capacités politiques, mais encore un moyen de transmission. Les tables des censeurs étaient une espèce de cadastre qui avait une valeur civile en justice. Ainsi, l'inscription sur le registre du cens, était un moyen de transférer la propriété romaine,

(1) Voyez l'ouvrage de M. Franken, intitulé : *de curiarum centuriarum et tribuum ratione*, Slesvici 1824, in-8°. — Voy. aussi une excellente dissertation de M. Boner, intitulée : *de Comitiis romanorum centuriatis commentat. critica et historica spectans ad Ciceronis de re publicâ. Lib.* II, *cap.* XXII. Monasterii. 1833 in-4°.

d'obtenir la liberté civile et même la collation de capacité électorale et d'un rang dans les deux premiers ordres de l'état (1). La charge de censeur ne survécut guère à la chute de la république.

Ce qui est moins connu, c'est la détermination exacte du nombre des centuries et le classement dans chacune d'elles des différents ordres, professions ou métiers. Il y avait déjà, à ce sujet, une divergence de témoignage entre Denys d'Halicarnasse et Tite-Live (2), mais la découverte de la *république* de Cicéron, a éloigné encore la solution de la difficulté, en présentant une conclusion qui s'écarte à la fois de celle de l'historien grec et de l'historien latin. Niebuhr, MM. Steinaker, Reisig, Burchard, Franck, Moser, Hermann et Boner (3) ont multiplié, dans ces derniers temps, les hypothèses et les savantes discussions, pour expliquer le texte de Cicéron ; mais comme nous n'avons à considérer la question que sous le rapport de la fortune, il nous suffira de remarquer que, par la constitution de Servius, les citoyens étaient, d'après le registre

(1) Voyez Ciceron, *pro Flacco*, § 8. — Festus V° *Venditiones* (page 608. Dacier). — *Jurisp. vet. ante Justin.*, de Schulting, pag. 11. — Hugo *Gesch. d. rom. rechts.*, etc.

(2) Denys d'Halic. Liv. 4, *cap.* 16. 18. 20. Sylburg (page 221). — Tite-Live I. 43. Drakenb.

(3) Voyez le savant *excursus* de Moser, page 517 et suiv. de son édition de la *Republique* de Ciceron, et l'ouvrage cité de Boner.

du cens, distribués en six classes, selon la somme de leurs biens.

La première classe était composée de tous ceux dont les biens s'élevaient à 100,000 as. Et quoique cette classe dut être la moins nombreuse, elle était composée de plus de centuries que toutes les autres ensemble. La seconde classe était composée de ceux dont les biens s'élevaient à 75,000 as, et ainsi de suite, en descendant jusqu'à la sixième et dernière classe qui, quoique la plus nombreuse, ne formait qu'une seule centurie qui était composée des *proletarii*, c'est-à-dire, de ceux qui n'étaient utiles à l'état, que par les enfants qu'ils engendraient. On les appelait encore *capite censi*, parce qu'ils n'étaient inscrits au cens que pour leur tête et personne.

L'organisation militaire des centuries était analogue à leur fortune, comme leurs droits politiques; de sorte qu'à la paix et à la guerre, la fortune avait une suprématie légale.

En effet, comme les suffrages se comptaient par centuries et non par tête de citoyens, il s'ensuivait que la première classe seule avait une majorité formée contre toutes les autres classes réunies, et surtout contre les dernières, où se trouvait la masse de la *plebs*. Aussi les tribuns ne tardèrent pas à réclamer contre cette constitution du droit de vote, et après de longs débats, le sénat fut obligé de faire des concessions qui modifiaient l'influence de la fortune. Ces concessions furent souvent arrachées par violence, et l'altération des lois organiques, sur ce point, amena peu à peu la chute de la république.

La propriété avait encore, à Rome, une importance politique qui dura plus longtemps que l'institution des centuries, relativement aux deux ordres des *chevaliers* et du *sénat*, dans lesquels la possession d'une fortune déterminée était une condition indispensable, non-seulement pour l'admission, mais encore pour le maintien sur les rôles.

La quantité de biens qu'il fallait avoir pour être admis dans l'ordre des chevaliers (1), a été apparemment différente selon les temps, et, par conséquent, plus modique dans les temps anciens que dans les temps modernes. Nous manquons, à cet égard, de renseignements précis. A l'époque où Rome était déjà dans l'opulence (2), il fallait posséder

(1) Tite-Live se rapportant à l'an de Rome 352, parle d'un *census équestris* sans le déterminer. *lib.* V, *cap.* 7, Drakenb.

(2) Voy. Horace, *Epist.*, *lib.* I. 1. v. 57-59 où il faut conférer Bentlei (1713, in-4°, pag. 542 *et Seq.*), Fea et H. Bothe (1821, tome 2, page 199), et Döring (1828, t. 2, page 197). — *Adde* Martial, *Epigr. Lib.* 5. 20 et 39 (édit. Lemaire); Juvenal, Sat. XIV, vers 325-26, et *ibi vet. Scholiast.* (page 380, édit. Henninius 1695, in-4°), et Ruperti, *Comment. ad loc. cit.* (tome 2, de son édition de 1819 p. 725). — Suétone, Jul. Cæsar, 33 et *ibi* Pitiscus (édit. 1714, in-4°, tom. 1er, page 621, et Casaubon (édit. Wolff. 1802, tom. 3, page 144). Pline, *Épistol. lib.* I. 19 et *ibi* Cortius (page 70, édit. 1734). *Alexander ab Alexand. dier. genial. lib.* 2, *c.* 29 (tome 1, page 516, édit. 1673).

400,000 sesterces (1). On croit que depuis les changements introduits dans l'organisation de l'ordre équestre, par C. Gracchus, tous ceux qui possédaient ou avaient acquis la fortune requise, se rangeaient, *ipso jure*, dans la classe des chevaliers; aussi était-elle très-nombreuse. Mais cela changea sous Tibère, qui régla que, pour être chevalier, il fallait non-seulement avoir le cens légal, mais encore justifier de la possession de ces mêmes biens depuis deux générations (2).

A l'égard du sénat, il est probable que, lorsque la condition pour y être admis était encore d'être patricien, la possession d'une grande fortune devait être moins rigoureusement exigée (3). Mais à partir de l'époque où le sénat ne fut plus opposé au peuple, comme caste ou race privilégiée, mais comme simple corporation, comme haute magistrature, la distinction de la naissance étant abolie et les sénateurs pouvant être choisis par les censeurs dans tous les ordres, il devint nécessaire d'établir des conditions équivalentes, pour la considération publique, à celles de la noblesse; ce furent l'exercice des hautes magistratures et la possession d'une fortune déterminée. Je croirais donc volontiers que

(1) Environ 82,000 fr. selon les calculs de M. Letronne, *Considérations sur l'évaluation des monnaies*, etc. page 85.

(2) Pline, *Hist. Nat. lib*. 33, *cap*. 2, édit. Var. 1668, t. 3, page 446. — *Lib*. 33. § 8. Édit. Hardouin. 1723, t. 2, p. 607.

(3) Voyez Pline, *Hist. Nat. lib* XIV. § 1. Brotier (tome 3, page 86).

l'exigence d'un cens sénatorial positif, remonte, sinon à cette loi *Ovinia* (1), dont l'existence a été, ce me semble, à tort contestée (2): du moins, à une pratique constante, mise en usage par les censeurs, dans l'exécution de cette loi, et introduite ainsi comme règle invariable par la coutume, *moribus*, à l'exemple d'une foule d'autres institutions du droit public et privé des Romains (3).

Ce qui est certain, c'est que dès la seconde guerre punique, une fortune considérable était la condition de l'état de sénateur, puisque dans une taxe extraordinaire levée sur tous les citoyens, les sénateurs furent les plus fortement imposés par la charge de l'entretien de huit matelots (4). Dans les derniers

(1) *Donec Ovinia tribunicia intervenit, quâ sanctum est, ut censores ex omni ordine optimum quemque* CURIATIM *in senatu legerent*. Festus, V° *Præteriti*, page 213, édit. Lindemann, et page 377. Éd. Dacier. 1692.

(2) V. Drackenborch *ad Livium* XXXIX. 42 (t. 5, p. 389, et *seq*. édit. Amster. 1738), et surtout Arntzein, *Miscellan. cap*. 1 (page 14. Édit. 1765). On y trouve sur le texte de Festus, des remarques importantes, négligées par tous les éditeurs de ce philologue, et même par M. Lindemann. — Voyez aussi de Beaufort, *Rep. Rom*. Tome 1, page 94, édit. in-4°. 1766.—Drack. fixe l'époque de la loi *Ovinia* à l'an 402 de Rome. — P. Manuce, *de Senatu*, c. 3, (p. 878, *ad calcem Rosini* 1701), supprime *Ovinia* dans le texte cité de Festus.

(3) Voyez la Dissertation de J. G. Richter, *de moribus majorum tanquam antiquissimo romani juris fonte*. Lips. 1744. in-4°

(4) Tite-Live, XXIV. 11. Drackenb. (t. 3, p. 848).

temps de la république, les biens d'un sénateur devaient s'élever à huit cent mille sesterces (1), et je croirais volontiers que ce chiffre avait dû être plus élevé autrefois (2). Auguste réduisit d'abord cette somme à la moitié (3); puis il la rétablit à son ancien taux, et même il l'éleva ensuite jusqu'à un million de sesterces (4). Selon Suetone, Auguste aurait élevé la somme jusqu'à douze cent mille sesterces (5).

(1) Suetone, *August.* 41 et *ibi* Ernesti et Casaubon (*in editione Wolfiana*, tome 1, page 161 et tome 3, page 344), et Pitiscus, éd. 1714, tome 1, page 251; ajoutez Rosin., *Antiq. Rom.* Page 490, édit. Pitisc. 1701 et édit. Reitz. 1743, et Baumgarten-Crusius *ad loc. cit.* Sueton. (tome 1, page 236 de l'édit. de Hase).

(2) S'il faut en juger par ce qui se passa dans la deuxième guerre punique (voy. Tit.-Liv., *loc. cit.*, *suprà* note 4) et par la réduction d'Auguste *infrà*.

(3) Voyez Dion Cassius, LIV, § 17 et 26 et *ibi* Reimar (tome 1er, page 746 et 756, édit. 1750 et tome 3, page 282 et 304, édit. Sturz, *Lips.* 1824, et *ibi* Sturz., *Annotat.* tome 6, page 116-117 et 129). Il est difficile de concilier Suetone et Dion Cassius au sujet de la fixation la plus élevée du cens sénatorial par Auguste. — Voyez J. Lipse, *Elector.* Liv. 2, chapitre 17 (tome 1er *Opp.* édit. Plantin, page 325 et suiv.). — Ceux qui n'avaient pas le cens requis, pouvaient obtenir une dispense: *Veniam imperatoris.* Dio. Cass., *lib.* 60, § 11. Reimar (tome 2, p. 950).

(4) Selon Dion Cassius, *loc. cit.*

(5) Ces différentes augmentations furent probablement successives. Il est difficile de concilier autrement les divergences de Dion et de Suetone. La possibilité d'une altération de texte, est ici une faible ressource.

Lorsqu'un chevalier ou un sénateur cessaient de posséder le cens requis, ils perdaient leur dignité; ils étaient éliminés (1). Nous traiterons de la valeur des terres, et de leur prix vénal, chez les Romains, quand nous examinerons, dans le second volume, les rapports de l'économie politique ancienne avec la propriété foncière.

(1) Voyez Ciceron, *Epistol. ad famil.* XIII. 5 (tom. 2, page 186, édit. Verburg). — Asconius, *in Oratione in toga candida, apud Scholiast. Ciceronis*, éd. Orell. (1833). (tome 2, page 84).

Sur toute cette matière de la distribution du peuple romain en curies et centuries, et sur les conditions d'admission dans les deux premiers ordres de l'état, il faut consulter l'excellent livre de M. Hullmann, ouvrage désormais classique, et qui concilie, à un haut degré, le mérite d'une savante doctrine et d'une extrême concision (*Ursprunge der Romischen Verfassung*. Bonn, 1835. 170 pp. in-8°). La dégénérescence de génocratie en timocratie y est admirablement développée.

FIN DU PREMIER VOLUME.

PIECES JUSTIFICATIVES

DU

TOME PREMIER.

N° 1.

Les Étrusques,

PAR OTTFRIED MULLER.

(LIVRE II. — CHAPITRE II.)

DE LA CONSTITUTION DES ÉTATS PARTICULIERS.

Il ne paraîtra point invraisemblable, comme nous l'avons vu ci-dessus, que plusieurs des États de la fédération Étrusque fussent composés de différentes villes partageant entre elles une seule voix, et que de cette manière les douze nombres de la fédération fussent subdivisés en un grand nombre de communes indépendantes ; cependant chacun de ces états dut avoir, selon l'analogie de l'antiquité grecque et italique, une ville capitale, centre et siège de la puissance publique. Les autres localités du territoire étaient subordonnées à cette capitale, et cela pouvait avoir lieu de deux manières différentes, ainsi qu'il est facile de le voir pour Veies. Lorsque la guerre de Rome avec Veies fut terminée, les Veiens, Capenates et Falisques qui s'étaient donnés volontairement aux Romains furent faits citoyens (1), et on forma pour eux plusieurs nouvelles tribus : la *Stellatina* pour les Capenates (2) et la *Sabatina* (3), sans doute, pour les Veiens; car le lac et le pays de Sabate, sont situés au plus près de la ville Étrusque appelée *Veji*. Il s'ensuit que les habitants de *Sabate* qui donnèrent leur nom à la tribu *Sabatina*, étaient des Veiens, proprement dits; que Sabate faisait partie du territoire de la ville de Veies, qu'elle appartenait à l'*Ager veientanus*, et qu'elle était un village des Veiens. Souvent, des lieux autrefois importans se trouvaient dans ce rapport avec une capitale Étrusque ; il en était ainsi de *Graviscæ*, auprès de *Tarquinii* (4), de *Aurinia* auprès de

(1) Liv. VI, 4.

(2) Festus, V° *Stellatina*.

(3) Festus, V° *Sabatina*.

(4) *Veteres Graviscæ*, dans Virgile. La colonie de Gravisca fut fondée *in agro de Tarquiniensibus capto*. Tit. Liv., XL, 29. Les villes de *Cortuosa* et *Contenebra*, étaient aussi des Tarquiniens. Tit. Liv., VI, 4.

Caletra (1). Au contraire les habitants de *Nepet* et de *Sutrium*, villes considérables et florissantes (2), ne sont jamais appelés Veiens, et cependant ces villes devaient se trouver unies d'une certaine manière à Veies, parce que aussitôt après la conquête de cette dernière, nous les voyons paraître comme alliées de Rome, sans qu'il soit fait mention de leur défection d'aucun autre état étrusque (3); et cependant elles n'étaient certainement point au nombre des douze états. Il est donc vraisemblable que ces deux villes étaient des alliées dépendant de Veïes (συντελεῖς, d'après l'expression grecque) qui avaient leur administration communale à elles propre, qui avaient par conséquent des *principes* (4), mais qui étaient forcées dans leurs relations extérieures de suivre la capitale. C'est de la même manière que, d'après une distinction que j'ai établie plus haut (5), Fidenes et probablement aussi *Capena*, appartenaient aussi au peuple de Veies. C'est de la même manière qu'un grand

(1) Müller a déjà parlé de ces villes, chap. 1. § 2. not. 30.

(2) Plut. *Camille*, 35.

(3) Volsinies est trop loin pour qu'elles aient pu lui appartenir (Niebuhr, *Rom. Gesch.* 11, page 242), et la forêt de Cimini était la frontière naturelle entre les Veiens et les États du Nord.

(4) *Nepesinorum principes*. Liv. VI, 10. Le municipe *ferentinum*, lieu peu important dans les premiers siècles, avait aussi des familles nobles étrusques. Sueton. *Othon*, 1; Tacite, *Annal.* XV. 49.

(5) Voy. *Die Etrusker, Introd.* 2. 14.

nombre de villes Étrusques, qu'il est, à la vérité, difficile de distinguer de la première espèce dont j'ai parlé, peuvent avoir été liées aux chefs-lieux.

§ 2.

On ne saurait trop regretter, dans l'intérêt de l'histoire de Rome, que nous connaissions si peu de chose de l'état municipal et politique des autres peuples de l'Italie et spécialement des Étrusques. Les *Colonies* et les *Municipes* de Rome ont considérablement contribué à sa grandeur; les unes, membres détachés du peuple, formaient des communautés représentant, en petit, le tout dont elles étaient sorties, mais toujours dépendantes sous le rapport politique: les autres, communes originairement étrangères, avaient été incorporées dans l'état Romain sans perdre leur existence propre. L'une et l'autre institution étaient connues des Etrusques; *Populonia* est nommée comme colonie de *Volaterræ* (1), et le plus ancien Municipe de Rome était, selon les historiens de l'antiquité, *Cære*, d'où venait le *Jus cæritum* le plus ancien droit des Municipes (2). Il est très-probable que ce droit, qui correspond en quelque manière à l'Isopolitie grecque, devait être réciproque : on peut même

(1) Voy. Servius *ad Æneid.* X. 172.

(2) Gellius, *n. att.* XVI, 13, 7. Il y a quelques idées intéressantes sur l'union de l'ancienne Cære avec Rome, dans Freret (*Acad. des Inscr.*, tome 18, page 111. et suiv.).

conjecturer que chacun des douze états Étrusques, jouissait vis-à-vis des autres de ce droit qui, originairement, assimilait au citoyen le citoyen d'un municipe, sous tous les rapports, et non point seulement relativement à l'administration de la république (1).

§ 3.

Chaque ville Etrusque, ayant au moins l'administration de ses affaires intérieures, renfermait une classe aristocratique, que les Romains désignent sous le nom de *principes*. Les princes des Étrusques sont opposés par Tite-Live aux magistrats des Samnites (2). Dans les assemblées de la fédération, les princes seuls délibéraient et décidaient (3); ils dominaient encore dans les assemblées communales de chaque État (4). Ils pouvaient rassembler soudainement des troupes de campagnards, pour la défense de leur autorité (5). Déjà ces données conduisent à l'idée d'une classe dominante, pour laquelle, chez les Romains même, le mot propre est la dénomi-

(1) Festus : V° *Municeps, Municipium*. — Sigonius, *de jure Italiæ*, II, 6, *Opp.* tom. V. page 414.

(2) Liv. x, 13. *Conf.* IX, 36 : *nomina principum in populis accepere.*

(3) *Principum concilia.* Liv. VI. 2. — *Ibid.* X. 16.

(4) Liv. II. 44. *principesque in omnium Etruriæ populorum conciliis fremebant.*

(5) Liv. IX, 36.

nation de *principes* (1), idée qui sera, peut-être, mieux établie par la recherche du sens du nom d'honneur Étrusque : *Lucumo*.

§ 4.

Lucumo, (en Étrusque *Lauchme*, d'où le latin dit encore *Lucmo* (2)) se rencontre très-souvent dans l'Histoire romaine comme nom propre. On raconte que le Corinthien Demarate, eut à Tarquinies deux fils, *Lucumo* qui régna à Rome sous le nom de Tarquin l'ancien, et *Aruns* (3). Les mêmes noms se retrouvent ailleurs ensemble : Un jeune homme puissant, de Clusium, nommé *Lucumo*, avait séduit la femme de son tuteur, appelé *Aruns*, et celui-ci, convaincu de l'impossibilité d'obtenir justice, avait, pour se venger, appelé les Gaulois (4). D'après Denys, un puissant Étrusque, nommé *Lucumo*, vint au secours des Romains (5). Maintenant, il y a,

(1) Ainsi les nobles Germains, alors même qu'ils ne sont ni juges, ni capitaines, et n'ont que les droits de leur naissance, sont appelés *Principes*.

(2) Properce, IV, (V), 1, 29.

(3) Liv. I, 34. Denys, III, 46.. — Strabon, V, p. 219. Macr. *Sat*. I, 6.

(4) Liv. V, 33.

(5) Liv. II. 37. Il n'est point certain que *Properce*, IV (V), 2, 51, (*prima galeritus posuit prœtoria Lucmo*) prenne ce mot comme nom propre.

sans doute, une erreur dans toutes ces données, car il est certain qu'*Aruns* était un prénom étrusque; mais le mot *Lucumo* ne se rencontre jamais dans les nombreuses inscriptions tumulaires des familles Étrusques, si ce n'est sur une colonne de Clusium, et ce n'est point comme un prénom qu'il s'y présente, mais dans un sens tout à fait isolé (1); et les témoignages les plus certains attestent que *Lucumo* était une dénomination générique des principaux des Étrusques, et pouvait difficilement, par conséquent, être employé comme prénom. D'après Varron, Romulus demande du secours aux Lucumons en général, c'est-à-dire aux Étrusques (2). Servius remarque que les douze États avaient douze Lucumons ou rois, dont un seul était placé au-dessus de tous les autres (3). A l'endroit où le poëte rassemble sur Mantoue toute l'antique gloire de l'Étrurie du Nord (4), le commentateur rapporte que les douze Curies de la ville avaient chacune un Lucumon pour chef, à l'exemple des Lucumons qui commandaient toute l'Étrurie. Censorinus dit aussi (5) que la doctrine exstispicinale de Tagès avait

(1) Dempster, E. R., 83, 1. — Lanzi, *Saggio*, tom. 2, pag. 399.

(2) Servius, *ad Æneid.*, V., 560. *Conf.* Festus, V° *Lucomedi.*

(3) Sur l'Enéide, II, 278; VIII, 65, 475; X, 202.

(4) X. 202.

(5) *De die natali*, 4, 13.

été écrite par les Lucumons, c'est-à-dire, par les chefs de l'Étrurie; d'où il résulte (ce qui sera mieux développé en un autre lieu) que le sacerdoce et la conservation de l'ancienne science était liée depuis les temps les plus reculés à leur dignité (1). Cependant, j'ai de la peine à penser que le mot *Lucumo* n'ait été autre chose que la désignation d'une certaine dignité; car on ne voit guères comment la fausse interprétation qui en fait un prénom, aurait pu se propager chez les gens instruits d'un peuple voisin. Serait-il possible, peut-on se demander, qu'une tradition se fut produite chez les Étrusques, d'après laquelle deux fils d'un patricien romain se seraient appelés, l'un *Prætor* et l'autre *Aruns ?* On peut sortir de cette difficulté en supposant que les aînés des familles nobles, qui par leur naissance, étaient appelés aux dignités, s'appelaient, à cause de cela, *Lucumons*. Alors on conçoit l'erreur des Romains et l'on peut aussi accorder (ce qui est soutenu par certains auteurs et confirmé par l'histoire de Tarquin) que le prénom latin *Lucius* dérive de *Lucumo* (2).

(1) Festus indique encore ce fait : *Lucomones quidam homines ob insaniam dicti, quod loca, ad quæ venissent, infesta facerent.* Ainsi le titre de *Samius Lucumo*, donné à Pythagore par Ausone (*Epist.* IV, 70), peut s'expliquer autrement que par une origine Étrusque.

(2) Val. Max. *de nomin.* 18 : *Lucii* (*appellati*), *ut quidam arbitrantur, à lucumonibus Etruscis.*

§ 5.

Ces familles nobles avaient seules le droit de prétendre, ainsi qu'il résulte de ce qui vient d'être dit, à la plus haute dignité de l'État, la royauté, qui quoique non héréditaire et très limitée par l'aristocratie, était, dès les premiers temps, un élément capital de la constitution de l'Étrurie. Ensuite, nous le savons, la royauté fut supprimée en Étrurie, comme en Grèce et à Rome, et remplacée par une magistrature annale. L'aristocratie, probablement mise en danger elle-même par la puissance royale, chercha alors à soulever contre celle-ci une haine générale. Les Veiens, fatigués de ces brigues annuelles qui entraînaient souvent des discordes civiles, ayant choisi un roi (1), comme par le passé, la ligue, c'est-à-dire, la réunion des *principes*, leur refusa des secours, en partie, à la vérité, parce que la personne du roi élu leur était odieuse, mais aussi parce qu'ils haïssaient en général la royauté. Ce roi électif des Veiens ne peut être comparé à un *tyran* Grec; il peut plutôt être comparé à un Asymnète, à qui un état Grec aurait remis avec pleine confiance la puissance souveraine : mais ce qu'il y a de plus rationnel, c'est de voir dans cet événement un retour à la

(1) Liv. v. 1. *Lars Tolumnius* (*Ibid.* iv. 17.) était probablement devenu roi, de la même manière.

constitution autrefois nationale et plus compatible avec la tranquillité publique. Le souvenir de la royauté se conserva non-seulement chez les Étrusques, mais chez leurs voisins même, avec une grande force, puisque les écrivains romains auxquels cependant on peut reprocher de confondre quelquefois des choses différentes, parlent souvent du gouvernement monarchique des villes Étrusques comme de leur constitution ordinaire et générale. Varron dit qu'en contractant mariage, les anciens rois et les grands (*Sublimes viri*) de l'Étrurie, avaient coutume de sacrifier un porc (1). Festus attribue aux rois des Étrusques l'usage de la toge prétexte et de la *bulla aurea*; un personnage paré de ces ornemens représentait (ce que l'on appelait l'*auctio veientium*, dans les jeux Capitolins) le roi du pays (2). Ici l'exemple même est, à la vérité, une exception, mais ces insignes ont certainement été usitées autrement que par exception. Denys considère aussi les insignes des magistrats romains comme empruntés aux rois Étrusques (3). Macrobe (4) rapporte que les Étrusques, tous les neuf jours (*nono quoquo die*), venaient saluer leur roi et l'interroger sur les affaires publiques; il avait évidemment aussi une puissance judiciaire, comme encore il était général

(1) De R. R. 11, 4.

(2) Festus, V° *Sardi*. — Conf. Plutarq., *Romulus*, 25.

(3) III, 61.

(4) *Sat.* 1. 15. et Festus, V° *Redhostire*.

de l'armée. Properce (1) et Horace (2) font descendre Mécène d'anciens rois, généraux de nombreuses légions ; quelques membres de la famille *Cilnia*, souche de celle de Mécène, paraissent être parvenus dans *Arretium*, à la dignité souveraine à vie, et, peut-être, avoir été revêtus de la charge de général en chef pour l'Étrurie (3).

§ 6.

Il faut joindre ici encore quelques exemples de chefs uniques dans les états de l'Étrurie. On montra à Pausanias (4), dans le sanctuaire d'Olympie, un trône, présent du roi Étrusque Arimnos, ou Arimnestus, qui, le premier des barbares, avait envoyé des dons au Jupiter Olympien. Une citation obscure de Caton (5), indique un ancien roi de Veies *Propertius*; ailleurs est nommé un *Morrius*, chef de la même ville, issu d'une race très-noble (6). Dans la tradition de Mezence (7), s'exprime déjà cette haine de la royauté, qui empêcha les douze

(1) III, 9. (IV, 8,) 1.

(2) *Carmina*, 1, 1, 1. III, 29 ; 1. etc. Martial, XII 4. 2.

(3) *Lars* n'était point un nom d'honneur, ni la désignation d'une dignité. *Reines. inscrip.*, VI, 104. Turneb. *Adv.* 18. 1.

(4) V., 12, 3.

(5) Dans Servius *ad Æneid.* VII. 697.

(6) Serv. *ad Æneid.*, VIII, 285.

(7) Voy. Heyne, *Excurs.* 3. *ad Æneid.* VIII.

États de porter secours aux Veiens. Ce tyran cruel de Cære ou d'Agylla (1), donnait, dit-on, la chasse à ses sujets, liait des êtres vivants avec des cadavres afin que la putréfaction des uns dévorat aussi les autres (2). La tradition exprime aussi son orgueil impie en racontant qu'il exigeait des Rutules les présens destinés aux dieux, et que Jupiter sauva les latins de sa domination afin de n'être pas privé lui-même des honneurs qui lui étaient dus (3). Cependant tout cela peut avoir été conçu comme un récit poëtique étranger, Grec peut-être, de la cruauté des rois Étrusques. Cicéron, dans Hortensius, raconte les mêmes horreurs des Pirates Étrusques en général (4). Lars Porsenna est appelé ordinairement roi de Clusium (5) et quelquefois aussi roi de toute l'Étrurie (6); si l'on ne veut pas considérer les témoignages qui lui donnent ce dernier titre comme de pures amplifications, on peut les

(1) C'est ainsi que le nomment Tit.-Liv., 1, 2; Festus, V° *oscillum*. Denys, parle d'un βασιλευς Τυρρηνῶν. 1. 64. Voy. aussi Justin, 43. 1; Ovid. *Fast.* IV. 880.

(2) Virg., *Æneid.*, VIII, 485.

(3 Ainsi le raconte Caton, dans Macrobe, *Saturn.*, III, 5, qui explique ainsi le *contemptor divûm*, de Virgile.

(4) Dans Saint Augustin, *c. Julian. Pelag.* IV, 78. Val. Max. raconte la même chose, IX, 2, extr. X. Servius *ad Æn.*, VIII, 479, cite aussi Ciceron sur ce point.

(5) Liv. II, 9. Strab., V. pag. 220.

(6) Denys, VI, 74. *Conf.*, V, 21.

regarder au moins comme indicatifs de la qualité de général de l'armée réunie des États de la Confédération (1).

§ 7.

Le caractère de la noblesse Étrusque se manifeste principalement, et nous en avons des traces nombreuses, par la pompe extérieure des vêtemens et des insignes, lorsqu'on les compare au simple et modeste extérieur des magistrats Grecs et des rois de Sparte. Rome avait emprunté à l'Étrurie tous les costumes qui pouvaient donner à ses magistrats une apparence de grandeur (2). Mais la tradition est très-variante sur le temps de cette importation. Tantôt c'est Romulus qui déjà a adopté ces ornemens ; tantôt leur importation dérive de la puissance que Tarquin l'ancien peut avoir exercée sur toute l'Étrurie. On assure, d'un autre côté, que Tullus Hostilius revêtit la robe etrusque après une guerre heureuse contre ce peuple (3) ; Strabon se contente d'assigner cette introduction au temps de la domination des Tarquins à Rome (4) ; il est au

(1) Je laisse de côté, comme pouvant être apocryphes, beaucoup de données sur les rois Étrusques, qu'indique Dempster, E. R. I., pages 227 et suivantes.

(2) Salluste, *Catil.*, 51. Symmaque, *epist.* III, II.

(3) Pline, N. H., IX, 63. Macrob., *Sat.*, 1, 6. Euseb. *Chron.*, page 47, et *ibi* Scaliger.

(4) Voy. page 220. *Sup. cit.*

moins certain que les rois Étrusques ne régnèrent jamais à Rome (1)...

On peut attribuer à cette origine, les Licteurs (2), dont le nombre (douze) était emprunté aux généraux de la fédération Étrusque (3), de même que les officiers des autres magistrats (*apparitores*) (4), la Chaise Curule en ivoire (5) et la toge prétexte (6). Outre ces marques distinctives des hauts magistrats, la pompe des triomphes fut aussi, ou bien tirée immédiatement de l'Étrurie (7), ou bien considérée comme une commémoration temporaire de l'ancien ornement royal venu de l'Étrurie (8). A cette pompe appartient d'abord le grand diadême d'or (9) nommé *Etrusca corona*, formé de feuilles de chêne en or, avec des glands en pierreries (10) et des rubans aussi en or (11) (il était soutenu par des esclaves

(1) Muller a déjà touché ce point, chap. 1, N. 13.

(2) Liv. 1, 8, — Strab., v, page 220. Des Licteurs avec des faisceaux de verges se rencontrent souvent dans les monuments Étrusques.

(3) Voy. le chap. 1, 3, not. 54 de l'ouvrage de Muller.

(4) Liv. 1, 8.

(5) Denys, v, 35. — Propert., IV, (V) 10, 27.

(6) Voy. le chap. 1, 3, not. 48.

(7) Strab., v, page 220. Florus 1. 5.

(8) Denys, III, 62. 65. v. 35.

(9) Il faut distinguer ce diadême de la Couronne de laurier que le triomphateur portait lui-même.

(10) Tertull., *de coronâ*, 13.

(11) Plin., H. N. XXI, 4.

au-dessus de la tête du triomphateur (1)); ensuite, la tunique et la toge brodées en or, — l'une et l'autre, ornemens des magistrats Étrusques (2) qui de la forme de la broderie s'appellaient *tunica palmata* et *toga picta* (3); et enfin le sceptre d'ivoire surmonté d'un aigle, que portaient aussi les généraux Étrusques avant les empereurs romains (4).

§ 8.

Ces habits et ces ornements ont, sous plusieurs rapports, une importance historique; d'abord, comme preuve de l'état avancé des arts chez les Étrusques (5); ensuite, les palmes sur la tunique et l'aigle sur le sceptre d'ivoire, témoignent de l'influence des jeux de la Grèce sur les pompes et les fêtes des Étrusques; mais c'est une idée propre et caractéristique des peuples italiques que de revêtir les généraux vainqueurs et même leurs chefs, en général, des vêtemens attribués à Jupiter et d'en faire ainsi l'image de la divinité souveraine. Ces habits en effet, aussi

(1) Plin., XXXIII, 4.

(2) Macrob. *Sat.*, I, 6.

(3) Denys, III, 61, appelle la Toge : περιβόλαιον πορφυροῦν ποικίλον ou ποικίλη ἁλουργίς.

(4) *Regnique coronam cum sceptro misit, mandat que insignia Tarcho. Æneid.*, VIII, 505.

(5) Voy. le chap. 1. 3. 6. C'est pourquoi Virgile donne à Lausus, *tunicam, molli mater quam neverat auro.*

bien que le sceptre et le diadème de feuilles de chêne, appartenaient proprement au costume du Jupiter *Optimus maximus* du capitole (voilà pourquoi ils étaient si larges et la couronne si grande (1)); et ils étaient tirés de la garde-robe du temple (plus tard du *palatium*), pour l'usage des triomphateurs (2).

C'est par la même raison que le triomphateur (comme les Héros de Meroë) teignait de Minium son visage ou même tout son corps; en effet, nous voyons que, plus tard, la charge d'enduire de cette couleur la statue de Jupiter, fut régulièrement donnée à bail par les censeurs (3). C'est enfin pour cela qu'on trouve souvent sur les figures des urnes funéraires des visages peints en *minium*, ce que Gori a déjà interprété, avec beaucoup de vraisemblance, comme une marque d'apothéose (4).

De tout ce qui précède, on peut tirer avec certitude, la conséquence que, dans l'Étrurie, la domination de la noblesse était intimement liée au sacerdoce, et que, par là, la classe privilégiée s'était placée bien plus près des dieux que n'eut pu le supporter l'esprit grec.

(1) Liv. 10, 7. Sueton. *Aug.* 94. Juven., x, 38.

(2) Alexandre Sévère porta encore la toge tirée du capitole. Lampr. *Alex. Sev.*, 40. — Gordien l'ancien fut le premier qui en eut une en propriété. — Capitolin, *Gord.* 4.

(3) Plin., H. N. xxxiii, 36. Serv., *ad Æneid.*, vi, 22.

(4) M. E. T. iii, page 133.

Outre les insignes ci-dessus cités, il y avait encore la *bulla aurea*, petite boîte pour contenir des préservatifs contre les maléfices, qui, dans Juvenal, est appelée *Etruscum aurum*, ornement des triomphateurs romains (1) et des rois et Lucumons étrusques (2). Cette bulle était précisément semblable à celle que plus tard, à Rome, portèrent tous les enfans de bonne famille (originairement les fils de chevaliers), de la même manière que la prétexte était commune aux magistrats romains et aux enfans des patriciens. On a cherché dans l'antiquité à expliquer cette circonstance particulière par diverses anecdotes : sorte d'explications historiques (*αἰτίαις*) dont l'histoire romaine est encore plus remplie que celle des Grecs. Macrobe donne à ce sujet beaucoup d'interprétations qui se combattent les unes les autres (3) et dans lesquelles ce qu'il y a de plus remarquable, est que plusieurs traditions présentent Tarquin l'ancien, comme l'introducteur de cet usage. On peut considérer comme certain que le double emploi de cette marque d'honneur, ne dérive pas d'un événement historique, mais de certaines idées et manières de voir du peuple Étrusque (4) ; on peut y trouver la pensée politique

(1) Macr., 1, 6. — Pline, H. N. xxxviii, 7.

(2) Plut. *Romulus*, 25. Festus, v° *Sardi*.

(3) Macr., *Saturn*. 1. 6. Plutarq., *Quest. Rom*.

(4) Les monuments étrusques montrent souvent la *bulla* au cou d'enfants, mais quelquefois aussi au cou d'hommes faits. — Gori, M. E., 52, 2.

que le jeune Lucumon, déjà par sa naissance seule, avait le rang des magistrats, ou la pensée religieuse que la divinité agréait autant le service d'une enfance innocente et florissante (comme celui du *Puer patrimus et matrimus* qui, aux jeux du Cirque conduisait les *Thenses*), que celui de l'homme mûr.

§ 9.

Ce qu'il y a de plus important, et ce qui résulte de tout ce que nous avons recueilli, c'est que la constitution Étrusque portait le caractère d'une forte domination de la noblesse et d'une aristocratie sacerdotale; ce qui donnait une considération extraordinaire aux chefs de l'État. L'idée qui manqua trop aux États Grecs, et qui donna tant de grandeur à Rome, l'*imperium* du magistrat, était sans doute connue des Étrusques, mais nous ne savons que peu de choses de l'organisation intérieure de leur aristocratie. Il est souvent parlé d'un sénat de Villes Étrusques (1); il se composait, sans doute, de ceux qui par leur naissance étaient *Lucumons*. Les Sénateurs d'*Arretium* voulurent, dans la seconde guerre punique, détacher cette ville de l'Alliance Romaine, et soulever, en même temps, toute l'Étrurie; on éteignit les troubles en prenant pour otages les fils des sénateurs (2). Il est bien à croire qu'il y

(1) Pour Veies, voy. Tite Liv. IV, 58; pour Falerie, voy. *Ibid.* V, 27.

(2) Liv. XXVII, 21, 24.

avait une *plèbe* libre, non soumise personnellement à la noblesse, mais il est complétement impossible de déterminer ses droits avec exactitude. Pour Falérie, l'assemblée du peuple est nommée à côté du sénat (1); L'an de Rome 451, la noble famille *Cilnia* se trouva en opposition avec le peuple à *Arretium*; les Romains établirent la paix (2). Les troubles de Veïes dans l'année 348, paraissent avoir été de la même nature (3), quoiqu'on puisse y voir aussi des factions formées par différentes familles.

§ 10.

Une grande masse des habitans du pays paraît s'être trouvée dans une condition, qui se présente en Grèce sous divers noms (*Penestes*, *Ilotes*). Elle était ici aussi très-usuelle dans les premiers temps et elle paraît avoir été introduite par les colonies Grecques, Doriennes surtout, dans la Sicile et en Italie, à Syracuse, par exemple, où les *Geomores*, les premiers colons, les conquérants qui s'étaient partagé le pays, se trouvaient vis-à-vis des Cylliriens, (anciens habitans devenus serfs sur les terres de la noblesse), et vis-à-vis du peuple (Grecs venus des autres contrées), précisément dans le même rapport

(1) *In foro et curiâ.* Liv. v. 27.

(2) Liv. X. 3. 5. sur la famille *Cilnia*, voy. Silius Ital. VII. 29. Macrobe, *Sat.* II. 4. et Dini *dell' orig. d. C. Mecen.* Venez. 1704.

(3) Liv. IV. 58.

dans lequel, suivant l'opinion si bien fondée de l'auteur de l'*Histoire Romaine* (Niebuhr), se trouvaient à Rome les patriciens, les clients, le peuple. Ce rapport de diverses conditions civiles, était certainement Étrusque, soit parce que sans lui l'aristocratie eut pu difficilement se soutenir si longtemps, soit parce qu'il dérive, selon une analogie générale, de la soumission des Sicules et Ombriens indigènes par les Étrusques (1). Si à Rome un client qui viole ses devoirs envers son patron et réciproquement un patron qui fraude son client, est dévoué aux dieux infernaux (2), c'est là une idée Étrusque, comme, en général, celle de dévouer les criminels à certaines divinités.

Denys raconte (3) que l'an 274, lors de la guerre de Veies contre Rome, les plus puissans de toute l'Étrurie rassemblèrent leurs serfs (πενέστας) et en formèrent une armée nombreuse et redoutable. Les *princes* pouvaient en peu de temps rassembler des troupes de campagnards, leurs clients sans doute (4); c'étaient, comme certaines circonstances l'indiquent, de grands propriétaires fonciers, qui armaient leurs paysans.

(1) Niebuhr, *Hist. Rom.*, tom. 1, pag. 389. « Les » clientelles doivent avoir été un droit originairement Etrus- » que. L'ancien peuple que les Etrusques trouvèrent aux » bords du Tibre, dut être réduit à cette condition. »

(2) Denys, II. 10. Niebuhr, 1, pag. 339.

(3) IX. 5. *Conf.*, Liv. II, 44.

(4) Liv. IX, 36.

La grande distinction entre les habitans de la ville et ceux de la campagne, indique ici, comme dans la plupart des villes de la Grèce, une sévère aristocratie (1); les démocraties, Athènes, par exemple, la firent disparaître. La foule d'artisans (danseurs, lutteurs, joueurs de flûte, etc.) qui étaient esclaves du dernier roi des Veiens (2), doivent, peut-être, être considérés comme des clients, quoique les Étrusques pussent acquérir des esclaves proprement dits par la guerre, la piraterie et le commerce. Ils cherchaient surtout de beaux esclaves et les ornaient dans les festins de pompeux habits (3). Ce que l'on dit que *Volcinii* fut quelque temps au pouvoir des esclaves, doit, très-vraisemblablement s'entendre des clients (4). Un événement semblable, à Argos (5), confirme cette manière d'en juger. L'épuisement de l'Étrurie par les grandes guerres des Romains, vers l'an 470, qui força d'armer même les serfs, la corruption toujours croissante des mœurs, qui facilita l'élévation des classes inférieures, donnèrent, sans doute, à la classe subordonnée des clients, l'occasion et les moyens de s'élever aux premières dignités, et enfin de s'emparer d'une pleine puissance, dont l'usage arbitraire et imprévoyant finit, avec la liberté de Volcinies, par

(1) Liv. X, 4.

(2) Liv. V, 1.

(3) Athen. IV, pag. 153. Diodore, V. 40.

(4) Niebuhr, 1, pag. 127.

(5) Hérodote, VI. 83. — Silius (XI. 48.) raconte la mêm chose de Capoue.

l'invasion des Romains, auparavant alliés de cette ville, et alors rappelés par les anciens chefs eux-mêmes (1).

La constitution originaire de l'Étrurie était donc une aristocratie de race fondée sur la sujétion de la classe inférieure, avec peu de droits pour la portion libre du peuple ; et c'est par elle que se conserva l'unité des douze états. Mais il ne faut pas croire que dans cette suite de siècles pendant lesquels fleurit l'Étrurie, il n'y ait eu aucun soulèvement contre la domination de la noblesse ; au contraire, le peuple originairement sans force et opprimé, devenu hardi par la marche des temps et par les circonstances favorables, eut, probablement en Étrurie aussi, une tendance aux troubles et aux factions. Les constitutions Grecques durent particulièrement exercer leur influence sur celle de l'Étrurie ; la ville Étrusque de Capoue ou *Vulturnum*, reçut des bannis grecs (2) ; l'agitation des factions grecques y fut nécessairement introduite avec eux. Dans la Grèce, et spécialement dans les États Ioniques et Chalcidiques, la timocratie ou constitution fondée sur le cens, vint s'interposer entre les prétentions de la noblesse héréditaire et du peuple ; cette même organisation devint précisément à la même époque, et par les institutions de l'étrusque *Mastarna*, qui se nomme à Rome *Servius Tullius*, la

(1) Voy. l'introd. 2. 17, not. 150.
(2) Denys, VII, 10.

base de la constitution romaine (1). L'Etrurie ne dut-elle point sentir aussi l'influence d'un esprit qui se manifeste partout avec tant de force à cette époque?

§ 11.

Ceci nous conduit à essayer de faire servir ce que nous connaissons de l'ancienne constitution de Rome et de ses révolutions, à éclaircir les institutions correspondantes de l'Étrurie : d'autant mieux que plusieurs anciennes institutions de Rome ont été tirées de l'Étrurie. C'est ce qui a eu lieu pour la plus ancienne division du peuple. D'après un extrait d'un écrivain Étrusque, de Volnius (2), qui porte que les noms des anciennes tribus romaines ou centuries de Chevaliers, *Ramnes*, *Luceres*, *Tities* (3), étaient

(1) Il y a un rapprochement curieux à faire entre la loi de Servius, relative à la contribution particulière dont était frappé le bien des filles héritières et des veuves, au sujet des chevaux donnés aux chevaliers, et une loi analogue pratiquée à Corinthe (Cicer. *de Rep*. 11. 20.)

(2) Varron. *de L. L*. V. 9.

(3) [Je présenterai ici une observation neuve sur le nom de RAMNES, dans lequel il faut voir peut-être le nom national et indigène des Étrusques. En effet, dans les inscriptions étrusques, le caractère qui correspond à S est un *sigma* grec renversé (Ϻ) en la forme d'une M grec ou romain. Si donc nous voyons dans le M de RAMNES, un *sigma*, nous y trouverons le nom de RASNES qui, dans les monumens, exprime le nom que Denys a rendu par Ρασενα. Voy. Vermiglioli, *loc. cit.* p. 30 et suiv. Les copistes peuvent avoir, à Rome même, accrédité la leçon : RAMNES. Ch. Gir.]

des dénominations étrusques, il faut penser que la division exprimée par ces noms, existait aussi en Étrurie; car comment les Latins auraient-ils pu y puiser les noms et non la chose ? Il devait ainsi y avoir en Étrurie des Curies composées de familles unies par la communauté des sacrifices, et des tribus composées de Curies(1), mais qui doivent être considérées comme quelque chose de tout à fait différent des divisions territoriales qui portèrent plus tard le même nom. Le nombre trois de ces divisions, cadre avec les trois principales divinités et les trois portes sacrées des villes étrusques, et l'on peut regarder comme une combinaison conforme à l'esprit de l'aristocratie des Lucumons, que les noms des divisions de l'ancienne chevalerie ou noblesse sacerdotale et guerrière, désignent en même temps les classes du peuple. Cette conclusion résulte de la conférence de tous les témoignages historiques, et s'explique en admettant que ces familles de chevaliers s'attachèrent tout le reste du peuple primitif de Rome, qui se divisa ainsi avec elles en tribus et en Curies, de sorte que dans chaque Curie, il y avait des gens de tout rang et de toute condition, mais que les chevaliers seuls y délibéraient, votaient, ordonnaient, et qu'ils paraissaient seuls sur la scène politique; ils étaient la seule portion active de

(1) Ce qui prouve que les Curies étaient originairement des subdivisions des tribus, c'est, outre d'autres textes, ce passage de Ciceron, *de Repub.* II, 8 : *Populumque in tribus tres curiasque triginta descripserat.*

l'état (1). Le nom même de ces chevaliers, *Celeres* (2), était peut-être un nom de noblesse Étrusque (3), et il désignait plutôt l'élévation (*Celsos Ramnes*) que la célérité.

La ville de Mantoue, qui demeura Étrusque jusques dans des temps avancés, aurait eu, d'après Servius, (4) trois tribus et douze curies, à la tête desquelles étaient autant de Lucumons, ayant eux-mêmes un des leurs pour chef. C'est incontestablement de même qu'à Rome, où chaque curie était présidée par des chefs patriciens. Évidemment, ces Lucumons sont représentés par les curions des curies romaines, qui, originairement, n'étaient point seulement prêtres de leur curie, mais magistrats dans la paix et capitaines à la guerre; car de même que les *Tribuni Celerum* commandaient, comme centurions, les centuries des cavaliers, de même chaque curion était un centurion pour les fantassins dont le nombre se rapportait à celui des curies, comme le nombre des *Celeres* à celui des tribus (5).

Nous arrivons ainsi à considérer l'ancienne division du peuple romain en tribus, centuries et curies,

(1) Niebuhr, I, pag. 346, regarde comme hors de doute que les clients étaient ainsi répartis dans les tribus.

(2) Pline, XXXIII. 9. Denys, II. 13.

(3) Ce que dit Plutarque, *Rom.* 10, que *Célère* aurait été un nom propre Étrusque, ne mérite pas qu'on s'y arrête. Voy. plutôt Koen, sur Gregoire de Corint. pag. 306.

(4) *Ad Æn.* X. 202.

(5) Paternus, *Tacticor.* 1. Lydus, *de Mag.* I. 9.

comme base d'une aristocratie de l'espèce de celle de l'Étrurie. Mais on peut douter si ce fut bien là, ainsi que semble l'indiquer la tradition de Romulus, la première organisation de la nouvelle cité latino-sabine. On ne peut nier, à la vérité, que l'ancienne Rome ne fut établie sur le mont Palatin, dans une forme étrusque ; qu'elle n'eut un *pomœrium* étrusque ; en un mot, que Rome, dès son origine, se trouva sous l'influence des mœurs et des usages étrusques. Cependant la division des familles à la manière des Étrusques, et les dénominations étrusques données à chaque tribu, semblent supposer plutôt une domination effective, qu'une simple influence. Ajoutez à cela que la tradition romaine de l'institution de ces trois tribus par Romulus, repose sur l'étymologie tirée de *Romulus*, *Tatius* et *Lucumo*; or cette étymologie est fausse, comme le prouve Volnius : rien ne nous empêche donc de rejeter cette tradition toute entière, et de placer, d'après une entière vraisemblance, l'origine des tribus étrusques à un temps où Rome même était étrusque. La tradition que Tarquin aurait voulu créer de nouvelles centuries avec des noms particuliers, mais qu'il en aurait été empêché par Attus Navius, de sorte qu'il n'aurait fait que doubler la force des anciennes, en leur conservant leurs noms, ne doit pas pour cela être considérée comme fausse ; seulement il faut la rapporter à la modification d'une constitution d'origine étrusque, mais non d'une constitution qui aurait existé à Rome, avant les Étrusques. La force des centuries de chevaliers fut donc augmentée, de sorte que chaque tribu mit en campagne un plus grand nombre de cavaliers ; et, sans doute aussi, la force de l'infanterie fut augmentée dans la même proportion. Au reste, l'organisation intérieure demeura toujours intacte et la même, et les familles qui avaient été introduites à Rome par les Tarquins, furent toujours incorporées dans trois tribus et trente curies.

§ 12.

La constitution de Servius Tullius, comparée à celle en vigueur sous Tarquin, doit être considérée non comme un développement de celle qui existait déjà, mais comme une création nouvelle. En effet, tandis que dans la constitution régnante sous Tarquin, la partie du peuple qui portait le nom de chevaliers, paraît seule agir et commander, et qu'elle administre dans le sénat et dans les assemblées des curies, comme magistrats, prêtres, ou patrons, toutes les affaires publiques : dans celle de Servius, au contraire, tout citoyen qui peut porter les armes contre l'ennemi, est appelé à la participation de la puissance publique, dans la proportion des facultés qu'il a pour fournir à son équipement de guerre. Cette constitution détruit d'un seul trait tout l'organisme de la vie publique, tel qu'il existait depuis des temps inconnus, par l'ancien mélange des peuples et des sociétés fondées sur la communauté des sacrifices ; à la place d'un état municipal reposant entièrement sur la foi et l'opinion, sur le respect et l'autorité, elle établit un principe purement dynamique, d'après lequel chacun vaut d'après ce qu'il peut. Cette constitution se distingue pourtant de celle des timocraties grecques, en ce que l'unité du peuple et de l'armée, s'y fait mieux remarquer. Jamais, autant que nous le savons, les classes n'ont été distinguées, pour le vote lui-même, en centuries de l'armée active et du corps de réserve (*Juniorum et Seniorum*). Jamais les Grecs n'ont eu pour représentation de la puissance du peuple, un corps aussi militairement organisé, que l'est à Rome l'*exercitus urbanus* convoqué par des signaux guerriers, dans le champ de Mars, hors du paisible *pomærium*. Nulle part aussi l'honneur militaire ne consista aussi puissamment qu'à Rome, à conserver le rang qu'on avait obtenu d'après sa fortune.

Maintenant, on conçoit que Servius ne put seul opérer tous ces changemens, créer cet *exercitus* et ensuite lui attribuer la souveraine puissance. Une telle création ne peut en effet être l'ouvrage d'un seul homme et même d'une seule vie d'homme; ce serait une chose inouïe dans l'antiquité. Servius trouva donc cet *exercitus* existant, mais mécontent; ses prétentions partaient du sentiment de ses forces; Servius réussit à les satisfaire.

Cette armée ne peut être autre que celle avec laquelle, selon que l'indiquent les traditions, il vint à Rome où elle se réunit aux Sabins et aux Latins fixés dans la ville. Les guerres civiles de l'Étrurie, le renversement de la puissance des Tarquins, dont il a été parlé ci-dessus, avaient mis en lumière ce que valait l'homme bien armé, qu'il pût ou non avoir les auspices; la séparation exacte de la noblesse sacerdotale et du peuple, n'avait pu se maintenir que dans des temps tranquilles; mais une égalisation était devenue nécessaire. Cette disposition politique dut se manifester d'abord en Étrurie : l'étrusque Servius Mastarna en est le représentant dans l'histoire romaine (1).

Mais Servius se contenta d'élever cette nouvelle constitution à côté de l'ancienne; de créer et non de détruire. La fixation des droits de chacun des deux corps de l'État et de leurs rapports entr'eux, dépendit principalement de la direction souveraine du prince. Lorsque la domination aristocratique des Tarquins reprit le dessus, l'ancienne constitution étrusque reprit aussi faveur, et celle des centuries fut délaissée. Les impôts ne furent plus levés selon le cens, mais selon l'arbitraire du prince (2); l'égalité civile introduite par Servius fut partout abolie (3);

(1) Cette révolution influa sur le droit civil; Servius, d'après Denys, IV, 13, introduisit les lois sur les obligations συναλλακτικοὺς νόμους, c'est-à-dire, qu'il régla toutes les affaires qui se traitaient *per æs et libram*. Auparavant ces actes civils se faisaient avec des solennités religieuses; Servius remplaça donc les formes religieuses par des formalités où l'argent jouait le plus grand rôle.

(2) Niebuhr, 1, pag. 492.

(3) Niebuhr, 1, pag. 443.

la domination des patriciens reprit toute sa force. Les *Celeres* ou chevaliers eurent évidemment alors le pouvoir politique dans une union étroite avec le roi ; le *tribunus celerum*, chef de la première tribu, était le premier magistrat après le roi.

De quelque manière que soit arrivé le renversement de la domination des Tarquins; (l'histoire romaine ne nous donne à ce sujet que des fables), que ce soit par une force étrangère ou romaine, il est sûr que son résultat ne fut point le rétablissement de la constitution de Servius. Cette révolution du moins n'eut pas une grande influence sur la vie politique des citoyens. Les principes des patriciens d'après lesquels eux seuls avaient ce qu'ils nommaient *gentem*, et, par conséquent, plein de droit de vote dans les curies, se lient évidemment aux Tarquins. Le dictateur tenait sa puissance, non point de l'armée des centuries, mais des curies; et la *plebs romana* n'obtint que par de longs combats, les droits que le développement naturel de la constitution de Servius eut amenés pour elle sans une contre révolution des patriciens. Si les comices des centuries eussent été dans ce temps ce qu'ils devaient être, il n'eut pas été besoin de l'aide des tribus de la campagne, pour faire obtenir au peuple des droits longtemps refusés; car, d'après l'organisation originaire, les comices de tribus ne pouvaient guère être autre chose que des réunions ou chaque district de la campagne concourait au réglement des affaires communes, telles qu'en avait à Athènes, chaque *demos* et chaque *phyle* de la campagne, et non des assemblées générales ayant une influence considérable et marquée sur le gouvernement.

N° 2.

Édit de Dioclétien sur le Maximum des Prix.

[Comme le texte complet de cet édit n'a point encore été imprimé en France, nous le donnons ici en entier, d'après l'édition de Hauboïd (*Antiquitatis Romanæ Monumenta Legalia. Appendix*. Berlin. 1830. in-8°). Après avoir de nouveau collationné le préambule avec l'archétype d'Aix.]

[Imperator Caesar Cajus Aurelius Ualerius Diocletianus Pius Felix Invictus Augustus Po] ntifex Maximus Germanicus Maximus VI. Sarmaticus Maximus IIII. Persicus Maximus II. Brittannicus Maximus Carpicus Maximus Armenicus Maximus Medicus Maximus Adiabenicus Maximus Tribunicia potestate XVIII. Consul VII. Imperator XVIII. Pater Patriae Proconsul. Et Imperator Caesar Marcus Aurelius Ualerius Maximianus Pius Felix Invictus Augustus Pontifex Maximus Germanicus Maximus V. Sarm[aticus Maximus III. Persicus Maximus Brittannicus Maximus Carpicus Maximus Armenicus Maximus Medicus Maximus Adiabenicus Maximus Tri]bunicia Potestate XVII. Consul VI. Imperator XVII. Pater Patriae Proconsul. Et Flavius Ualerius Constantius Germanicus Maximus II. Sarmaticus Maximus II. Persicus Maximus II. Brittannicus Maximus

Carpicus Maximus Armenicus Maximus Medicus Maximus Adiabenicus Maximus Tribunicia potestate VIIII. Consul III., Nobilissimus Caesar. Et Galerius Ualerius Maximianus Germanicus Maximus II. Sarm-[aticus Maximus II. Persicus Maximus II. Brittanicus Maximus Carpicus Maximus Armenicus Maximus Medicus Maximus Adia]benicus Maximus Tribunicia potestate VIIII. Consul III. Nobilissimus Caesar. Dicunt :

Fortunam reipublicae nostrae cui juxta immortales deo bellorum memori quae [1]) feliciter gessimus gratulari licet e tranquillo [2]) orbis statu . . tin . . mio [3]) altissimo quietis locato etiam pacis bonis [4]) . . *pro*bter quam sudore larco lavoratum est disponi fideliter adque ornari decenter honestum publicum et romana dignitas majestasque desiderant ut nos qui benigno favore numinum aestuantes de praeterito rapinas gentium barbararum ipsarum nationum clade conpressimus in eternum fundatam qui (*intus lacerant eam contra illos?*) saeviamus etenim si ea quibus nullo sibi fine proposito ardet auaritia desaeuiens quae sine respectu generis humani non annis modo uel mensibus aut diebus sed paene horis ipsisque momentis ad incrementa sui et augmenta festinat aliqua continentiae ratio frenaret uel si fortunae communis aequo animo perpeti possent hanc

Variantes.

1) . . . . . oria quae. *Sherard*, *Bankes* 2) licet ranquillo Leake 3) ut in eximio ? 4) pacis e bonis. S.

debachandi licentiam qua pessime *INDI* ejusmodi †) sorte lacerantur dissimulamdi forsitan adque reticendi *RELICIOSI.*[4]) deos videretur cum detestandam inmanitatem condicionemque miserandam communis animorum patientia temperaret. Sed qui . . .[5]) est cupido furoris indomiti nullum communis necessitudinis habere dilectum et gliscentis abaritiae ac rapi(n) is aestuantis ardorib(u)s vel ut quaedam religio apud inpro (*bos homines illos æs*) stimatur in lacerandis fortunis omnium necessitate potius quam uolontate destitui adque ultra conjicere non possunt quos ad sensum miserrime condicionis aegestatis extrema traxerunt, conuenit prospicientibus nobis qui parentes summus [6]) generis humani aruitrantibus [7]) int (*exponere auctoritatem*) ut quo(d) speratum (d)iu humanitas ipsa praestare non potuit ad [8]) commune omnium temperamentum remediis provisionis [9]) nostrae comferatur. Et hujus quidem causae quantum communis omnium conscientia recognoscit . . . [10]) ipsarum rerum fides clamat paene *SERAPROSPECTIOEST.* [11]) dum hac spe consilia molimur aut [12]) remediis *UENTACOHIBEMUS* [13])

Variantes.

†) indios in ejusmodi ? in ejusmodi ?

4) relictus locus v.. *Aix.* 5) Sed quia *vera* est A. *una* S. B. 6) sumus S. B. 7) *ARVITRAMREBUS.* A. B. 8) at S. B. 9) remedii B. provisiones S. B. 10) et B. 11) panes *ERAPRO* . . S. B. 12) ut S. B. 13) *UENTACOMIUBEMUT.* S.

ut quod expectandum fuit per jura natur(ae) in gravissimis deiprachensa [14]) delictis ipsa se emendaret humanitas longe melius existimantes non ferende direptionis [15]) notas a communibus judiciis ipsorum sensu adque aruitrio summoueri quos cottidie in pejora praecipites et in publicum nefas quadam [16]) animorum caecitate ve(*nir*)ent inimicos singulis [17]) et universis reos atrocissimae inhumanitatis [18]) grauis noxa dediderat. Ad remedia igitur jamdiu rerum [19])necessitate desiderata prorumpimus et securi quidem querellarum ne ut intempestiuo aut superfluo medellae nostrae interuentus uel apud inprobos leuior aut vilior estimaretur qui tot annorum reticentiam nostram pracepti *UTEMMODAE*stiae sentientes sequi tamen noluerunt. Quis enim adeo obtunisi pectore [20]) sit a sensu humanitatis extorris est qui ignorare possit inmo non senserit in uenalibus rebus quae uel in mercimoniis aguntur vel diurnâ urvium conversatione tractantur in tantum se licentiam difusisse pretiorum ut effrenata libido rapien(*di nec re*)rum copia nec annorum ubertatibus mitigaretur ut plane ejusmodi homines quos haec officia exsercitos habent dubium non sit senper pendere animis etiam desiderum motibus auras ipsas tempestatesque captare neque

Variantes.

14) deprehensa S. B. 15) ferende direptioni A. B. 16) in publico . . . quadam B. 17) inimicos in singulis S. 18) atrocissima inhuma S. B. 19) verum A. 20) pectoris S. B

iniquitate suâ perpeti posse ac [21]) spem frugum futurarum inundari supe [22]) *(rante ubere ag)*ros arua felicia ut qui [23]) detrimentum sui existiment caeli ipsius temperamentis abundantiam rebus prouenire [24]) et quibus senper studium est in questum trahere etiam beneficia diuina ac publicæ felicitatis afluentiam [25]) stringere rursusque annis sterilibus *(enormibus pretiis)* actibus atque institorum [26]) officiis nundinari qui singuli maximis divitiis diffluentes quae etiam populos [27]) ad satiam explere potuissent consectentur peculia et laceratrices centesimas persequantur eorum auaritiae modum statui provinciales nostri communis humanitatis patientia persuadet *TEDIVM* etiam ipsas causas quarum necessitas tandem pro *(veniens?)* diu prolatam patientiam compulit explicare debemus ut quamuis difficiale sit toto orbe auaritiam saeuientem speciali argumento uel facto potius reuelari tutior [28]) tamen intellegatur remediis [29]) constitutio cum intemperantissimi homines mentium suarum indomi *(tatem omnium indig)* natione quadam et notis cogentur agnoscere [30]). Quis ergo nesciat utilitatibus publicis insidiatricem audaciam quacumque exercitos nostros dirigi communis omnium salus postulat non per uicos modo

Variantes.

21) ad S. 22) subo. . . . . . S. 23) *QUITDET* S. B. 24) provenise S. B. 25) affluentiam A. 26) insitorum S. 27) *POPULIAC* S. *POPULAC* B. 28) Justior A. 29) remedii S. B. 30) agnosceret. Haub.

aut oppida sed in omni itinere animo *SECTIONIS* occurrere [31]) pretia venalium rerum non quadruplo aut (*octuplo sed extra metas per*) venere ut *cogitationis* et facti explicare humanae linguae ratio non possit idem que interdum distractione unius rei donativo militem stipendioque privari et omnem totius orbis ad sustinendos exercitus conlatio(*nem del*) estandis quaestibus [32]) diripientium cedere vi(*dimus*)* . . . . ivitiae suae et emeritos labores militis [33]) nostri sectoribus omnium conferre videantur quo depraedato . . . . ipsius reipublicae tantum *INDIETRAPIANT* quantum [34]) habere sensuant his omnibus quae supra compr(e)hensa sunt juste ac merito . . . e . moti ut cum jam ipsa humanitas deprecari videretur non pretia venalium rerum neque enim fieri id justum putatur con(p)lurima interdum . . provinciae felicitate optatae vilitatis et velut quondam affluentiae privilegio glorientur [35]) sed modum statuendum *item* censuimus [36]) ut cum vis aliqua caritatis emergeret quod dii omen averterent avaritia quae velut campis quadam *ENTITATE* diffusis tenere non po-

Variantes.

31) . . . . . . nes occurrere S. B. 32) conatio . . . . . . estantis H. et Leake 33) milites S. 34) tantum indie trahant quantum S. 35) glorificentur S. 36) *TETENTUIMUT* S. TE consuimus. H. L.

* Ici finit le fragment d'Aix. Le reste du décret est conforme à la copie prise par M. Bankes sur le monument de Stratonicée ou Eskihissar. Les variantes sont tirées de la copie de M. Sherard.

terant statuti nostri finibus et moderaturae legis terminis stringiretur. Placet igitur *A* pretia quae subbliti breviis [37]) scriptura designat ita totius orbis nostri obs(e)rvantia contineri ut omnes intell(i)gant [38]) egrediendi *EACIEM* licentiam sibi esse praecisam non inpedit *AUITIQUE* in his locis ubi copia perspicietur afluere vilitatis beatitudo *NEQUI* maxime providetur dum[39]) praefinit avaritia conpescitor . . . Inter v(e)nditores autem emptoresque quibus consuetudo est adire portus et peregrinas obire provincias haec communis actus debebit esse... moderatio ut cum et ipsi sciant in caritatis necessitate statuta rebus pretia non posse transcendi distractionis tempore ea locorum adque discursum totisque [40]) negotii ratio subputetur qua juste placuisse perspicitur nusquam carius vendituros esse qui transferunt quia igitur et apud majores nostros hane ferendarum legum constat fuisse rationem ut (p)raescripto [41]) metu conpesceritur audacia quod rarum admodum est humanam condicionem sponte beneficam deprehendi et senper [42]) praecepter metus justissimus officioorum invenitur esse moderat(o)r placet ut si quis contra formam statuti hujus conixus fuerit audentia capitali periculo subigetur nec quisquam duritiam statui. utet [43]) cum inpromptu

Variantes.

37) subliti brevis S. 38) intelligant S. 39) cum S. 40) totiusque S. 41) ut praescripto S. 42) semper S. 43) statu mutet S. *putet?*

adsit perfugium declinandi periculi modestiae observantia idem autem periculo etiam ille subdetur qui conparandi cupiditate avaritia [44]) distrahentis contra statuta consenserit ab (e)jusmodi quoque noxa, inmunis [45]) nec ille praestabitur qui habens species victui adque usui necessarias post hoc *TTULTEM.* [46]) *PERAMENTUM* exist(i)maverit subtrahendas cum poena vel graviore se debeat [47]) inferentis paenuriam quam contra [48]) statuta quatientis cohortamur ergo omnium devotionem ut res constituta ex commodo publico benignis obsequis et debità religione *ATUR* . . . . . *IMECUMERITMODI* statuto non civitatibus singulis ac populis adque provinciis sed universo orbi provisum esse videatur in cujus pe [49]) . . . . *EM* pauci admodum desaevisse noscantur quorum avaritiam nec prolexitas temporum nec divitiae quibus studuis(s)e cernuntur [50]) . . . . cari aut satiare potuerunt.

. . . . *ITIT'* [51]) ital *f* unum * viginti [52])
Conditi ital *f* unum * viginti quatuor

Variantes.

44) avaritiae S. 45) noxae immunis S. 46) hoc. TUITEM S. 47) graviore T debeat S. 48) penuriam contra S. 49) rei . . . . S. 50) studuisse cernuntur S. 51) Myrtitis ? De Myrtite, Condito, Absinthio, Rhosato, v. Columell. 12. 38. — Pallad. Jan. c. 17. Feb. 27, 31. — Apic. I. 1. 52) i. e. Italicum sextarium unum, denarii viginti. De sextario Italico. v. Cornar. ap. Galen. de Comp. Med. p. 438. Haubold

(A)psinthi	ital *f*	unum	* viginti
(R)hosati	ital *f*	unum	* viginti
Item olei			
Olei floris	ital *f*	unum	* quadraginta
Olei sequentis	ital *f*	unum	* viginti quattro
Olei cibari	ital *f*	unum	* duodecim
Olei r(a)phanini	ital *f*	unum	* octo
Aceti	ital *f*	unum	* sex
Liquaminis primi	ital *f*	unum	* se . . . . . .
Liquaminis secundi	ital *f*	unum	* d . . .
Sali(s)	FM̊ *)	unum	* centum
Salis conditi	italicum *f*	unum	* oc . . . . . .
Mellis optimi	ital *f*	unum	* qu . . . . . .
Mellis secundi	ital *f*	unum	* viginti
Mellis foenicini	ital *f*	unum	* octo
Item carnis			
Carnis porcinae	ital po	unum [53])	*duodecim
Carnis (b)ubulae	ital po	unum	* octo
Carnis caprinae sive vervecinaeital	po	unum	* o(c)to
Vulvae	ital po	unum	* viginti quattuor
Suminis	ital po	unum	* viginti
Ficati optimi	ital po	unum	* sedecim
Laridi optimi	ital po	unum	* sedecim
Pernae optimae petasonis sive Menapicae vel Cerri-[tanae	ital po	unum	* viginti . . . .
Marsicae	ital po	unum	* viginti

* Seml. Modius ?

53) i. e. Italicum pondo unum.

A(d)ipis recentis ital po unum * duodecim
Axungiae ital po unum * duodecim
Ungellae quattuor et Aqualiculum pretio quo caro distrahitur
Isicium porcinum unciae unius * duobus
Isicia bubu(la) ital po unum * decem
Lucanicarum ital po unum * sedecim
Sucanicarum bubularum
ital po un(um) * decem
Fasianus pastus * ducentis quinquaginta
Fasianus agrestis * centum viginti quinque
Fasiana pasta * ducentis
Fasiana non pasta * centum
Anser pastus * ducentis
Anser non pastus * centum
Pullo . . . . * sexaginta
Perdix . . . . * triginta
Turtur . . . . * sedecim
Turtur . . . . us * duodecim
Turdor . . . . * sexaginta
Palumbo . . . . * viginti
Colunb . . . . * viginti quattuor
Attage . . . . * viginti
Ana . . . . * (q)uadraginta
Lepu . . . . * centum quinquaginta
Cunic . . . . * quadraginta
. . pe . . . . * quadraginta
. . . . * viginti
. . . . * quadraginta

. . . . * sedecim
. . . . * quadraginta
. . . . usma . . . . * trecentis
Femina * ducentis
Coturnices n. . . . . * viginti
Sturni n decem * viginti
Aprunae ital : po . * sedecim
Cervinae ital po l * duodecim
Dorcis sive caprae vel
damnae ital po l * duodecim
Porcelli lactantis[54]) in po l * sedecim
Agnus in po l * duodecim
Haedus in po l * duodecim
Sevi ital po l * sex
Buturi ital po l * sedecim
Item pisces
Piscis aspratilis marini ital po l * viginti quattuor
Piscis secundi ital po l * sedecim
Piscis fluvialis optimi po l * duodecim
Piscis secundi fluvialis ital po l * octo
Piscis alsi ital po l * sex
Ostreae n centum * centum
Echini n centum * quinquaginta
Echini recentis purgati ital *f* unum * quinquaginta
Echini salsi ital *f* unum * centum
Sphonduli marini n centum * quinquaginta

Variantes.

54) Sic Leake. Bankes scrips. *lanctantis*.

Casei sicci	ital po l	* duodecim
Sardae sive Sardinae	ital po l	* duodecim
(It)em Cardus majores	n quinque	* decem
Seq(uentes)	n decem	. . . .
Intiba optima	n decem	. . . .
Sequentia	n decem	
Malvae maximae	n qua	
Malvae sequentes	n dec	
Lattugae optimae	n quin(que	(qua)ttuor
Sequentes	n decem	* quat(tuor)
Coliculi optimi	n quinque	* (qua)ttuor
Sequentes	n decem	* quattu(or)
Cumae optimae facem	l	* qu(attu)or
Porri maximi	n decem	* qu(attu)or
Sequentes	n viginti	* (quattu)or
(B)etae maximae	n quinque	* (quattu)or
Sequentes	n decem	* (quattu)or
Radices maximae	. . . .	* (qua)ttuor
Sequentes	n vig(inti)	. . . .
Rapae maximae	n decem	. . . .
Sequentes	n vi(ginti)	* q(uattuor)
Ceparum siccarum p		* q(uattuor)
Cepae virides prim . .	n viginti q(uinque)	* quattuor
Sequentes	n quinquaginta	* quattuor
Al(i)i	ital M *) unum	* sexaginta
Sisin(b)riorum fasc . . .	in n viginti	* (d)ecem
Capparis	ital M	* centum
Cucur(b)itae primae	n decem	quattuor

*) Modium

Sequentes n quattuor
Cucembres primi n decem quattuor
Sequentes n viginti * quattuor
Melopepones majores n duo * quattuor
Sequentes n quattuor * quattuor
Pepones n quattuor * quattuor
Fasiolorum fascis habens n XXV * quattuor
Asparagi Hortulani fascis ha(ben)s n XXV * sex
Asparagi Agrestes n quinquaginta * quattuor
Rusci fasc(i)s habe(ns) n sexaginta * quattuor
Ciceris viridis fa(sc)iculi n quattuor * quattuor
Fabae viridis purgatae ital *f* unum * quattuor
Fasioli viridis purgati ital *f* unum * quattuor
Germina palmae (si)ve elatae n quattor * quattuor
Bulbi Afri sive Fa(briles) n viginti * duodecim
Bulbi minores n quadraginta * duodecim
Ova n quattuor * quattuor
Pastinacae maximae fascis habens n viginti quinque
* sex
Sseque(ntes) . . . . * sex
C(o)chliae . . . . n viginti * quattuor
Sequen(tes) . . . . n° quadraginta * quattuor
Condimen . . . . . . *RAEMIT* quorum *FACIET*
n octo * quattuor
Castana . . . . n centum * quattuor
Nuces optimae virides n quinquaginta * quattuor
Nuces siccae n centum * quattuor
Amygdalarum purgatarum ital *f* unum : * sex
Nucium Avellanarum purgatarum ital *f* unum
* quattuor

Nuclei pinc(i) purgati ital *f* unum * duodecim
Psittacior(um) ital *f* unum * sedecim
Zizutoru(m) . . . . . . ita . . unum * quattuor
Cerasio(rum) . . . . * quattuor
Preco(qua) . . . . quattuor
Duraci(na) . . . . . a ma(xima) . . . .
Sequentia . . . .
Persica max(ima) . . . .
Sequentia . . . .
Pira maxima . . . . cem . . . .
Sequentia . . . . gint . . . .
Mala optima Mattianana.. siv(e) Saligniana * quattuor
Sequentia...... n viginti * quattuor
Mala minora n quadrag(inta) * quattuor
Rhosae n centum * octo
Pruna Cerea maxima n triginta * quattuor
Sequentia n. quadraginta * quattuor
Mala granata maxima n decem * octo
Sequentia n viginti * octo
Mala *QUDENANEA* n decem * quattuor
Sequentia n viginti * quattuor
Citrium maximum * viginti quattuor
Sequens * sedecim
Mora fisc(e)lla capi(e)ns *f* unum * quattuor
Ficus optimae n viginti quinque * quattuor
Sequentes n quadraginta * quattuor
Uvae duracinae seu Bumas(t)ae po . . . * quattuor
Dactulos Nicolaos optimos octo * quattuor

Sequentes n sedecim * quattuor
Palmulas n viginti quinque * quattuor
Ficus Caricas n viginti quinque * quattuor
Caricae pressae . . . . num * quattuor
Damascena mon(t)a(n)a sicca octo * quattuor
Sequen(tia) . . . . quattuor
Ficus d . . . . quattuor
Olivae t . . . . * quattuor
Olivae co [55]) . . . . * quattuor
Olivae nigrae . . . . * quattuor
U(v)ae Passae Fa(b)ril(es) t . . . . . * octo
Uvae (P)assae maxim(ae) . . . . * quattuor
TERRIUERUM . . . . um * sedecim
Lactis o(vi)lli . . . . um * octo
Casei recentis . . . . num * octo
De mercedibus oper(arum) . . . . .
Operario rustico . . . . . (diur)ni * viginti quinque
Lapidario stru(ctori) . . . . * quinquaginta
Fabro intesti(no) . . . . * quinquaginta
Calcis cocto(ri) . . . . * quinquag(inta)
Marmorario . . . . * sexag(inta)
Musaerario . . . . * sexa(ginta)
. . . . ario ut su . . . . * qu(inquaginta)
. . . . ri [56]) parietario uti supra diurni * septuaginta
. . . . ori [56]) imaginario ut supra diurni * centum quin(quaginta)
Carpentario ut supra diurni * quinqu(aginta)
Fabro ferrario ut supra diurni * quinqua(ginta)

55) Conditae ? 56) Pictori ?

Pistori ut supra diurni * quinquaginta
Naupego in navi maritima diurni * sexaginta
In navi amnica ut supra diurni * quinquaginta
Lateris crudi ad laterculos diurnam mercedem * duos; in lateribus quattuor pedum, vinum ita ut ipse sibi in pensam praeparet, pasto.
Item lateris ex luto diurnam mercedem in lateribus n octo, ita u(t vinum) ipse sibi in pensam praeparet, pasto. * duos
Camelario sive asinario et burdonario pasto diurni * viginti
Pastori pasto diurnos * viginti
Mulioni pasto diurnos * viginti quinque
Mulomedico tonsuraæ et aptaturae pedum in capite uno * sex
DEPLECORAE[57]) et purgat(u)rae capitis per singula capita * viginti
Tonsori per homines singulos * duos
Tonsori pec(o)rum in uno capit(e) pasto * duos
De aeramento
Aerarario in orichalco mercedis in p°.l * octo
In cupri in p°.l * sex
In vasculis diversi generis in p°.l * sex
In sigillis vel statuis * quattuor
In d(u)ctilis aeramenti * sex

57) Deplexurae-Deplicaturae? De Plicaturâ et Purgaturâ vide Carpentier *Glossar.*

(Pl)astac imaginario diurnae mercedis pasto * septuagint(a)

Reliquis plastis gypsariis p(as)tis diurnos * quinguaginta

Aquario omni die operanti pasto diurnos * viginti quinque

Cloacario omni die operanti pasto diurnos * viginti quinque

Samiatori in spatha ex usu * viginti quinque

In casside ex usu * viginti quinque

In sc(c)uri * sex

In bipenni * octo

Vaginae spathae * cen(tum)

MEM. ANA. OIIA...... IN. IONEPEIALI.

Pergamen..........

Scriptori in scriptura optima versuum n centum.....

.... scripturae versuum n° centum.........

Tabellanioni in scriptura libelli vel tabulae (ver)sibus n° centum

Bracario pro excisura et (o)rnatura

Pro birro qualitatis primae * . . . . . .

Pro birro qualitatis secundae * quadra(ginta)

Pro caracalli majori * vigint(i) . . . .

Pro caracalli minori * viginti

Pro bracibus * viginti

Pro udonibus * quattuor

Sarcinatori in veste soubtili replicat(u)rae * sex

Eidem aperturae cum subsutura olosericae * quinquaginta

Eidem aperturae cum subsutura su(b)sericae * triginta
(Sub)suturae in veste grossiori * quattuor
(Ce)ntunclum equestre *QUODCTILE* [58]) album nigrum librarum trium * centum
(C)entunclu(m) *PO . . T . . I* ornatum *AUAOU* ponderis *TT* [59])
* *CC* quinq(uaginta)
. . . . *ATORI* [60])
(In tuni)câ muliebri vulgari rudi * sedecim
(Ab usu) * decem
. . . . *ITRICTORIBI* [61]) (s)ive telâ * decem
(A)bu(su) * sex
NIN . AI . OT . rude * sex
Ab usu * d(u)os
Sagum sive *RALANAM* [62]) rudem * sedecim
Ab usu * sex
In tapete rudi * viginti quattuor
Ab usu * decem
GEROMATRITA in singulis discipulis menstruos * qinquaginta

Variantes.

58) *QUOACTILE* S. Coactile. Atque omnes fere milites aut ex subcoactis aut ex centonibus aut ex coriis tunicas et tegmenta fecerant quibus tela vitarent. Caes. de B. C., l. 3. c. 44. Coactilis, ex lanis coactus sive compactus. Gr. πιλωτός. 59) Ornatum auro ponderis suprascripti ? 60) Mercatori ? 61) In strictoriâ ? Tunica quae, ad corpus stringeretur. 62) Ralliar [illegible] (tunicam) ?. Tunicam rallam, tunicam spissam, Linteum caesitium, Plaut. Epid.-Ralla, genus vestis a raritate dictum. Nonius.

Paedagogo in singulis pueris menstruos * quinquaginta

Magistro instituto litterarum in singulis pueris menstruos * L.

Calculatori in singulis pueri menstruos * septuaginta quinque [63])

Notario in singulis pueris menstruos * septuaginta quinque

Librario sive antiquario in singulis discipulis menstruos * quinquaginta

Grammatico Graeco sive Latino et Geometrae in singulis discipulis menstruos * ducentos

Oratori sive s(o)fistae in singulis discipulis menstruos * ducentos

Avvocato sive jurisperito mercedis in postulatione * ducentos quinquaginta

In cognitione * mille

Architecto magistro per singulos pueros menstruos * centum

Capsario in singulis lavantibus * duos

Balneatori privatorio in singulis lavantibus * duos

De pellibus Babylonicis seu Trallianis sive Foeniceis

Pellis Babylonica primae formae * quingentis

Formae secundae * quadraginta

Pellis Tralliana * ducentis

Pellis Foenic(ea) * centum

Pellis *UACCITENA* * trecentis

De curiis bubulis

Variantes.

63) Septuaginta quinquaginta. B.

Curium bubulum infectum formae primae * quingentis
Idem confectum ad sole(a)nda calceamenta * septigentis quinquaginta
Ad loramenta * se(c)entis
Curium secundae formae infectum * trecentis
. . . . a infec . . . .
. . . .
. . . . a maxima infecta * . . . .
. . . . fecta . . . . * . . . . . .
. . . caris prima . . . * cen(tum
. . . factum * ducen . . .
. . . . dina infecta * decem
. . . ta * sedecim
. . . . e infecta * quadraginta
. . . . * sexaginta
. . . . * decem
. . . . * quindecim
. . . .
. . . .
. . . . . . ae formae infecta * septuaginta V
. . . . centum
. . . .
Pell . . . . uinque
Eadem . . . . inta
Pelli . . . .
Eadem con . . . .
Pellis castorina . . . . * cent(um)
Eadem confecta . . . .
Pellis ursina ma . . . . uaginta
Eadem confecta . . . . inta

Pellis lu(p)i cervarii . . . .
Eadem confecta . . . .
Pellis vituli marini . . . . . * ducentis quinquaginta
Eadem confecta * mille quingentis
Pellis leopardina infecta * mille
Eadem confecta * mille ducentis quinquaginta
Pellis leonina confecta * mille
De tegestribus [64])
Tegestre de caprinis *RELLIT* no. octo * sescentis
PULICARE tene(rr)imum et maximum * sescentis
De formis cali(g)aribus
Formae cali(g)ares maximae * centum
Formae secundae mensurae * octaginta
Formae mulie(b)r(e)s * sexaginta
Formae infantiles * triginta
De caligis
Caligae primae formae mu(li)onicae sive rusticae par sine clavis * CXX
Caligae militares sine clavo * centum
Cal(cei) patricii * centum quinqueginta
Cali(g)ae senatorum * centum
Cali(g)ae equestres * septuaginta
Caligae muliebres par 1 * sexaginta
Ca(m)pagi militares * septuaginta quinque
De (Mul)leis et (G)allicis
(Gall)icae viriles monosceles par * quinquaginta
(Gall)icae viriles rusticanae bisoles par * octaginta

64) Segestribus? — Pellibus? — Segestre, teges a segestibus facta; postea, ex pellibus.

Gal(licae) cursuriae par * sexaginta
. . . . rinae [65]) mulibres bisoles par * quinquaginta
. . . . ae [66]) muliebres monosoles par * triginta
(De Mull)cis Babylonicis et purpureis et foeniceis et albis
. . . . . Babylonicae par * centum viginti
. . . . . Purpurei sive Foenicei par * sexaginta
. . . .
(Soc)ci v(iriles) . . . .
(Soc)ci muli(e)bres . . . .
(In)auratae . . . .
Socci Babylonici puri . . . .
Taurinae inauratae . . . .
Taurinae lanatae . . . .
De loramentis
Avertae primae for(mae) . . . . . . * mille quin . . . .
Scor(di)scum militare . . . . * quingent(is)
PARAMMAMULARETCU [66]) . . . * octingentis
Capistrum equestre . . . . * septuaginta
Frenum equestre e . . . . . usum * centum
Frenum mulare . . . . * centum viginti
Capistrum mu(lare) . . . . * octoginta
De zonis militar(ibus) . . . .
Zona Babylonica . . . . * centum
Item lata . . . . * ducentis
Subalare ba . . . . centum
Zona alba . . . . sexaginta
Item digi . . . . (quinq)uaginta

65) Taurinae ? 66) Paragauda mularis cum . . . . . . ?

De (utr)ibus
(Ut)rem primae formae . . . . centum viginti
(U)trem olearium prim . . . . . e * centum
(U)trem mercedem diur(nam) . . . * duos
De scortiis
Scortia in sextario uno * viginti
Thecam cannarum n quinque * quadraginta
Flagellum mulionicum cum virga * sedecim
Corigiam aurigalem * duobus
De setis caprinis sive camellinis
Pilorum infectorum P. I * sex
Pilineti ad (t)abernas vel sac(c)os P. I * decem
De sagmis
Sagma burdonis * trecentis quinquaginta
Sagma asini * ducentis quinquaginta
Sagma camelli * ducentis quinquaginta
De zabernis
Zabernarum sive saccorum par habens pondo trigin(ta) * quadragentis
Sacco *PATITNAI* latitudinis pedum trium ; longitudinis quantum fuerit, pro singulis libris * sedecim
De materiis
Materia *UIGENIA* [67]) (c)ubitorum n quingenta latitudinis in quadrum cubitorum quattuor * quinquaginta milibus
Cubitorum n quadraginta quinque latitudinis supra scripti * quadraginta milibus

67) Abiegna ?

Cubitorum n quadraginta latitudinis TT* triginta milibus

Cubitorum n triginta quinque latitudinis per quadrum digitorum octaginta * duodecim milibus

Cubitorum n viginti octo latitudinis in quadrum cubitorum quattuor * decem milibus

Cubitorum n triginti latitudinis in quadrum digitorum septuaginta duum * octo milibus

Cubitorum n viginti octo latitudinis in quadrum sexaginta quattuor * sex milibus

Cubitorum n viginti quinque latitudinis in quadrum digitorum sexaginta quattuor * quinque milibus

Eadem pretia etiam

NATECIAEPINAETUNPTAETTITUTA[68])

Materiae roboreae cubitorum quattuordecim in longum latitudinis in quadrum sexaginta octo * duodecim quinquaginta

Materiae fraxineae (c)ubitorum quattuordecim in longum lati(tudinis) in quadrum digitorum quadraginta octo * ducentis

. . . .

. . . .

lictum sit . . . .

. . . . cedere nemini

Frumenti K̄M̊ . . . .

Hordei K̄M̊ unum . . . .

Centenum sive sicale K̄M̊ unum * . . . . .

Mili pisti K̄M̊ unum * cent(um)

68) Materiae pineae sunt restituta ?

Mili integri	K̄M̊	* quinquaginta
Panicii	K̄M̊	* quinquaginta
Speltae mundae	K̄M̊	* centum
Scandulae sive speltae	K̄M̊	* triginta
Fabae fressae		* centum
Fabae non fress(ae)		* sexaginta
Lenticlae		* centum
Herbiliae		* octoginta
Pisae fractae		* centum
Pisae non fractae		* sexaginta
Ciceris		* centum
Hervi		* centum
Avenae		* triginta
F(o)enigraeci		* centum
Lupini crudi		* sexaginta
Lupini cocti		* quattuor
Fasioli sicci		* centum
(L)ini seminis		* centum quinquaginta
. . . . ae mundae		* ducentis
. . . . ae mundae		* centum
. . . . iae		* ducentis
(S)esami	K̄M̊ unum	* ducentis
F(o)eni seminis	K̄M̊ unum	* triginta
Maedicae seminis	K̄M̊ unum	* centum quinquaginta
Canabis seminis	K̄M̊ unum	* quinquaginta
Vi(c)iae siccae	K̄M̊ unum	* octoginta
Papaveris	K̄M̊ unum	* centum quinquaginta
Cymini mundi	K̄M̊ unum	* ducentis

Seminis raphanini K̄M̊ unum * centum quinquaginta

Sinapis K̄M̊ unum * centum quinquaginta

Sinapis confectae Itali(cum) *f* unum * octo

Item de vinis

Piceni Italicum *f* unum * triginta

Tiburtini Italicum *f* unum * triginta

Sabini Italicum *f* unum * triginta

Aminnei Italicum *f* unum * triginta

Sa(e)t(ini) Italicum *f* unum * triginta

Surrentini Italicum *f* unum * triginta

Falerini Italicum *f* unum * triginta

Iten vini veteris primi gustus Italicum *f* unum * viginti quattuor

Vini veteris sequentis gustus Italicum *f* unum * sedecim

Vini rustici Italicum *f* unum * octo

Cervesiae Cami Italicum *f* unum * quattuor

Zythi Italicum *f* unum * duobus

Item Caroeni Maconi Italicum *f* unum * triginta

CRH . . . . Attici [69]) Italicum *f* unum * viginti quattuor

Decocti Italicum *f* unum * sedecim

69) Crithini Attici? Κρίθινον, Athen. l. 1. c. ult. l. 10. c. 13 14. Κρίθινον Πῶμα. Plutarch. Sympos. qu. 2.

Cet édit de Dioclétien (1), récemment découvert, comprend, comme on voit, plus de quatre-vingts articles; j'en offre ici le résumé. Il est facile de distinguer cet édit de celui que le même prince publia selon Aurelius Victor, en 301 ou 302, et dans lequel étaient taxés les prix des céréales pour les provinces de l'Orient; le nôtre ne contient aucune disposition sur les blés. Il fixe, pour tous les objets de consommation qu'il indique, un *maximum* qui représente leur prix en temps de disette. La monnaie désignée par ce tarif, est le *denier* romain; la mesure pour les liquides, le *sextier;* pour le poids, la *livre* romaine. Avant le règne d'Auguste, le denier valait, à peu près, en notre monnaie, 17 sous, mais sa valeur baissa insensiblement, et sous Dioclétien, il ne valait plus que 9 sous. La livre romaine équivalait à 12 onces et le sextier égalait presque le demi-litre dont nous usons aujourd'hui.

Il est à regretter que le mémoire que lut à l'Institut M. Moreau de Jonnès sur les prix fixés par cet édit, n'ait pas eu une plus grande publicité. Pour déterminer le prix moyen que devaient avoir les vivres à cette époque, il prit la moitié du *maximum* que portait l'inscription, se fondant sur cette donnée générale, que la disette commence quand le prix des vivres s'élève au double de celui qu'ils ont dans les temps ordinaires. C'est ainsi que, lorsqu'en 1793, les prix furent doublés, la Convention, à l'exemple

(1) J'ai raconté sommairement l'histoire littéraire de cet Edit, dans mon *Hist. du droit romain*, pag. 22, not. 3.

de Dioclétien, voulut, en les fixant à ce taux, les empêcher de hausser davantage. Mais comme l'édit fixe non-seulement le prix des vivres, mais encore celui du travail des ouvriers, le rapport de l'un à l'autre est précieux à recueillir, n'importe que l'argent ait augmenté ou diminué de valeur, parce que le prix des salaires est la plus exacte et la plus certaine expression de la valeur intrinsèque des produits. Nous pourrons donc connaître celle-ci par sa corrélation avec l'autre. D'après ces calculs, le travail et les choses nécessaires à la vie eussent été, dans le temps auquel se rapporte l'édit de Dioclétien, dix à vingt fois plus chers qu'aujourd'hui, et si l'on compare la valeur des vivres avec celle du travail, la cherté des premiers paraît encore plus excessive. Quoique l'abondance des métaux précieux puisse être la cause de cette élévation des prix, sans doute aussi le défaut d'industrie et de productivité, a dû beaucoup y contribuer. Si ces calculs de la critique et leur comparaison avec les autres documents de ce genre, laissent encore beaucoup à désirer, ils placent du moins dans le jour le plus évident, cette vérité : que les deux tiers du peuple-roi vivaient de poisson, de fromage et de méchantes boissons, pendant qu'il fallait à Vitellius, plus de 100,000,000 par an, pour le service de sa table.

On remarquera que j'ai négligé de restituer les fragments trop mutilés de l'inscription; ce parti m'a paru sage et préférable à des conjectures trop hasardées, s'agissant surtout d'un tableau de statistique. Le tarif suivant est donc pris exclusivement dans la partie la plus intègre de l'inscription.

TARIF DE L'ÉDIT DE DIOCLÉTIEN.

DÉTAIL.	MAXIMUM en monnaie romaine.
Prix du travail.	*deniers.*
Le paysan, pour la journée	25
— pour le travail de la maison.	50
Le maçon.	50
Le faiseur de mortier.	50
L'ouvrier en marbre et en mosaïque. .	60
Le tailleur (pour un vêtement). . . .	50
— (seulement pour le coudre.)	6
Chaussure de patricien (*calcei*). . . .	150
— de paysan (*caligæ*).	120
— de soldat.	100
— de sénateur.	100
— de femme.	60
Sandales de soldat (*campagi*)	75
Le barbier, pour chaque homme. . .	2
Pour tondre les bêtes de somme et leur tailler les sabots.	6
— Pour les étriller et leur nétoyer la tête.	20
Pour un mois d'apprentissage en architecture.	100
L'avocat, pour une requête	250
— pour traiter une affaire *cognitio*	1000

DETAIL.	MAXIMUM en monnaie romaine.
Prix du vin.	*deniers.*
Vin de Tibur, de Sabinum, d'Aminée, de Sorrente, de Setinum, de Falerne, (*le sextier.*)	30
Autres vins vieux de 1re qualité	24
— de 2me qualité.	16
Vin commun.	8
Bière (commune).	4
Bière d'Égypte (Zythum).	2
Vin aromatisé d'Asie (*carœnium mœonium*).	30
Bière d'orge de l'Attique.	24
Décoction de différents fruits (*decoctum*).	16
Prix de la viande.	
Viande de bœuf, la liv. romaine. . . .	8
Mouton et chèvre.	8
Agneau ou chevreau.	12
Cochon.	12
Le meilleur lard.	16
Le meilleur jambon du pays des Marses.	20
Graisse de porc fraîche.	12
Ventre et tripes de cochon.	16
Un foie de cochon engraissé avec des figues (*ficatum*)	16
Pied de cochon, la pièce.	4

DÉTAIL.	MAXIMUM en monnaie romaine.
	deniers.
Saucisse de viande fraîche de cochon, (*isicium*) l'once	2
Saucisse de viande de cochon enfumée et aromatisée (*Lucanicæ*).	16
Saucisse de viande fraîche de bœuf (*isicia bubula*)	10
Id. de viande de bœuf, enfumée. .	10
Volaille et gibier.	
Un paon mâle engraissé.	250
— femelle id..	200
— sauvage mâle.	125
— femelle non engraissé.	100
Une oie grasse.	200
— non engraissée.	100
Une poule.	60
Un canard.	40
Une perdrix.	30
Un lièvre	150
Un lapin.	40
Poisson.	
Poisson de mer, 1re qualité.	24
— 2me qualité.	16

DÉTAIL.	MAXIMUM en monnaie romaine.
	deniers.
Poisson de rivière, 1re qualité.	12
— 2me id.	8
Poisson salé.	6
Un cent d'huitres.	100
Légumes.	
Laitues, les meilleures, les cinq. . . .	4
— 2me qualité, les dix.	4
Chou ordinaire, des meilleurs, chaque.	4
Chou-fleur des meilleurs, les cinq. . .	4
— 2me qualité, les dix. . .	4
Une botte de raves	4
Autres comestibles.	
Miel, le meilleur, le sextier.	40
— 2me qualité.	20
Huile, 1re id.	40
— 2me id.	24
Saumure, pour exciter l'appétit (*liquamen*).	6
Fromage sec, la livre romaine.	12

N° 3.

EXTRAIT** des* Selectæ Antiquitates *de* ***Brisson**,* lib. IV. cap. 1. pag. 90. ***Édit. Trekell. (*voy.* suprà *liv.* 2. *chap.* 2. in fine , *pag.* 208.)

« Obscurum est quid hæc javoleni verba in L. 115 ff. *de* » *verb. signif.* significent : *possessio ab agro juris proprietate* » *distat. Quid quid enim adprehendimus, cujus proprietas ad nos* » *non pertinet, nec pertinere potest, hoc possessionem appelamus.* » —Atque exercuit hic locus clarissimos nostræ aetatis juris» consultos, quorum alii à XII Tabb. rem inani conjectura » repetentes, alii ad loca sacra , quæ extrà commercium » posita hac definitione concludi non possunt, referentes, » longà à Javoleni mente aberrant. — Mihi valdè semper » *Gerardi Pererii*, Tholosanis professoris, sententia placuit, » qui cum eo errare atque labi cæteros animadvertisset, » quod quæ de re ipsa et corpore à Javoleno dicuntur, ea » ad detentionem rei transferunt, primus, quod sciam, ani» mum advortit ad cogitandum, num aliqua antiquitus prædia » fuerint in quæ definitio illa caderet. — Etenim Javoleno » trium harum appellationum, *ager, possessio, fundus*, dif» ferentiam exequenti, propositum fuit docere, corpus id, » cujus plenum usum habemus, proprietatem non habemus, » nec habere possumus, possessionem appellari. Quo in ge» nere provincialia, tributaria, stipendiariaque, item vec-

» tigalia prædia pono. — Cujus rei demonstrandæ initium
» pauló altius repetam necesse est. Lege belli, capientium fiunt
» quæ ab hostibus capiuntur. Proindè bello subactarum pro-
» vinciarum agri publici populi romani fiebant (L. 20. § 1.
» Digest. *de Captiv.*). Livius, lib. 3, ad finem : *Agrum de*
» *quo ambigitur, finium Coriolanorum fuisse, captisque Co-*
» *riolis publicum populi romani factum.* — Cicero, v. *Orat.*
» *in Verr.* sive *accusat. in Verr. Lib.* 3, *cap.* 6 : *Perpaucæ*
» *Siciliæ civitates bello à majoribus nostris subactæ sunt,*
» *quarum cum esset ager publicus populi romani factus, tamen*
» *illis est redditus.* — Sed enim ex hoste captos agros romani
» ut eodem loco *Cicero* et *Siculus Flaccus* in *lib. de Condit.*
» *Agror.* Pag. 2 et 16, et Hyginus, in *lib. de Limitibus,*
» pag. 159, *seq.* et pag. 205, demonstrant, alios in victorem
» populum partiebantur, alios per quæstores, laterculis, li-
» mitibusque actis, divisos vendebant, alios militibus in
» præmium adsignabant, alios per censores locabant, aliis
» certum vectigal imponebant, quod stipendiarium diceba-
» tur. — Hujusmodi, quæ tributum quotannis populo pen-
» debant, prædia tributaria, stipendiariaque dicebantur :
» quorum dominium ad populum romanum, plenissimum
» veró fruendi jus ad provinciales ipsos possessores perti-
» nuisse, *Theophilus* bene sentit § 40. *Instit. de rer. divisione.*
» — Erant et vectigales agri civitatum ac municipiorum,
» quos vel ad tempus, vel in perpetuum municipes locabant,
» dominio apud se manente, solum fruendi jus in conducto-
» rem transferentes, ut ex L. 15, § 27. ff. *de damn. inf.* et
» l. 71 § ult. *de leg.* 1 et l. 1. ff. *si ager vectig.*, perspicuè li-
» quet. Quo posito, vel me tacente, ad ea prædia *possessionis*
» appellationem pertinere, eoque Javolenum respexisse satis
» intelligitur. Ea enim eorum prædiorum conditio erat, ut eo-
» rum provinciales neque essent, neque esse possent ex jure
» quiritum domini : sed ea *in bonis* tantum haberent. (*Quasi*
» *dominium? Dominium utile?*). Οι τὰ στιπενδιάρια (ut *Theophili*
» *loc. cit.* verbis utar) καὶ τριβουτάρια ἔχοντες πάλαι κατὰ συγχώ-
» ρησιν δήμου ἢ βασιλέως, οὐκ ἦσαν δεσπόται. Η γὰρ δεσποτεία αὐτῶν ἦν,

» ἢ παρὰ τῷ δήμῳ, ἢ παρὰ τῷ βασιλεῖ, ἀλλ' εἶχον τὴν ἐπ' αὐτοῖς χρῆσιν
» καὶ ἐπικαρπίαν, καὶ πληρεστάτην κατοχὴν, ὥστε δύνασθαι καὶ
» ἐφ' ἑτέρων μεταφέρειν, καὶ κληρονόμοις παραπέμπειν. τῶν γὰρ
» Ιταλικῶν ἀγρῶν ἤτοι οἰκίων οἱ δεσπόται τὴν δεσποτείαν εἶχον.
» *Qui olim ex concessione populi, vel principis, stipendia-*
» *ria, vel tributaria, prædia habebant, domini non erant:*
» *nam dominium illorum erat aut apud populum, aut apud*
» *principem: Sed usum et fructum eorum habebant, et ple-*
» *nissimam possessionem, ita ut transferre possent in alios,*
» *et ad hæredes transmittere. Italicorum autem fundorum*
» *domuumque domini dominium habebant.* — Proprietas
» quidem idcirco ad provinciales non pertinebat, quod eam
» in suum dominium populus victor redegisset: pertinere
» vero idcirco non poterat, quia nec mancipatione abalie-
» nari ea, nec usucapi, cum juris italici non essent, pote-
» rant: quibus modis legitimum et ex jure quiritum domi-
» nium contingebat. . . . . Ex quo sequitur,
» convenienter Javoleni definitioni, ea prædia *possessiones*
» appellari posse. Cui interpretationi mirificè consentit
» ejusdem verbi a Festo, *lib.* XIV. V° *possessiones*, et Isidoro
» lib. XV. *Etymolog. cap.* 13, tradita definitio, quæ ita habet:
» *Possessiones appellantur agri latè patentes publici privatique*
» *qui non mancipatione, sed usu tenebantur*: Id est, ut ego
» interpretor, quorum ex jure quiritum domini non sunt,
» qui possident, sed usum detentionemque habent. « Sur
» quoi Trekell a noté ce qui suit: » Immò, ne plenum
» quidem dominium naturale habebant horum prædiorum
» possessores; sed jus aliquod dominio proximum, quod
» *quasi-dominium* haud inepte vocari potest, sive ut hodiè
» JCti locuntur, *dominium utile.* . . . . *Differunt ergo*
» *hujus modi generis prædia*, non tantum à prædiis italicis in
» quibus dominium quiritarium locum habebat: sed etiam
» à prædiis liberarum gentium et civitatum, quæ in pleno
» dominio naturali esse poterant. . . . . » Ainsi,
malgré quelque peu de confusion que l'on peut reprocher à
Brisson, relativement à l'*Ager provincialis*, il a clairement

vu et nettement posé le principe que nous avons posé nous-même, comme point de départ de la théorie de la possession romaine. Il ne restait à Brisson qu'à suivre son investigation historique, dans toutes les parties de la matière, et à conclure. Il s'est arrêté, son ouvrage n'a été repris qu'au 19me siècle ! ! .... On peut voir, au reste, dans les *Pièces justificatives* du 1er volume du *Voyage* de M. le duc de Raguse un exposé très-curieux et très-important de l'état de la propriété dans le royaume de Hongrie ; ce document précieux éclaircit toute notre théorie de *l'ager publicus*, de la *possessio* et de *l'ager provincialis* à Rome. La *Plebs* hongroise n'est pas propriétaire, elle est seulement *possessor* ; mais cette *possession* a presque tous les avantages et tous les effets du *dominium*.

N° 4.

(Nous avons promis, page 251, note 1, une *Théorie du double* DOMINIUM *considéré sous le rapport purement civil;* il nous a paru qu'une dissertation de cette nature serait mieux placée au deuxième volume, où nous traitons *du droit de propriété dans ses rapports avec le droit civil*, et nous y renvoyons).

TABLE DES MATIÈRES.

FIN DE LA TABLE.

ERRATA.

Page 192, *ligne* 8, *au lieu de :* quelle que fut leur *privée*, ou publique, ou privée ;
Lisez : quelle que fut leur *origine*, ou publique, ou privée.

www.ingramcontent.com/pod-product-compliance
Ingram Content Group UK Ltd.
Pitfield, Milton Keynes, MK11 3LW, UK
UKHW012005240726
13965UKWH00001B/159